王培峰 著

特殊教育哲学

南京大学出版社

图书在版编目(CIP)数据

特殊教育哲学 / 王培峰著. ―― 南京：南京大学出版社，2020.11
ISBN 978-7-305-23935-9

Ⅰ.①特… Ⅱ.①王… Ⅲ.①特殊教育－教育哲学－教材 Ⅳ.①G76②G40-02

中国版本图书馆CIP数据核字(2020)第217797号

出版发行　南京大学出版社
社　　址　南京市汉口路22号　　邮　编　210093
出 版 人　金鑫荣

书　　名　**特殊教育哲学**
著　　者　王培峰
责任编辑　丁　群　　　　　　　编辑热线　025-83597482

照　　排　南京南琳图文制作有限公司
印　　刷　南京京新印刷有限公司
开　　本　787×1092　1/16　印张 16.25　字数 362千
版　　次　2020年11月第1版　2020年11月第1次印刷
ISBN 978-7-305-23935-9
定　　价　48.00元

网址：http://www.njupco.com
官方微博：http://weibo.com/njupco
微信服务号：NJUyuexue
销售咨询热线：(025) 83594756

＊版权所有，侵权必究
＊凡购买南大版图书，如有印装质量问题，请与所购图书销售部门联系调换

题记:哲学能给我们什么

  哲学,不能给人金钱和权力,它仅能给人思想和自由,给人一身傲骨,藐视一切权贵,做一个精神贵族;让人即使咀嚼着草根,也要叩问人生意义,也要胸怀家国天下,也要放眼人类未来。

  我们学习特殊教育哲学,不可能像康德那样建立起思想丰碑,但是我们可以在平凡的工作中,做一个超凡的人、有思想的人、有智慧的人。记住,即使我们身处如同屎壳郎一般的逆境,也要坐在阴沟里仰望星空。

——王培峰

前　言

"特殊教育哲学"是特殊教育专业中教师教育选修课程,是从根本上深刻理解特殊教育的理论课程、专业基础课程。

本课程运用马克思辩证唯物主义和现象学方法,系统阐释了特殊教育本体论、价值论,并运用科学哲学、政治哲学和文化哲学、生态哲学阐发了特殊教育知识、政策和全纳教育实现的过程论基本问题,对特殊教育师范生的专业素养提升,有一定指导价值。

本课程是在特殊教育学有关知识和哲学有关知识基础上,用哲学来阐释特殊教育理论和实践的思想体系,重在阐释特殊教育哲学中核心的、特色的知识范畴。因此,学习该课程需要具备特殊教育学等预备性知识,最好还要具备教育哲学的基本认识。

本课程目标旨在:(1)初步掌握特殊教育哲学特点、内涵和基本知识范畴,形成特殊教育哲学的基本理论认识。(2)通过学习,让学生获得哲学的"思维体操"训练,初步养成对特殊教育的哲学思考意识和方式。(3)系统掌握特殊教育本体论、价值论和过程论的知识,让学生提升对特殊教育的理性认识,提升特殊教育理论素养。(4)学会理论联系实际,能够运用特殊教育哲学的有关知识和思维方式,分析教育工作中遇到的问题,推进特殊教育思想理念创新,反思性地、创新性地从事特殊教育实践,促进特殊教育深入改革。

特殊教育哲学内容安排共三部分。第一部分"特殊教育本体论",包括:第二讲"特殊教育本体存在的认识"、第三讲"特殊儿童本体存在的认识"。第二部分"特殊教育价值论",包括:第四讲"特殊教育价值论的认识"、第五讲"特殊儿童尊严自由与特殊教育"、第六讲"特殊儿童生活与特殊教育"、第七讲"特殊儿童缺陷补偿、社会适应与特殊教育"。第三部分"特殊教育过程论",包括:第八讲"特殊教育知识建构的科学哲学阐释"、第九章"特殊教育政策建构的政治哲学阐释"、第十讲"全纳教育实现的文化哲学和生态哲学阐释"。

本课程汲取了笔者《特殊教育哲学:本体论与价值论的研究》及其他相关研究成果,并紧密结合时代发展给特殊教育带来的新问题,经过多年的思考和教学实践完善才形成草稿。在设计安排上,一方面围绕特殊教育哲学基本问题,专题阐发特殊教育的思想原则,并就一些尖锐问题,进行或批判或建构的回答。另一方面,通过设计"问题与思考""案例与思考",直面特殊教育难点热点问题,引发读者思考和理解,回答并深化对现实实践问题、理论问题的认识。另外,还通过设计"知识拓展",为学生提供了诸多特殊教育哲学相关知识,开拓学生知识视野。

当然,本课程只有半个学期16课时的教学安排。故,课程内容选择仅设计了特殊教育哲学中最有特色的、核心的知识范畴。对特殊教育的德育、美育等很多内容没有涉及,不够完整;很多地方阐述也不够完善,请读者批评指正。

另外,本书相关内容也是教育部人文社会科学研究规划基金项目"重度残疾儿童送教上门服务的支持保障研究"(编号:16YJA880045)成果和江苏省"十三五"重点建设学科"教育学"建设的部分成果。

王培峰
2020 年 3 月

目　　录

第一讲　特殊教育哲学概述 ……………………………………………… 1
第一节　关于哲学的基本认识 ………………………………………… 1
一、哲学的产生与发展 ………………………………………………… 2
二、关于哲学内涵的基本解释 ………………………………………… 4
三、哲学的基本问题和研究范畴 ……………………………………… 5
第二节　特殊教育哲学概念及其特点 ………………………………… 8
一、什么是特殊教育哲学 ……………………………………………… 8
二、特殊教育哲学的特征 ……………………………………………… 9
第三节　特殊教育哲学的价值意义 …………………………………… 11
一、特殊教育哲学的实践价值 ………………………………………… 12
二、特殊教育哲学的理论价值 ………………………………………… 14
三、特殊教育哲学的学科建设价值 …………………………………… 15
四、特殊教育哲学对特殊教育者的人本关怀价值 …………………… 16
第四节　特殊教育哲学的主要知识范畴 ……………………………… 18
一、特殊教育本体论 …………………………………………………… 18
二、特殊教育价值论 …………………………………………………… 19
三、特殊教育过程论 …………………………………………………… 19

第一部分　特殊教育本体论

第二讲　特殊教育本体存在 ……………………………………………… 23
第一节　本质主义及其与特殊教育关系的基本认识 ………………… 23
一、什么是本质主义 …………………………………………………… 23
二、特殊教育本体的本质主义逻辑 …………………………………… 24
第二节　本质主义的特殊教育存在范式与内涵 ……………………… 28
一、本质主义的特殊教育存在范式 …………………………………… 28
二、本质主义的特殊教育内涵 ………………………………………… 33
第三节　现象学及其与特殊教育关系的基本认识 …………………… 40
一、什么是现象学 ……………………………………………………… 40
二、特殊教育本体的现象学逻辑 ……………………………………… 45
第四节　现象学视野的特殊教育本体存在 …………………………… 46

一、特殊教育本体存在的时间性向度……………………………………… 46
二、特殊教育存在的空间性向度…………………………………………… 50

第三讲　特殊儿童本体存在………………………………………………… 55
第一节　人类差异及其意义…………………………………………… 55
一、人类差异…………………………………………………………… 55
二、人类差异的意义…………………………………………………… 57
第二节　特殊儿童认识观变迁的审视………………………………… 58
一、特殊儿童"非人观"阶段…………………………………………… 58
二、特殊儿童"异质人观"阶段………………………………………… 60
三、特殊儿童"同质人观"阶段………………………………………… 63
第三节　马克思人学视阈的特殊儿童本体存在观…………………… 67
一、马克思人学理论基本认识………………………………………… 67
二、马克思人学视野的特殊儿童存在观及其启示…………………… 69
第四节　特殊儿童的自然存在、社会存在与教育…………………… 75
一、特殊儿童的自然存在及其教育意义……………………………… 75
二、特殊儿童的社会存在及其教育意义……………………………… 79

第二部分　特殊教育价值论

第四讲　特殊教育价值论的认识…………………………………………… 91
第一节　特殊教育价值的基本认识…………………………………… 91
一、关于特殊教育价值认识的主要观点与问题……………………… 91
二、特殊教育价值认识的主体论、客体论、关系说价值论分析…… 94
第二节　马克思主义实践观与特殊儿童存在论价值论……………… 98
一、马克思主义实践观及其启示……………………………………… 98
二、特殊儿童存在论价值论…………………………………………… 101
第三节　特殊教育价值基本特点与范畴……………………………… 104
一、特殊教育价值的内在性…………………………………………… 104
二、特殊教育的人道主义抽象价值与具体实践价值………………… 105

第五讲　特殊儿童尊严、自由与特殊教育………………………………… 111
第一节　特殊儿童的目的性生存……………………………………… 111
一、目的性生存与特殊儿童…………………………………………… 111
二、特殊儿童目的性生存的教育困境………………………………… 114
第二节　特殊儿童尊严与特殊教育…………………………………… 118
一、特殊儿童生命尊严的内在根源…………………………………… 118
二、特殊儿童尊严与特殊教育的关系………………………………… 121
第三节　特殊儿童自由与特殊教育…………………………………… 124

一、关于自由的基本认识 ……………………………………………………… 124
　　二、特殊儿童自由与知识的关系 ………………………………………………… 127
　　三、特殊儿童自由与环境的关系 ………………………………………………… 132

第六讲　特殊儿童生活与特殊教育 142
第一节　特殊儿童生活及其审思 142
　　一、关于生活的基本认识 ………………………………………………………… 142
　　二、关于特殊儿童生活的认识 …………………………………………………… 144
　　三、特殊儿童生活的审思 ………………………………………………………… 145
第二节　特殊儿童生活与特殊教育的关系及其影响 148
　　一、特殊教育与特殊儿童生活的关系 …………………………………………… 148
　　二、特殊教育影响特殊儿童生活的方式 ………………………………………… 149
　　三、特殊教育影响特殊儿童生活的路径 ………………………………………… 151
　　四、特殊教育对特殊儿童生活影响的局限 ……………………………………… 156

第七讲　特殊儿童缺陷补偿、社会适应与特殊教育 160
第一节　关于特殊儿童缺陷的基本认识 160
　　一、科学视角的缺陷 ……………………………………………………………… 161
　　二、哲学视野的缺陷 ……………………………………………………………… 162
第二节　特殊儿童缺陷补偿与特殊教育 165
　　一、关于特殊儿童缺陷补偿的认识 ……………………………………………… 165
　　二、特殊儿童缺陷补偿的审视 …………………………………………………… 168
　　三、特殊儿童缺陷精神补偿的教育实现路径 …………………………………… 170
第三节　关于特殊儿童社会适应的基本认识 172
　　一、什么是社会适应 ……………………………………………………………… 173
　　二、特殊儿童社会适应的逻辑和特征 …………………………………………… 173
第四节　特殊儿童社会适应与特殊教育：以视障学生为例 177
　　一、视障学生社会适应的困境 …………………………………………………… 177
　　二、促进视障学生社会适应的教育路径 ………………………………………… 179

第三部分　特殊教育过程论

第八讲　特殊教育知识建构的科学哲学阐释 187
第一节　特殊教育知识的认识论及其逻辑 187
　　一、特殊教育知识的经验论逻辑 ………………………………………………… 187
　　二、特殊教育知识的唯理论逻辑 ………………………………………………… 189
　　三、当代特殊教育知识的"建构主义的经验主义"认识论逻辑 ………………… 190
第二节　当代特殊教育知识特征与建构路径 195
　　一、当代特殊教育知识特征 ……………………………………………………… 195

二、当代特殊教育知识建构的路径 ……………………………………… 196
第九讲　特殊教育政策建构的政治哲学阐释 ………………………… 201
　第一节　关于正义的基本认识 …………………………………………… 202
　　一、什么是正义 …………………………………………………………… 202
　　二、道义论正义 …………………………………………………………… 206
　第二节　特殊教育政策正义的道义论基础与实现路径 ………………… 211
　　一、特殊教育政策正义的道义论政治哲学奠基 ………………………… 211
　　二、特殊教育政策正义的局限性 ………………………………………… 216
　　三、特殊教育政策正义的实现路径 ……………………………………… 221
第十讲　全纳教育实现的文化哲学和生态哲学阐释 ………………… 227
　第一节　全纳教育的文化哲学理念与实现路径 ………………………… 228
　　一、关于文化哲学的基本认识 …………………………………………… 228
　　二、全纳教育的文化哲学理念 …………………………………………… 229
　　三、全纳教育的文化建构与创新 ………………………………………… 233
　第二节　全纳教育的生态哲学内涵与实现路径 ………………………… 237
　　一、关于生态哲学的基本认识 …………………………………………… 237
　　二、全纳教育的生态哲学内涵 …………………………………………… 238
　　三、全纳教育的生态哲学建构 …………………………………………… 240
主要参考文献 …………………………………………………………………… 246
后　记 …………………………………………………………………………… 249

第一讲　特殊教育哲学概述

> 【学习要点与目标】
> 1. 了解哲学的基本问题,形成对哲学的基本认识。
> 2. 理解特殊教育哲学的概念、特点,形成对特殊教育哲学内涵的基本认识。
> 3. 理解特殊教育哲学的价值意义,懂得学习特殊教育哲学的必要性。
> 4. 理解特殊教育哲学的基本问题域和知识范畴。

特殊教育与哲学的关系探讨,是近几年来特殊教育实践和特殊教育学科知识创新中形成的新领域。从特殊教育实践看,特殊教育哲学是人们从更根本的源头上认识特殊教育,回答实践困惑的一种新方式。从学科知识角度看,特殊教育哲学是特殊教育学知识构成的重要部分,它反映着特殊教育学知识的创新,体现了人们认识和实践特殊教育的一种新视野。一般说来,特殊教育哲学作为一个哲学问题域,可以是哲学的应用哲学;作为一个特殊教育问题域,可以是特殊教育学的知识范畴。无论作为哲学问题还是特殊教育问题,了解特殊教育哲学需要对哲学和特殊教育具有一定的理解。

第一节　关于哲学的基本认识

哲学并不是跟我们不相干的、遥不可及的"高大上"之物。其实,哲学对我们并不陌生。也许我们并没有形成显性的自主的独立的哲学观,但我们每个人的生活工作都蕴含着对人生、对世界、对未来的一定的看法,这就是哲学的一种体现。哲学历来被作为"第一科学"。黑格尔说,"哲学赋予科学内容以最主要的成分:思维的自由",以及必然性的保证。① 爱因斯坦说,没有哲学,自然科学也寸步难行。甚至许多科学发现就来自哲学的启示。缺少哲学的价值引导,科学就会走向人类需要的反面,贻害人类。譬如,核武器、克隆技术等就要遵循人类的价值和伦理。

哲学是两千五百年前古希腊人创造的术语。它反映的是人类的思维能力和思想

---

① 黑格尔.小逻辑[M].贺麟译.上海:上海人民出版社,2018:69.

认识活动,原意"爱智慧"。它重在表达"爱"智慧的运思动作、方式、方向。最早使用者毕达哥拉斯认为哲学是爱智者寻求真理的活动。古希腊三哲苏格拉底、柏拉图与亚里士多德,在离人感官经验最遥远的"万物初始原因"上,奠定了哲学形而上学认识。1874年,日本启蒙家西周在《百一新论》中首先用汉文"哲学"来翻译希腊文philosophy一词,1896年康有为等将日本的译称介绍到中国。一般认为,中国哲学起源东周时期,以孔子的儒家、老子的道家、墨子的墨家及晚期的法家为代表。

【问题与思考】

如何理解智慧和知识。

要点提示:

智慧是人的高级智力活动,需要运用智力、知识、经验、非智力等多种生理机能与心理机能,综合反映了人感知、理解、辨别、判断、分析等探求真理的能力。有智慧的人称为智者或哲人。知识是人类对物质世界以及精神世界探索的结果总和,是人类在实践中认识客观世界的成果,它既有事实知识也有逻辑知识。知识是构成人类智慧的根本因素。有知识的称为博学多才或学识渊博。

譬如求索:树上有10只鸟,猎人开枪打死了一只,树上还剩几只鸟?

回答1:"10−1=9,树上还有9只鸟。"反映的就是数理逻辑知识。

回答2:"树上没有鸟了,都被惊吓而飞走逃生了。"反映的就是智慧。

"回答1"的求解过程是科学认识活动,"回答2"的探索过程蕴含着哲学思维方式,反映了对"鸟是能动性的生命"的认识观和运思结果。

你有什么新认识呢?

一、哲学的产生与发展

从哲学形成的根源来看,哲学来自人的意识对存在的自觉审视和反思。按恩格斯的说法,哲学"像一切宗教一样,其根源在于蒙昧时代的愚昧无知的观念",[①]是对思维、感觉与身体活动,以及灵魂与外部世界问题的思考。进而言之,哲学的核心是人的意识和存在问题。唯有人"使自己的生命活动本身变成自己意志的和自己意识的对象"。[②] 因此,也只有人才会有哲学,只有人有意识地思考自己和世界的存在才会产生哲学。从哲学的形成过程看,一般认为哲学形成发展经历了三个阶段:

(一)宗教神学

哲学首先是人的世界观问题。在原始社会,人们对大自然力量的敬畏,形成了原始拜物教,追问"我"是谁,从哪里来,到哪里去,为什么活着,活的目的意义是什么。

---

① 中共中央马克思恩格斯列宁斯大林著作编译局. 马克思恩格斯文集(第4卷)[M]. 北京:人民出版社,2018:277.

② 中共中央马克思恩格斯列宁斯大林著作编译局. 马克思恩格斯文集(第1卷)[M]. 北京:人民出版社,2018:162.

马克思说,"宗教是这个世界的总理论",人借宗教"求得慰藉和辩护的总根据"。① 人慰藉灵魂、追寻彼岸的这种宗教情结,就是哲学产生的宗教源头。恩格斯说,远古人们认为思维和感觉不是身体活动,不知道在肉体死后灵魂怎么安顿,就通过自然力的人格化,产生了最初的神。逐渐地,神进一步抽象化,成为宗教的观念,形成了思维对存在、精神对自然的关系问题,即哲学的最高问题。② 德国唯心主义哲学家谢林在《哲学与宗教》就明确指出,哲学与宗教"同源分流"。至今宗教也是哲学的范畴。譬如,宗教哲学。

(二)自然形而上学

随着人们认识能力的提高,人们开始思索世界的本质或本源问题,形成了宇宙或自然本体论哲学。公元前1世纪中叶,亚里士多德学派第十一代传人安德罗尼克把亚氏著作分为"物理学"和"物理学之后"。"物理学"相当于《易经》"形而下"之器,"物理学之后"相当于"形而上"之道。"物理学之后"包括:"创制之学"(制作、技艺等)、"实践之学"(伦理、政治等)、"理论之学"。"理论之学"是重点,研究独立的变动不居的事物,分析事物的最高原因,追问世界之所以是的原因("是"或"存在")。由此,确立了本体论和认识论的第一哲学——自然形而上学。

(三)哲学学科的独立

近代以来,随着数学、天文学等自然科学的发展、独立,哲学也分化出去了,哲学的研究对象缩小了,并具体化了,形成了各种具体的哲学学科:本体论、认识论和逻辑学、伦理学、美学,以及其他医学哲学、科技哲学、工程哲学、教育哲学等部门哲学。同时,哲学关注点,**也由自然形而上学发展为主体形而上学,由认识世界转为认识人主体本身;再由形而上学的人回到真实具体的人,由理念世界回到现实世界,由解释世界回到改造世界**,切实关注人的存在状态。当代最具影响力的哲学理论和流派如下:反理性主义(叔本华等)、生命哲学(柏格森等)、实用主义(詹姆士和杜威等)、分析哲学(维特根斯坦、弗雷格等)、现象学(胡塞尔等)、结构主义和解构主义(阿尔都塞、福柯等)、解释学(伽达默尔等)、后现代主义(福柯等)、政治哲学(罗尔斯等)、当代科学哲学(波普尔、库恩等)、西方马克思主义哲学(卢卡奇等)。

知识拓展

关于西方近现代哲学

西方近现代哲学一般指黑格尔之后至今的西方哲学。由本体论向认识论转向,由解释世界回到改造世界。主要包括:

---

① 中共中央马克思恩格斯列宁斯大林著作编译局. 马克思恩格斯文集(第1卷)[M]. 北京:人民出版社,2018:3.
② 中共中央马克思恩格斯列宁斯大林著作编译局. 马克思恩格斯文集(第4卷)[M]. 北京:人民出版社,2018:277-278.

> 早期现代哲学：自然形而上学到主体形而上学。由认识世界转为认识人主体本身。这时，无论人性善恶、权利和自由，仍是抽象的人。
>
> 后期现代哲学：由形而上学的人回到真实具体的人，由理念世界回到现实世界（尼采、叔本华等，"我欲/能故我在"）。这时，由时间思维转为空间思维，关注哲学与科学的关系以及人的意义问题，关注人的存在状态（如海德格尔"操心""操劳""操持""烦"，萨特的"恶心"等），关注人的身体在空间分布和权力的关系（福柯"监狱""医院""学校"对人的规训）。

二、关于哲学内涵的基本解释

有的人通俗地说，哲学就是使人变聪明的学问，表达了哲学对人的影响。那么，什么是哲学呢？仁者见仁，智者见智，这个问题至今没有形成一个确定的答案。一般说来，已经形成了以下基本共识。

- 哲学就是"爱智慧"。
- 哲学是关于世界本源的终极存在的求索和关怀。（形而上学）
- 哲学是人的世界观的理论体系，是人们认识和把握世界的基本方式、原则。
- 哲学就是对宇宙和人生最根本性问题的总体性认识。
- 哲学是推动人的自由、人的解放的思想武器。
- 哲学是时代精神的精华。（马克思）
- 哲学是对事物的根据进行发问与理解的方式。
- 哲学就是对于人生的有系统的反思的思想。（冯友兰）

从形式上看，哲学是对思想的概念化、体系化表达。黑格尔说，"哲学若没有体系，就不能成为科学。没有体系的哲学理论，只能表示个人主观的特殊心情。"[①]这与我们熟知的中国哲学不同。中国哲学同样是研究宇宙和人生的思想，但是多以直观的隐喻语言方式来表达思想和价值观，不善于逻辑的思维论证。如，流水不腐，户枢不蠹（《吕氏春秋·尽数》）。锲而舍之，朽木不折；锲而不舍，金石可镂（《荀子·劝学》）。因此，有人认为中国哲学注重思想而不注重哲学本体论和认识论。《道德经》可称为体系化的中国哲学典型代表之一，具有深邃的辩证思想。如：道可道，非常道。名可名，非常名。曲则全，枉则直，洼则盈，敝则新，少则多，多则惑。知不知，上；不知知，病（《道德经》）。

【问题与思考】

如何理解中国哲学的"道"与西方哲学的"是"的同与不同？

要点提示：

两者都是形而上学的本体意义表达。

---

① 黑格尔.小逻辑[M].贺麟译.上海：上海人民出版社 2018：71.

"是"或"存在",在亚氏里包含"是什么"的本体论和"怎么是"的认识论问题。

道,同"导",旨在解决价值问题。它原指在十字路口辨别当走之途,即"道路"(道,价值选择;路,空间本体);后升华为哲学运思范畴的概念,即对世道人心的价值引导;至老子《道德经》"人法地,地法天,天法道,道法自然"。"道"遵循"自然"。自然,即真实(无知、无欲、无为)、朴(复归于朴)、源初状态、回到事物本身(胡塞尔);后引申为自然规律。

你有什么新认识呢?

三、哲学的基本问题和研究范畴

哲学是从总体上研究人和世界的关系的,而人和世界关系最本质的方面就是思维和存在、意识和物质的关系问题。恩格斯说,"全部哲学,特别是近代哲学的重大的基本问题,是思维和存在的关系问题。"[①]从研究范畴看,主要是本质与现象、经验世界与超验世界、本体论和价值论及方法论等问题。

(一) 思维和存在、意识和物质

从哲学对世界观的认识角度看,思维和存在、意识和物质的关系问题是哲学的基本问题。恩格斯称之为"全部哲学的最高问题"。[②] 由此,依照对这个问题的回答,划分为唯物主义和唯心主义两大阵营。凡是认为思维或精神是本原的为唯心主义学派,凡是认为存在或物质为本原的则属于唯物主义学派。

唯心主义主张精神、意识或理念第一性,物质第二性。即,物质依赖意识而存在,物质是意识的产物。唯心主义有两种基本表现形式:客观唯心主义和主观唯心主义。客观唯心主义认为,在现实世界之外独立存在着一种客观精神,它是世界的本原。其著名代表人物有柏拉图和黑格尔等。主观唯心主义是把人的主观精神(意识、观念等)作为认识世界的出发点,认为世界是主观精神的产物。主要代表是德国的费希特等。在我们的语境下往往对唯心主义持否定态度。但是唯心主义也对解释世界具有一定的合理性。譬如,世界是客观的也是主观的,在人的意识内的世界是随着人的意识改变的,即马克思所说的"人化自然",胡塞尔"意向性构造的世界"。再如,人的理想愿望支配人的成长发展;上帝等宗教信仰支配人的行为;儒家思想超越皇权改变国家、民族和历史,等等。

唯物主义认为世界万物是由物质构成的,物质是第一性的,意识是建立在物质世界基础之上的,是对物质世界的反映。唯物主义发展经历了三种理论形态:古代朴素唯物主义、近代形而上学唯物主义、现代辩证唯物主义。马克思辩证唯物主义与历史唯物主义是关于自然界、人类社会和思维发展的最一般规律的科学。辩证唯物主义

[①] 中共中央马克思恩格斯列宁斯大林著作编译局.马克思恩格斯文集(第4卷)[M].北京:人民出版社,2018:277.

[②] 中共中央马克思恩格斯列宁斯大林著作编译局.马克思恩格斯文集(第4卷)[M].北京:人民出版社,2018:278.

是把唯物主义和辩证法有机地统一起来的科学世界观。历史唯物主义是哲学中关于人类社会发展一般规律的理论。

【问题与思考】

从意识和存在的关系出发,至今形成了若干不同的甚至相对立的哲学思想和流派。一般认为,哲学重在思想的表达和论证,而不注重观点和结果的对错。请结合学习予以分析。

要点提示:

哲学是研究思维和思想的自由活动。正如黑格尔所言,哲学是一个"自己返回到自己的圆圈"。不同哲学思想会有不同的论证和观点。譬如,黑格尔在《小逻辑》中,从理性主义出发和逻辑学的角度看,认为"凡语言所说出的,没有不是具有普遍性的……凡不可言说的,如情绪、感觉之类,并不是最优良最真实之物,而是最无意义、最不真实之物"。非理性主义后现代哲学家则恰好相反,认为:凡是说出的,都是假的、被强制的;而凡是不能说出的(如潜意识等),恰恰是最真实的、人本的。再譬如,上帝的存在。在科学哲学看来,是经验不能感知的、伪性的;而在意识哲学中,上帝尽管通过感官无所知,可在思维中或作为思维时,具有真理性。

你有什么新认识呢?

(二) 本质与现象

本质与现象是揭示事物内部联系和外部表现相互关系的一对辩证法的基本范畴。

本质是事物内部必然的稳定的联系和规律,是事物的根本特征,只有借助于理性思维才能把握;现象是本质的外部表现,个别、丰富、多变,用感官即能感知。现象与本质不能等同。人们认识事物,就是要透过现象认识本质,把握事物的发展规律。这也是科学活动的使命。马克思说:"如果事物的表现形式和事物的本质会直接合而为一,一切科学就都成为多余的了。"[①]

本质和现象又是统一的,它们是互相依存的。任何现象都是本质的现象,任何本质都是现象的本质。由现象到本质、由感性到理性的飞跃,这是人类认识由浅入深、不断深化的辩证过程。对于本质与现象的认识,长期以来认为这是二元分离的。不同哲学流派予以不同的解释。但也有哲学流派主张这是统一的。如,胡塞尔现象学本体论就力图消除这种分离,认为我们能把握的唯有现象,或者说,现象就是本质。

(三) 经验世界与超验世界

经验世界与超验世界是哲学探讨人和世界一般性质和规律的形而上学认识范畴。

经验世界是一个有限的世界,属于现象界。经验是主体的活动和结果,是知觉范

---

① 马克思恩格斯全集(第 25 卷)[M].北京:人民出版社,2001:923.

围内所能获得到的,具有实证性、可测量性、可感知性。凡是经验之物都是有限度的,存在于一定条件之中,不存在无条件的经验。黑格尔把它分为个别的、杂多的材料(特殊性、偶然性)和具有普遍性与必然性规定的形式(如规律)。经验是知识的来源,备受哲学家关注。黑格尔认为哲学的最高目的就在于确认思想与经验的一致。他说:"凡是合乎理性的东西都是现实的,凡是现实的东西都是合乎理性的。"① 经验主义认识观(唯物论)认为,"凡是真的,必定在现实世界中为感官所能感知。"② 他们将经验作为知识的基础,认为基于经验的知识是真理。在西方,经验科学求得的普遍规律,如牛顿物理学也叫作自然哲学。

超验世界,即经验世界所无法把握的自由、精神、灵魂等,不能在经验世界被经验到,属于无限世界。它虽然无法在经验世界中用事实来验证(证成或证伪),却合理地现实存在着。如,自由、意志、精神和上帝等,不能凭靠感官来认识,只能存在于思维、意识和精神中。从存在论看,是无中的有。黑格尔说超验世界"只有在思维中,或作为思维时,才具有真理性"。③ 超验世界缔造的是一个高耸的价值世界、意义世界、"彼岸"世界。

知识拓展

什么是先验

先验(transcendental),一般说来,同"经验"相对,意为先于经验的,是先于事物并构成事物的可能性条件(黑格尔)。它不来自经验但使经验成为可能。在西方,先验是探讨哲学基本问题的传统概念,如柏拉图理念论、黑格尔的概念论/"绝对精神"、康德哲学"知性范畴"。先验表达的是人们认识事物过程中,在经验以前被知觉认识到的一种意识特性。

先验概念与超验概念在不同语境,有微妙的区别。一般说来,超验作为存在论使用,表达一种存在状态。先验则作为知识认识论使用,用来揭示知识如何可能的问题。在康德先验哲学中,认为先验是揭示知识形成过程中,人头脑里固有的"先天形式"。它虽然先于经验,但却能加工整理后天的经验,使经验认识得以可能。

(四)本体论、价值论、认识论

本体论、价值论、认识论,三者不可分割地构成了哲学研究必要组成部分。

本体论,也称为存在论,是探究世界的本原或终极存在的哲学理论,是关于事物的形而上学认识的理论。按照巴门尼德的观点,本体论也就是关于存在的哲学理论。

---

① 黑格尔. 小逻辑[M]. 贺麟译. 上海:上海人民出版社,2018:60.
② 黑格尔. 小逻辑[M]. 贺麟译. 上海:上海人民出版社,2018:120.
③ 黑格尔. 小逻辑[M]. 贺麟译. 上海:上海人民出版社,2018:82.

简而言之，本体论主要是探讨关于"是什么"的实然问题。

价值论，是关于社会事物之间价值关系的本质与发展规律的学说。哲学的价值论是关于客观世界各种事物对于人类的生存与发展的意义（即价值）的认识。简而言之，价值论主要是探讨关于"应当是什么"的应然问题。

认识论，是研究人类认识的本质及其发展过程的哲学理论，亦称知识论。主要内容包括人类认识的本质、结构，认识与客观实在的关系等知识。简而言之，认识论主要是探讨关于"怎么是"的方法问题。

【问题与思考】

如何从本体论和价值论理解黑格尔名言："凡是合乎理性的东西都是现实的，凡是现实的东西都是合乎理性的"？

要点提示：

揭示思维与存在的统一是哲学的职责。黑格尔在《小逻辑》中说，哲学最高目的在于确认思想与经验的一致，并自觉达到理性与现实的和解。因此，从存在论，他提出"凡是合乎理性的东西都是现实的，凡是现实的东西都是合乎理性的。"尽管黑格尔在此的意义在于谋求经验世界与精神世界的统一，即以经验世界的普遍规律和事实为借鉴，提供哲学思考，又为经验世界前行赋予思维自由。但是，这仅仅是存在论的，不能解决价值论认识问题。

因此，黑格尔"合理＝现实"，只能从本体论或存在论认识，而不是价值论。

你有什么新认识呢？

第二节 特殊教育哲学概念及其特点

准确界定特殊教育哲学概念是个十分困难的事情。但作为教材，本书必须对特殊教育哲学概念及其特点予以明示，以便读者理解特殊教育哲学，把握特殊教育哲学所阐发的根本性问题及其阐发的方式、过程和运思结果。

一、什么是特殊教育哲学

当前，在教育哲学领域，关于教育哲学姓"哲"还是姓"教"，曾引起学者们的讨论，有的学者主张教育哲学姓"哲"，注重以一般哲学为依据演绎教育哲学的大前提，为教育提供规范性的知识。如，黄济的《教育哲学》、傅统先和张文郁合著的《教育哲学》。还有学者认为教育哲学姓"教"，注重教育原理。其实，他们的争论在于不同的问题域立场。在此，本书认为特殊教育哲学姓"哲"姓"教"并不重要，那只是言说的一种立场。重要的在于特殊教育哲学一定要具有鲜明的实践哲学取向，一定要能用哲学的思想原则和思维方式回答并解决特殊教育实践的问题。

本书认为，特殊教育哲学具有实践哲学价值取向。它关怀实践，但不是一般的理论方式，而是以哲学的思想原则方式面向特殊教育，抑或说，这种思想原则本身就是实践关怀。正如医学哲学、科技哲学等一样，特殊教育哲学是哲学思想原则和思维方式在特殊教育中的具体运用和实践，它反映了人们对特殊教育存在和意识之间的关系。特殊教育哲学以阐释"特殊教育本体论""特殊教育价值论""特殊教育方法论"的理论学说或思想原则为核心，探索"特殊教育是什么""特殊教育为什么""特殊教育何以可能"等根本性问题，体现为一种特殊教育思想的行动原则，而不等同于一般特殊教育理论。可以说，**特殊教育哲学是人们用哲学的思想原则和思维方式，总体性认识和把握特殊教育根本问题的一种方式，体现着人们对特殊教育的基本解释原则和根据。**

二、特殊教育哲学的特征

根据上述认识，从特殊教育哲学存在形态和知识领域看，本书认为特殊教育哲学具有以下基本特点：

（一）特殊教育哲学是人们对特殊教育根本问题总体性认识和把握的一种方式

特殊教育哲学以哲学的方式思考特殊教育，它关心的是特殊教育"是什么""怎么是"等根本性问题，体现着人们总体认识和把握特殊教育的思维活动和方式。它既要为人们认识和实践特殊教育提供形而上的本体论运思方式和方法论指导，批判审视或合理性辩护特殊教育存在，为特殊教育发展提供终极关怀；又要揭示特殊教育价值论，安顿特殊教育活动中人们的价值意义。也就是说，特殊教育哲学所缔造的是一个关于特殊教育的统一的科学世界和意义世界的根本性认识，使人既能在特殊教育实践中认识特殊教育科学，又能在自己的实践中直观自身，追问特殊教育的存在目的和自身实践的意义。特殊教育哲学既以哲学的思维，为建构特殊教育的科学世界提供形而上学的本体论思考和方法论指导，又立足人的目的和意义，提供目的性解释，为人们建立合乎规律性和人的目的性相统一的世界。

特殊教育哲学不同于特殊教育科学。特殊教育科学是对特殊教育存在事实和逻辑的客观描述。它以特殊教育现象为研究对象，探索发现特殊教育内在必然规律，强调基于特殊教育事实的客观认识和基于特殊教育规律和特殊儿童成长特性的必然性逻辑。它所建构的是特殊教育科学知识。特殊教育哲学反映的是人们对特殊教育存在的根本性认识，是对特殊教育事实的客观规律性和人的目的性的总体性把握。它建立合目的性与合规律性、合事实性与合价值性相统一的人的世界、意义世界、观念世界，是从特殊教育存在原则和存在意义上，为特殊教育提供解释、辩护和指导。

【问题与思考】

如何理解特殊教育科学世界与意义世界？

要点提示：

特殊教育科学世界：或称为事实世界、必然世界，它回答特殊教育"是什么"，核心是探索特殊教育中事物之间的必然性、规律性,属于科学性知识范畴。

特殊教育意义世界:或称为自由世界、价值世界、目的世界、生活世界,它回答特殊教育"应当是什么""意义是什么",核心是探索特殊教育之于人的意义和价值,给人以家的温暖和意义的安顿,属于规范性知识范畴。

实现特殊教育科学世界与意义世界的统一,是特殊教育哲学的重任,目的在于使人既能科学实践特殊教育又能体验其意义,最终实现马克思所指出的必然王国向自由王国的飞跃。

你有什么新认识呢?

(二)特殊教育理论就是特殊教育哲学的实践方式

哲学是思想的武器。特殊教育哲学的形而上性质,决定了它从事的是有关特殊教育思想的活动,为特殊教育提出种种思想或原则。这与一般的特殊教育理论不同,它们虽然都面向特殊教育实践活动,但面向的方式和目的不一样。一般的特殊教育理论是对特殊教育活动及其规律的客观必然性描述,它以探索特殊教育活动客观事实和必然性为目的,属于特殊教育科学知识的体系。特殊教育哲学则是以思想体系和特定思维的方式关怀特殊教育。它可以不直接面向特殊教育实践,也不必然以经验的方式为中介,而是从事实和价值的更高层次上为一般特殊教育理论提供本体论、价值论和方法论的指导,奠定特殊教育理论的基础。它所形成的思想或原则,付诸实践就是特殊教育理论形态,或者说,特殊教育理论就是特殊教育哲学的实践方式。因此,特殊教育哲学与所面向的实践总是保持一定的距离。但正是由于这种距离使得特殊教育哲学能够在更高的层次上审视特殊教育,以无限的能动张力和超越的自由精神显示着自己"爱智"本性。

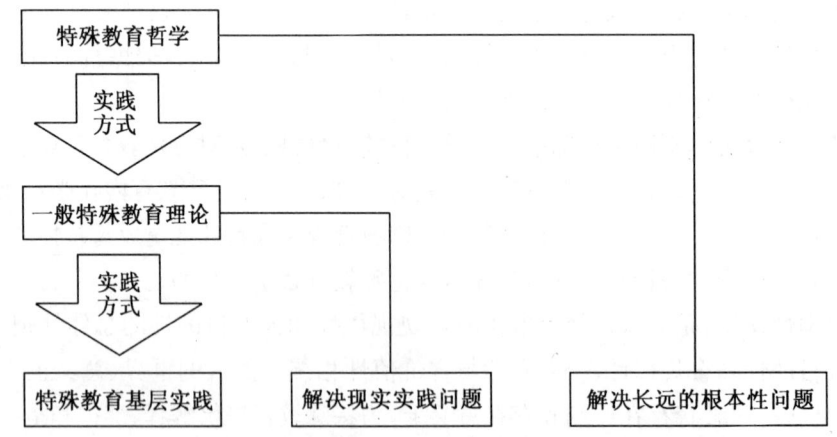

图1-1 特殊教育哲学与一般特殊教育理论及其实践关系图

(三)特殊教育哲学是以实践哲学范式面向特殊教育的

众所周知,哲学面向教育的方式不同,决定了不同的教育哲学范式。罗素的《教育论》、怀特海的《教育目的》、杜威的《民主与教育》,我国吴俊升的《教育哲学大纲》、黄济的《教育哲学》、傅统先和张文郁的《教育哲学》等都注重以一般哲学为依据演绎教育哲学的大前提，把教育哲学变成关于教育的智慧的学问，为教育提供规范性的知识。这带来了教育哲学独立地位的不足。20世纪70年代后，教育哲学开始强调独立性，探索教育过程的内在价值，为教育活动进行合理性阐释和辩护，力图为教育哲学划清边界。特殊教育哲学以哲学的方式思考特殊教育，无法回避纯粹哲学和一般教育哲学的认识视野和方法，但它并不依附于普通教育领域的教育哲学，也不是纯粹哲学概念和范畴的简单应用。在此，本书认为，特殊教育哲学要强调用哲学来探讨教育的理论和实践，同时也要面向实践回答特殊教育中的根本性问题。特殊教育哲学应当突出实践性价值取向，以实践哲学范式面向特殊教育。在研究对象、研究内容和方法上，都以自己的存在方式确立着自己的概念和范畴体系，表达着自己对特殊教育的总体性认识和把握。

特殊教哲学的实践特性，恰就体现在以理论的方式阐释、批判和改造特殊教育。特别是对"特殊教育是什么"，从本体论上做出解释，为人们认识特殊教育提供某种基础或根据；对"特殊教育应当是什么"，从价值论上为人们的特殊教育实践和理论研究提供某种价值信念的终极关怀；对"怎样实现特殊教育"，从过程与方法上进行哲学认识论的揭示。

（四）特殊教育哲学是特殊教育学科中边缘的"核心知识"

从特殊教育学科范畴看，特殊教育哲学跟其他理论相比，处于边缘的外围地带。因此，一般说来，把特殊教育哲学作为特殊教育专业学生最后一学期的课程，且是在特殊教育核心课程学习之后。这是从特殊教育师范的人才培养目的出发的安排。但是，从特殊教育哲学在特殊教育学科中所发挥的作用来看，它却是"头顶的事业"，以哲学方式在特殊教育的顶层建构"大写"的特殊教育理论。

特殊教育哲学是思想的行动，为特殊教育理论提供思想指南。特殊教育哲学虽然不能直接解决特殊儿童具体的存在问题，甚至不能直接用来作为特殊教育理论指导实践，但它能以自己的哲学视野为特殊教育知识创建和事业发展提供思想支持。譬如，全纳教育就来自人本主义思想，特别是后现代哲学思潮中对具体的特殊儿童平等权利、尊严、价值的尊重和关怀。正是在此哲学思想指导下，形成了全纳教育理念，继而又探索出个别化教育的具体实践。

第三节　特殊教育哲学的价值意义

特殊教育哲学作为一个知识领域，在理论研究和实践中具有重要意义。特别是对指导特殊教育实践、丰富完善特殊教育理论体系、促进特殊教育学科建设和回答特殊教育工作者的价值追问，具有突出价值。

一、特殊教育哲学的实践价值

特殊教育哲学是特殊教育自身发展矛盾运动的必然。在特殊教育产生的相当长时期内，人们的特殊教育思想和实践并无多少困惑的纠缠。因此，也没有诞生特殊教育哲学的条件和可能。当前，特殊教育面临着诸多思潮和多样实践的碰撞，亟待特殊教育哲学来回答。

（一）对纠偏特殊教育研究和实践中过度实证特性倾向具有指导作用

在当前现代理性的支配下，特殊教育发展中存在着唯科学主义倾向。即，将经验观察到的客观事实和实用技术作为认识和实践特殊教育，判定特殊教育有效性的第一标准，注重实证研究，不注重价值研究。同时，强调以数字为工具且以数字为本体论信念，力求将特殊教育还原为一个以数字堆积和建构的理性世界，体现出对"凡用数字表达的就是第一真理"的现代性认识。特殊教育不是自然存在的事实，其自产生就以关于促进特殊儿童成长的意向性价值观念显现着人类的美好性质；且正是人类的美好性质这一价值根源，使得特殊教育尽管在事实存在中有着各种必然的关系，但这些关系必须服从人的自由自觉的价值需要。可以说，特殊教育存在本身就是人类价值的一个反映；事实与价值是特殊教育不可或缺的两个存在特性。过度实证化倾向，可能导致特殊教育认识和实践被完全放置在事实世界中，实证化、技术化研究与实践严重挤兑了特殊教育价值思考应有的空间，严重堵塞了对特殊教育事实本身的批判和超越之路。由于缺少了高贵的价值之思，特殊教育会被形形色色的事实和经验消解而碎片化。如，对当前"医教结合"缺少价值审视，可能导致教育的目的理性被康复的工具理性所替代的风险。

> **知识拓展**
>
> **关于现代性的基本认识**
>
> 现代性是在对上帝、权力的批判和世俗化中产生的，一般说来，以启蒙运动提出的"科学"和"理性"为现代性开端。主要指由科学、资本和权力带来的官僚体制、理性化、世俗化、异化、商品化、普世主义、同质化、单一化等精神。其积极意义在于：摆脱人身依附，走向主体独立，崇尚主体理性（"上帝死了"、世界"祛魅"）。
>
> 现代性的局限在于：现代性尊崇技术逻辑、资本逻辑、权力逻辑，现代性给人们带来工业文明、物质利益和理性的同时，也带来人的精神迷失，导致工具的人、拜金主义、社会不公平、生态恶化。如，导致环境危机；导致人的物化、消费主义，劳动成果反过来支配人；导致目的与工具的颠倒，人的意义和精神家园的丧失（福柯"人也死了"）。
>
> 现代性在教育中表现为崇尚实证主义、科学精确的方法，关注社会需要和效率本位的教育价值观，注重统一化、体制化、模式化教育，忽视学生多样性，等等。

（二）对回应特殊教育丰富实践及其疑问具有重要作用

当前，随着特殊教育的快速发展，特殊教育理论宏大叙事无法有力回应特殊教育实践的多样性、特殊儿童的差异性等问题，理论失去了对实践的解释力、指导力、辩护力。这主要体现在现代性教育思维的特殊教育理论宏大叙事一直占据权威地位，但面对纷杂的教育实践和教育对象，却无法有力回应特殊教育实践中多重与重度残疾儿童教育，甚至连特殊儿童基本的身心多样性等问题，都难以提供解释、指导和辩护，引发着人们对本质主义特殊教育理论宏大叙事的合法地位的质疑："为什么现有的特殊教育教科书经典理论难以指导重度残疾儿童教育？""为什么培智学校课程与教学无法一劳永逸地为所有培智儿童提供普遍指导？"……面对一系列疑问，人们开始呼唤真正的特殊教育基本理论研究的重建。在这里，现代性教育思维面向复杂多样的特殊儿童，把复杂的教育现象、身心差异，抽象为简明概念、教育原则和方法模式，理论自然也就开始僵化，失去生机。在方法论上，特殊教育理论对实践的归纳和抽象，是建立在对多数基础上的抽象逻辑。这可能剔除了不具统计意义的少数个体，将之作为偶然因素排斥在必然性之外，难以归纳到总体性、宏大性、普遍性叙事预设的逻辑结构。

【问题与思考】

为什么说归纳法在特殊教育研究中是有缺点的？

要点提示：

休谟早就指出，归纳法是建立在未来与过去相似的假定上，而这假定是靠不住的。特殊教育研究不是预言，归纳法的最大缺点是，所得结论都是单称命题，难以概括全体，它虽可用概率论方法做些补救，但难适用于教育中的所有特殊儿童。

你有什么新认识呢？

（三）对指导特殊教育改革发展具有重要价值

特殊教育改革创新亟需以特殊教育哲学为武器。特殊教育哲学富有自我批判、自我否定、自由超越的精神。特殊教育哲学对特殊教育中存在的一切熟悉的或陌生的、漫不经心的或固执偏见的、习以为常的或标新立异的东西，进行审视和质疑，批判地致思于人们的各种教育观念、标准和规则。这种否定的力量能激发特殊教育无限发展的生命力。特殊教育哲学对实践的关怀不同于一般的特殊教育理论，它从灵魂上为特殊教育把脉。它的批判特性，能深彻透骨地凸显危机，表达时代的关怀。

在我国，特殊教育面临着发展方式转变的关键时期，过去仅依靠资源数量扩张的粗放式发展亟待转向质量提高的内涵式发展，其中对教师和管理者的素质要求日益提高。特殊教育哲学主要功能在于提高教师与管理者的教育品质、管理品质。如果说过去没有特殊教育哲学，也能从事特殊教育（即适应过去粗放型发展方式）；但那肯定不是高品质的、优质的教育，显然不能适应内涵型发展方式的需要。因此，特殊教育哲学正由过去特殊教育粗放型发展的"奢侈品"变成当前特殊教育内涵型发展的"必需品"。**没有特殊教育哲学关怀的特殊教育肯定是不完美的、有缺陷的特殊教育**，无法为特殊教育内涵型发展提供"灵魂"支持。特殊教育哲学的每次进步都将推动特殊教育发展根本变革。关于特殊教育的哲学思想走多远,特殊教育理论与实践就能走多远;关于特殊教育的哲学思想有多厚重,特殊教育理论与实践的生命力就有多充实。

二、特殊教育哲学的理论价值

特殊教育哲学的实践方式就是理论。它对丰富和完善特殊教育理论,对回答特殊教育思想理论碰撞冲突,特别是从思想引领和思维方式改造上具有重要意义。

(一)为进一步厘清全纳教育与隔离教育的认识提供思想支持

隔离教育属于现代教育的产物,是现代性思维特征的教育方式,遵循的是现代理性,诉诸科学的、精确的方法,强调理性、权威、同一性、整体性、确定性和终极价值观,注重的是统一化、体制化、模式化、效率化。隔离教育在发展过程中,借鉴甚至移植了普通教育和自然科学研究的一些科学实证主义的方法,建立了一些理论基础、基本范畴、问题领域以及研究方法等特殊教育知识,但鲜有独特的自身理论创新,制约了特殊儿童平等参与社会的尊严和权利。而全纳教育激扬高涨的后现代话语和思维,给予特殊儿童无限深沉的人本关怀,但极易被其理想性所否定。这决定了它在很长历史时期内只能是带有浓厚主观臆想色彩的"乌托邦"。但全纳教育指明了特殊教育应然的价值取向。通过特殊教育哲学探索,首先在思想中寻求全纳教育发展路径是一个必须面对的重大理论问题。

知识拓展

关于后现代性的基本认识

后现代,来自对现代性的批判,19 世纪末,尼采提出非理性主义,20 世纪 80 年代成为盛行于西方世界的一种后现代主义泛文化思潮,也是一种哲学思维方式和态度。它解构现代性的本质主义,解构形而上学的一切宏大叙事,颠覆同一性和权威,怀疑现代理性,崇尚非理性、人本关怀,注重个体的生存状态、价值、意义,强调个人的独特经历、内心体验和自由意志。代表人物主要有美雅克·德里达(1930—2004)和让 弗郎索瓦·利奥塔(1924—1998),等等。

在特殊教育中,后现代性体现为全纳教育。关注个体尊严、价值、权利、潜能,主张学生为中心,关注特殊儿童个体境遇和特殊需要,重视个别化教学,等等。

(二)对提升和改造特殊教育理论品质具有重要作用

当前,特殊教育基本理论建设滞后,许多理论多停留在经验描述和直觉体验的层次,缺少形而上的哲学奠基和理性的逻辑支撑。即使有些深邃精致的思想,也往往在朴素直观的表达中,流于一般的判断而庸俗化、浅薄化。特别是在移植普通教育理论的过程中,产生了许多**无思想的特殊教育和无特殊教育的思想**。在实践中表现为:一方面,一些教师、校长的特殊教育没有思想;或者有思想,却是从普通学校移植的普通教育思想。另一方面,导致特殊教育失去对特殊儿童需要满足。譬如,康复、社会适应等需求。

特殊教育哲学,是改造特殊教育理论品质,帮助我们走出特殊教育自我囿闭困境的重要思想资源、思想武器。更新特殊教育思想理念,需要以特殊教育哲学为工具。

【问题与思考】

如何理解"哲学家们只是用不同的方法解释世界,而问题在于改变世界"(马克思)?

要点提示:

根据马克思辩证唯物主义,这句话指出哲学是世界观和方法论的统一,其中,认识世界是为改造世界而服务的。离开了改造世界,解释世界没有意义。实践不仅是我们检验真理的唯一标准,也是联系认识世界和改造世界的纽带。因此,哲学是指导我们改造世界的思想武器。

你有什么新认识呢?

三、特殊教育哲学的学科建设价值

特殊教育知识日趋展现出一种分支学科的存在特点,愈来愈专业化。特殊教育哲学在理论与实践中的重要作用,决定了它对特殊教育学科的建设和完善,具有不可替代的地位。

(一)特殊教育哲学是夯实特殊教育学科独立地位的现实需要和理论诉求

一方面,在当前的教育学中,特殊教育是弱势的分支学科,学科地位暗弱。特别是在无思想的特殊教育和无特殊教育的思想支配下,可能带来特殊教育学科更加边缘。从学理的思路看,特殊教育欲成为自觉的独立学科,就必须有属于自己的科学世界和存在意义。因此,要以哲学的思维,对特殊教育科学世界和价值世界进行系统的根本上的建构,从本体论、价值论和方法论上,奠定一个思考特殊教育的平台,促进夯实特殊教育学科自主的独立地位。

另一方面,特殊教育缺少学科独立的主体意识。在特殊教育的研究和交流中,由于本土化主体研究意识的丧失,使得我国特殊教育失去了话语权和自主能动性。特别是在西方特殊教育影响下,大多侧重以移植、搬运为手段复制西方的特殊教育思维和话语,不但难以满足我国特殊教育成长发展的渴望,而且使我国特殊教育被西方话语所殖民,产生身份的忘却和迷失。我国特殊教育的根基在哪里?我国特殊教育自主的知识创新在哪里?缺少学科的独立性也就失去了特殊教育及其研究存在的合理性基础。特殊教育哲学可以在更高的平台上,立足特殊教育的根本问题,确立特殊教育作为学科独立存在的"本我",以哲学的形上思考奠基特殊教育学科。

【问题与思考】

如何促进我国特殊教育学自主知识创新?

要点提示：

越是民族的,就越是世界的。我国特殊教育学知识创新,要注重运用中国哲学思想,植根于我国现实,既借鉴国外经验,又及时总结中国经验,建立具有国际视野、中国特色的特殊教育学。

你有什么新认识呢?

(二) 特殊教育哲学是回应多学科参与对特殊教育学科地位质疑的有力武器

特殊教育自其诞生起就在心理学、医学等多学科的交叉中形成着自己,又否定着自己自主的学科地位。

当前,随着经验学科的分化,医学、社会学、心理学等多学科渗入特殊教育研究,更加挑战着特殊教育的学科性质和地位。特殊教育知识究竟是何种类型的知识?特殊教育学科与其他学科之间的边界在哪里?特殊教育属于教育学概念,可为什么心理学、医疗和康复在特殊教育中占据相当大的空间和份额呢?特殊教育是教育学,可为什么仅凭教育的专业支持解决不了特殊儿童教育问题呢?这直接引发了对"特殊教育是什么?""特殊教育应当是什么?""特殊教育何以可能?""什么才是更好的特殊教育?"等根本性问题的思考。如此表明,特殊教育的学科边界越来越模糊和不确定,教育研究的对象不再为教育学所独有,而是已经被其他学科所涵盖。特殊教育逐渐失去了作为一个独立学科与相关学科对话而应有的基础性的语言、概念系统,身陷心理学、社会学、医学等学科之中。当前,尽管特殊教育已分化出独特的社会活动方式、组织形式和人群,形成了一个建立在教育学、心理学、医学、社会学等诸学科基础上的相对独立的分支研究领域,但特殊教育范畴、概念等根本性问题尚不明晰,特殊教育不能真正从其他学科中分离出来,获得独立。特殊教育欲成为自觉的独立学科,而非经验的存在,就必须从特殊教育哲学的高度厘清属于自己的事实世界和意义世界。

【问题与思考】

如何促进特殊教育学科独立?

要点提示：

独立成熟的学科,必须有自己的理论、概念、话语方式、研究事实、研究团队、研究领域、研究成果、舆论阵地。

特殊教育学科独立建设,需站在特殊教育哲学的视野,改造特殊教育思想和思维方式,建构自己的理论阵地和话语方式,从教育学、心理学、医学中分离出来,找到自己的独特存在地位和方式。

你有什么新认识呢?

四、特殊教育哲学对特殊教育者的人本关怀价值

特殊教育哲学包含着对特殊教育价值的阐释,对特殊教育工作者来说,能够慰藉特殊教育工作者的意义世界。

（一）特殊教育哲学能为特殊教育工作者提供理性的实践意义的安顿

特殊教育哲学不但能提升教育品质，而且能帮助特殊教育工作者正确认识特殊教育价值，有利于在特殊教育工作中反身自问自我工作价值，追问自身工作意义，给予特殊教育工作者"我是谁""我到哪里去"等终极的"彼岸"和心灵皈依。

在我国，当今特殊教育尚未被充分理解，许多特殊教育工作者工作意义尚处在自身不经意的菲薄中或社会与他人的歧视和误解中，正经受着或激扬亢奋的悲愤，或惶恐不安的焦虑，或莫名其妙、不知所终的无为与懈怠。如何安顿我们在特殊教育职场中的灵魂，如何慰藉我们"特殊教育中存在"的目的性价值，特殊教育工作者的心灵渴望特殊教育哲学的终极关怀，找回自我工作价值和意义归属。另外，特殊教育面临着诸多思潮和多样实践的碰撞，无思想的、浅薄的实践方式越来越受到质疑或自身价值的批判，人们期盼着在特殊教育实践中直观自身，追问存在的价值和意义。特别是后现代思潮以来，特殊教育的矛盾已不再仅仅是"教什么"和"怎么教"的认识矛盾，以及"怎样投入与布局"和"如何实现公正"等特殊教育管理矛盾，而是转移到特殊教育自身存在的内部矛盾中，特别是人的观念、行为及其活动结果的矛盾，如"为什么要进行特殊教育？"等自身的观念性问题。这些问题与矛盾是存在与意识、主体与客体、理性与非理性、现代性与后现代性的矛盾，是特殊教育存在的实践产物、时代产物，亟待特殊教育哲学的回答。特殊教育哲学能慰藉和安顿特殊教育工作者在特殊教育中安身立命之灵魂，满足我们"特殊教育中存在"的目的性需求。

【问题与思考】

为什么有的人学习了许多特殊教育知识，却没有理论的自由自觉？

要点提示：

特殊教育知识没有形成具有自我意义的知识体系，不能在自我知识结构中找到意义归属。特殊教育知识的学习获得是被迫的，为工作需求等外在功利性所支配，即被工具性所奴役，知识学习的自我意义性不足，自我主体意识和意志不足，对特殊教育价值理解不足，失去学习和运用知识的自由自觉特性。

你有什么新认识呢？

（二）特殊教育哲学能给予特殊教育工作者批判精神、创新思维和自由思想，促进特殊教育工作者自我"革命"

自20世纪90年代以来，隔离教育、全纳教育、个别化教育、康复训练、医教结合等各种教育思想和价值观在一个狭小的、短暂的时空里，蜂拥而至。人们"消化难、实践乱"的滞涨状态成为共同的感受。

为什么特殊教育理论越来越繁荣了，人们却更感到迷茫和困惑了呢？为什么特殊教育经验、信息越来越丰富了，人们却更感到无所适从了呢？为什么特殊教育改革越来越深入了，人们的心底却感到空荡荡的呢？为什么教育管理越来越科学、规范、精确、"人本化"了，人们却总感到有种说不清的痛苦呢？如此种种矛盾冲突，是人们无法回避的事实。人们普遍有一种被压迫、被奴役、被驱使,而又无法反抗、无处可逃的感觉。从深层的哲学层面看,这些冲突背后潜藏着一个深层的空洞——特殊教育哲学的缺失或不足。人们在实践中大多专注具体操作层面的东西,疏于对特殊教育哲学的思人;而仅实践操作的东西自然难以满足人们的心灵追问和指引人们的灵魂起义。特殊教育工作者要保持清醒的脑、明白的心,就一刻也不能没有特殊教育哲学。从哲学思入特殊教育,可以使特殊教育工作者倚仗着哲学精神探寻特殊教育的本根,以更加透辟的思力去体验相关理念、理论和方法,帮助特殊教育工作者走出自我囿闭的困境。它虽然无法以实然的姿态指导我们教育实践的建构,却能让特殊教育工作者保持对特殊教育理论与实践的批判和反思,尤其是杜绝一些顽固的、定势了的观点理论对特殊教育工作者思维的垄断。特殊教育哲学的批判姿态可能激进亢奋,甚至怀疑、颠覆既有的一切价值预设,但哪怕是尖刺刺骨的批判也是应允的、自由的。它能深彻透骨地凸显危机,表达时代的关怀。特殊教育工作者实现自我思想理论和实践的创新变革,必须以特殊教育哲学为武器,以反抗奴役的心态和胆识,在思想空间里打通一条自由之路。

【问题与思考】

结合本节学习,辨析我国特殊教育的"本土无魂性"。

要点提示:

甲辩方:(1)缺少独立自主的思想深度,流于一般的技术性操作,导致无思想的实践,制约特殊教育生命力。(2)缺少成熟独立的知识体系,核心知识及其边界不清晰,导致特殊教育学科本体不确定、不独立,不利于特殊教育成长。(3)缺少理论和实践的本土根基,在搬运西方特殊教育知识的过程中,失去自我身份,不利于自主知识创新。(4)更为可怕的是,研究者和实践者长此以往在"无魂"的特殊教育中,失去反思和批判意识,浑然不知,乐不知疲。

乙辩方:……

第四节 特殊教育哲学的主要知识范畴

特殊教育哲学作为特殊教育学科里的一个知识领域,有着自己的问题域和知识范畴。从形成发展来看,它是在特殊教育理论与实践中,并在一般哲学思想和方法指导下形成的。具体说来,特殊教育本体论、价值论和过程论(方法论)的研究,是特殊教育哲学研究的核心,是必须回答的基本问题。目的在于回答特殊教育存在根据和存在意义及其特殊教育中事物的联系和价值关系,从本体论、价值论和方法论上,为特殊教育奠定一个思考的平台。

一、特殊教育本体论

特殊教育本体,即特殊教育实然态的、不以人的意志为转移的必然联系,常常以

"是什么"描述特殊教育的客观状态、特性及其规律性等事实。**特殊教育本体论即特殊教育存在论,是我们总体认识和把握特殊教育的基本的认识原则。它解决的是特殊教育"是什么"、特殊教育存在的根据"是什么"的基本问题。**本书中特殊教育本体论主要范畴维度是:特殊教育本体存在和特殊儿童本体存在,为人们认识特殊教育提供认识基础或根据。其中前者是对特殊教育总体性认识,后者是对特殊教育中特殊儿童这一核心要素的总体性认识。这两者的本体论认识奠定了特殊教育本体论的基础。具体内容安排是第 2 至 3 讲。

二、特殊教育价值论

特殊教育价值论是关于特殊教育价值认识、评价的理论和学说。它旨在阐明特殊教育存在的目的和意义,是特殊教育哲学的核心内容。它解决的是特殊教育"为什么"的价值问题。特殊教育价值论奠定了特殊教育活动的逻辑起点的目的预设。本书中特殊教育价值论,要在马克思实践观基础上,以特殊儿童存在论为中心,建立特殊儿童存在论价值论。特殊教育价值论主要范畴是:特殊教育价值论的认识论、特殊教育与特殊儿童生命尊严、特殊教育与特殊儿童自由、特殊教育与特殊儿童生活、特殊教育与特殊儿童缺陷补偿、特殊教育与特殊儿童社会适应等价值关系的哲学解释,为人们的特殊教育实践和理论研究提供价值信念的终极关怀。这些价值是特殊教育价值中最为核心的、特色的内在价值。具体内容安排是第 4 至 7 讲。

三、特殊教育过程论

特殊教育过程论(方法论)论,是人们探索改造特殊教育,使之与特殊教育价值相一致的方法与原则。它主要揭示特殊教育自身形成的活动过程,解决的是特殊教育"怎么办"的方法论问题。特殊教育过程论与价值论是紧密联系的。可以说有什么样的特殊教育价值观引领,就会有什么样的特殊教育方法论。本书中特殊教育过程论,主要立足特殊教育自身形成的活动过程,从特殊教育知识建构,以及特殊教育政策制度、全纳教育理想实现等几个维度,阐述特殊教育过程论。主要范畴是:特殊教育知识建构的科学哲学认识与实现路径、特殊教育政策与制度建构的政治哲学认识与实现路径、全纳教育实现的文化哲学和生态哲学认识与实现路径,为人们思考特殊教育知识建构逻辑和特殊教育政策正义,以及把握全纳教育发展趋势等,提供哲学视角的认识论关怀。前者是特殊教育自身形成过程最为核心的根本性要素,中者是特殊教育活动过程最为核心的支撑性要素,后者是特殊教育发展的终极理想归宿。具体内容安排是第 8 至 10 讲。

【问题与思考】

结合本节学习,辨析我国特殊教育的"本土无根性"。

要点提示：

甲辩方：我国早期特殊教育是外国传教士从西方移植创立的。在特殊教育本体论、价值论和方法论上具有本土先天不足性。从历史根源看：(1)我国历史上有对残疾人"有教无类"等教育思想，但是没有在概念、逻辑、活动经验和知识范畴上形成自己的教育本体。(2)我国虽有残疾人"皆有所养"的价值认识，但实践残疾人"养"和"教"，直至传教士开办特殊教育活动才出现。(3)我国特殊教育特别在残疾人教育隔离安置、个别化教育、特殊儿童评估等核心的过程与方法上具有典型的西方外来特征。至今，注重移植而自主创新不足，是我国特殊教育的严重弊端。望同学们审视之，并勇于担当、勇于创新，开拓我国特殊教育新未来。

乙辩方：……

本讲小结

本讲是对特殊教育哲学的概述，主要内容：(1)讲解了哲学的基本问题，指出哲学来自人的意识对存在的自觉审视和反思，哲学是人们认识和把握世界的基本方式、原则。思维和存在、本质与现象、经验世界与超验世界、本体论、价值论、认识论是哲学的基本问题和研究范畴。(2)阐释了特殊教育哲学概念，提出特殊教育哲学是人们用哲学的思想原则和思维方式，总体性认识和把握特殊教育根本问题的一种方式，体现着人们对特殊教育的基本解释原则和根据。从特殊教育哲学存在形态和知识领域看，它具有以下特点：特殊教育哲学是人们对特殊教育根本问题总体性认识和把握的一种方式，特殊教育理论就是特殊教育哲学的实践方式，特殊教育哲学是以实践哲学范式面向特殊教育的，特殊教育哲学是特殊教育学科中边缘的"核心知识"。(3)指出特殊教育哲学作为一个知识领域，在理论研究和实践中具有重要意义。特别是对指导特殊教育实践、丰富完善特殊教育理论体系、促进特殊教育学科建设和回答特殊教育工作者的价值追问，具有突出价值。(4)提出特殊教育哲学作为特殊教育学科里的一个知识领域，有着自己的问题域和知识范畴。特殊教育本体论、价值论和过程论(方法论)的研究，是特殊教育哲学研究的核心，是必须回答的基本问题。

推荐阅读书目

张汝伦著《现代西方哲学十五讲》(北京大学出版社)

周浩波著《教育哲学》(人民教育出版社)

思考与练习

1. 概念理解：特殊教育哲学；特殊教育本体论；特殊教育价值论；特殊教育过程论。
2. 简述特殊教育哲学的特点。
3. 论述特殊教育哲学的价值意义。

>>>>>>> 第一部分
特殊教育本体论

特殊教育本体论即特殊教育存在论，是我们总体认识和把握特殊教育的基本原则。它解决的是特殊教育"是什么"、特殊教育存在的根据"是什么"的基本问题。本书中特殊教育本体论主要范畴维度是特殊教育本体存在和特殊儿童本体存在，为人们总体把握特殊教育提供认识基础或根据。其中，前者是对特殊教育总体性认识，后者是对特殊教育中特殊儿童这一核心要素的总体性认识。这两者的本体论认识奠定了特殊教育本体论的基本问题域。

第二讲　特殊教育本体存在

【学习要点与目标】

1. 了解本质主义和现象学基本观点、理论。
2. 了解本质主义视野的特殊教育逻辑、特殊教育存在范式、特殊教育概念。
3. 了解现象学视野的特殊教育逻辑,以及特殊教育本体存在的时间性和空间性结构。

特殊教育本体,即特殊教育总体的客观状态、特性及其规律性等事实。特殊教育本体论,即总体认识和把握特殊教育本体的基本原则。它关注的是特殊教育"是什么"、特殊教育存在的根据"是什么"的基本问题。认识特殊教育本体,首先要理清认识方法、原则的认识论问题。本质主义和现象学思维方式是两个重要的认识视角。本讲重在从本质主义和现象学视角的认识原则和方法,阐释特殊教育本体论。特别是重在探讨特殊教育存在范式、特殊教育内涵,以及特殊教育存在的历史性根源和空间存在特性等。

第一节　本质主义及其与特殊教育关系的基本认识

特殊教育本体论是我们总体认识和把握特殊教育的基本方式。本质主义思维一直是人们认识和把握事物本体的主导思维形式。从本质主义立场和方法出发,厘清本质主义与特殊教育的逻辑关系,为总体把握特殊教育提供一个前提性的本质主义认识。

一、什么是本质主义

本质主义来自人们对世界追根溯源的认识和人对自己终极关怀的追问,认为世界是现象与本质的二元对立的,本质就是现象背后的基本图式或原则,是构成世界不变的永恒的根据。本质主义思维一直是人们认识和把握事物本体的主导思维形式,是人类理性的重要形式。无论哲学、社会学,还是其他科学研究中,本质主义都是重要的认识论方法和原则。本质主义认为,任何事物都有其先天的、固定的本质。这个本质既在逻辑终端建立起一个超越时空的总体性结构而形成本体，又在逻辑起点建构了一个解释和指导事物发展运动的根据而形成前提，任何事物的发展就是固有本质的展开，只要把握事物的本质，就能推论事物本体及其发展过程和结果。黑格尔甚至认为，有了本质（精神本质），"僵硬冰冷的石头也会呼喊起来，使自己跃升为精神。"[①]

在西方，自古希腊古罗马开始，就有探究世界的本原或基质的本体论文化传统。许多哲学家都力图把世界的存在归结为某种物质的、精神的实体或某个抽象原则。如，柏拉图的理念论、亚里士多德的形而上学，乃至基督教的上帝都是本质主义的。本质主义是西方文化主导世界的基本原则，一直处于思想霸权的大前提。追求普遍永恒的本质存在成为人类知识信仰的基点，特别是本质和现象的区分，提供了人类观察万事万物的基本概念图式。历经绝对主义、基础主义的本质主义观，至现代以来的科学主义本质主义，发现和描述隐藏在事物背后的实在或本质成为一切研究者的内在规定和学术使命。

【问题与思考】

理解本质主义及其弊端。

要点提示：

在本体论上，本质主义假定事物具有超历史的、普遍的永恒本质，这个本质不因时空变化而变化；在知识论上，本质主义设置了以现象和本质为核心的一系列二元对立，坚信绝对的真理，强调"元叙事"或"宏大叙事"，强调绝对正确的对本质的认识，强调普遍有效的知识。由此，本质主义具有僵化、封闭、独断的思维弊端。

你有什么新认识呢？

二、特殊教育本体的本质主义逻辑

特殊教育的本体存在即首先以本质主义思维建立了自身的知识范畴和逻辑体系。根据本质主义的观点，特殊教育背后肯定有一个不变的根据，这个根据即是特殊教育逻辑的原点或发展运动的根由。具体来说主要体现在认识逻辑起点、特殊教育理论建构两个方面。

（一）本质主义视野的特殊教育逻辑起点

特殊教育存在与发展深受本质主义思维的影响。在西方理性传统思维和现代性的境遇下，本质主义出发的特殊教育思维一直处于主导的支配地位。研究和发现特殊教育现象背后的本质是特殊教育研究者的学术使命。根据本质主义的观点，特殊教育的认识逻辑起点主要体现在对特殊儿童的认识上。

本质主义认为人的成长是必然的、线性的过程。本质主义把人看作机器，是一个

[①] 转自邓晓芒,赵林.西方哲学史[M].北京:高等教育出版社,2005:253.

复合机械原理的有规则的运动体系,认为人的存在、成长是有预定规律和固定逻辑的展开,把握规律和结构就可能把握人的成长过程、结果和价值意义;且人的成长过程和结果都是可以通过精确数字测算获得的。根据本质主义的逻辑预设,特殊儿童身心缺陷常常被作为不可改变的预成之物。身心的缺陷注定了他们的发展也一定有缺陷,同时对他们的教育不可能取得完整性效果。因此,特殊教育主要是立足特殊儿童缺陷开展教育。即认识缺陷特点及其对特殊教育的影响,遵循缺陷普遍特征及其带来的特殊教育普遍规律,开展教育活动,并解释和指导特殊教育发展。

18世纪,法国等西方国家在盲、聋哑、智力落后儿童教育训练成功后,而逐步开始制度化,特殊教育理论与存在范式,明显受到本质主义思维的影响。

(二)本质主义视野的特殊教育理论建构

自特殊教育产生至今,本质主义出发的特殊教育理论既有与普通教育共有的一般理论,又有特殊教育专门性理论,共同推进自身发展。

1. 与普通教育共有的一般理论

这是建立在特殊儿童与其他儿童在人的类本质统一的基础上的,以特殊儿童在人的类本质上所具有的身心结构和成长规律的同质性、一致性为假设,将普通教育的一般理论演绎或移植到特殊教育中。如,夸美纽斯、洛克、卢梭、孔迪亚克、皮亚杰、杜威、加德纳等人的教育论述(见表2-1),这是推动特殊教育发展的巨大智力宝库。这些理论以先于特殊教育经验存在的先验的逻辑预成的方式,以演绎的方法,为特殊教育奠定了普遍宏大叙事的基础。

表2-1 特殊教育与普通教育共有的一般理论主要代表人物与观点

人物	观点
孔狄亚克	认为通过学看、学听、学嗅、学尝、学触摸等,奠定了感觉训练的基础。
洛克	提出天赋的智力人人平等,观念和知识都来自后天。这不但为特殊儿童接受教育奠定了思想基础,还为通过环境与教育的作用丰富特殊儿童经验提供了依据。
卢梭	提出自然教育观和强调器官代偿,特别是为特殊儿童受教育权的获得奠定了基础。
夸美纽斯	提出对特殊儿童注重额外帮助,并与心智不同的人混合起来,相互帮助。
杜威	教育即"生活""生长""社会"和"经验改造"的民主教育的思想,对确立特殊儿童中心论和推动课程与教学的改革产生巨大作用。
马斯洛	提出自我实现的人本主义理论,对特殊教育研究提供了宝贵理论资源和支持。
皮亚杰	提出建构主义学习理论,认为知识是个体在与环境交互作用的过程中逐渐构建的结果(同化、顺应和平衡三个基本过程),建立了图式理论为中心的结构主义儿童心理发展结构,提出了认知发展的四个阶段。
霍华德·加德纳	提出"多元智能理论",认为个体身上相对独立存在着与特定的认知领域和知识领域相联系的八种智能,这些智能在每个人身上以不同方式、不同程度组合,使得每一个人的智能各具特点。这为理解特殊儿童特别是为特殊儿童的缺陷补偿打开了新的视野。

2. 特殊教育专门性理论

这是指通过特殊教育经验性活动归纳的基本原则和方法等知识,主要是用医学、心理学、社会学等理论,围绕阐释特殊教育、认识特殊教育对象,以及教育教学等,进行不同的解答。主要代表人物有狄德罗、依塔尔、谢根、卡尔丹诺、波内特、阿曼、莱佩、卡希尔、海尼克、阿羽衣、布莱尔、维果茨基以及当代美国的柯克和我国的朴永馨等(见表2-2)。特殊教育专门性特殊理论,首先,在本体论上,假定了特殊教育自身具有超历史的、普遍的永恒本质和规律。其次,在认识论上,一是坚信绝对的特殊教育规律,通过设置了以特殊儿童心理、行为等教育现象和特殊儿童成长规律、教育规律本质为核心的一系列二元对立,认为无论特殊儿童个体身心有多么诡秘,境况有什么差异,其环境有多么不同,只要抓住教育本质的东西就能呈现出依据可循的教育规律。二是坚信普遍的精确制导的方法、绝对正确的本质认识和普遍有效的知识,热衷于建构逻辑结构和宏大叙事,并努力把特殊儿童及其教育的纷杂现象纳入一定的逻辑结构中。特殊学校教育制度、班级授课制、课程等就是本质主义思维的体现。再次,在方法论上,多是在实证的经验基础上运用归纳的方法,寻求特殊儿童教育的大前提和理论假设,确立逻辑分析的总体性框架,指导人们开展教育。特殊教育专门性理论是特殊教育发展的智慧高度,至今仍是特殊教育理论的主流形式。

表2-2 特殊教育专门性理论及其代表人物和观点

人物	主要著作/成就	评价及主要观点
卡尔丹诺	《论精神》(1550)	被誉为聋教育理论的奠基人,提出专门的组织教学,教聋人发音和理解书面语言。
波内特	《论声音的实质和教聋哑说话的艺术》(1620)	论述了教育的目的任务,最早提出论述了手指字母;并指出用视觉代替听觉,教会聋人口语和书面语。
阿曼	《说话的聋人或先天聋人和学会说话的途径》(1692)	聋人口语理论的奠基人。提出利用观察对照口型、触摸发声部位等途径,教会聋人发单音,其著述对后世影响很大,对聋人语言产生巨大作用。
菲·普拉特杰尔	《观察》和《医学实践》(1614)	对精神病和弱智人做了区分。
依塔尔	对"维克多男孩"的成功教育(1799)	通过感官训练,教育"维克多男孩"取得成功,深深影响和鼓舞了智力落后儿童教育,感官和运动训练广为流传。
谢根	《智力不正常儿童的教育和训练》(1846)、《白痴——用生理学方法治疗》(1866)	著名智力落后儿童教育家。他提出"发展感知觉,进行感觉器官体操训练",制定和实行了感觉运动训练体系,被广泛应用,对后世产生巨大影响;提出教育任务是把智力落后儿童引出所处的惯性状态,与外部世界联系,发展能力;认为意志障碍是白痴的最主要的缺陷,把白痴和智力落后分开,提出智力落后只是发展速度比正常人慢。

(续表)

人物	主要著作/成就	评价及主要观点
狄德罗	《论盲人书简》(1749)、《论聋人书简》(1751)	论述了感觉器官对外部世界的认识,认为"一切知识来源于感觉"。
莱佩	《利用手势方法教聋哑人》(1776)、《经验证明了的教聋哑的正确方法》(1784)	创立了聋人手势体系(手势语),认为"手势是聋人的母语,是教学和交往的工具,是掌握语言和其他学科的出发点"。
卡希尔	《教聋哑的手势理论》(1808)	发展了手势语,进一步理论化。
海尼克	建立纯口语法	认为手势不可能使聋人发展,口语是聋人思维工具,提倡把口语作为唯一的教学工具,把教口语作为主要教学任务。
阿羽衣	《盲人教学笔记》和《盲人教育的产生、发展和现状》(1786)	论述了劳动在盲人发展中的作用,提出了盲人职业教育。
布莱尔	六点制盲文方案(1829)	发明"布莱尔六点制盲文",并被全世界公认和推广,极大地推动了盲人教育。
维果茨基	《缺陷与补偿》和《缺陷儿童心理学与教育学》(1925)	提出了"缺陷儿童异常发展的复杂结构"思想,阐明了缺陷儿童发展中第一性缺陷、第二性缺陷以及其他派生缺陷的理论。特殊教育学校的教育既承担传授文化知识的任务,还承担使学生身心缺陷得到补偿的任务。

(注:根据朴永馨《特殊教育》相关资料整理而成。)

【问题与思考】

从教育环境的本质主义思维出发,思考隔离教育和全纳教育在价值论上善恶认识有不同,但在本体论上都有合理性。

要点提示:

尽管隔离教育和全纳教育理念存有重大的分歧,但在本质上都蕴含着教育环境促进特殊儿童成长的这一教育大前提的逻辑设定,且它们对环境所致的善恶认识虽有不同,但本体论上都是合理的。

隔离教育认为特殊儿童身心是特殊的,只有隔离的、专门性的教育环境,才能满足特殊儿童的特殊需要。因此,设定特殊学校环境具有保障和维护特殊儿童教育权利、提供特殊的专门性教育的善价值,以特殊学校教育为主要载体,以专业性技术为工具,给弱势边缘的特殊儿童教育建立一个稳定、可靠的本体论承诺。由此可以延伸认识到,隔离并不一定是错的,而是一种理性思维,甚至在一定条件环境下就是合理的。这就如同面对疫情采取的隔离,不但合理,而且其本身就是理性思维的表现。

融合教育则是隔离教育认识思维的转向,认为特殊儿童身心差异是正常的,只有最少受限制的融合环境，才能保障特殊儿童的平等权利、尊严和社会参与。因此，将全纳学校、融合的社会环境设定为善（认为隔离会导致歧视、不平等、身心障碍等，是恶的），以全纳学校教育为主要载体，以民主、平等、合作为价值论和方法论核心，以建构全纳社会为目标，为特殊儿童教育建立一个本体论承诺。

你有什么新认识呢？

第二节　本质主义的特殊教育存在范式与内涵

本质主义思维建立了特殊教育的本体存在的知识体系和范畴。本质主义视野下，特殊教育有着自己的独特存在范式，显示着自己独特存在特点。同时，又以特殊教育自身的特有内涵和概念，反映着自己的理论建构和实践形态。

一、本质主义的特殊教育存在范式

范式，在希腊文中泛指词性变化的规则。把范式引入科学领域的是托马斯·库恩。他在《科学革命的结构》中提出"范式"的概念。库恩认为每一个科学发展阶段都有特殊的内在结构，而体现这种结构的模型即"范式"。他说范式是"一个特定社团的成员共同接受的信仰、公认的价值和技术的总和"。[①] 科学革命的本质就是从旧的范式转向一种新的范式。例如，在18—19世纪坚持牛顿体系的物理学家们的范式，是建立在牛顿的力学和万有引力理论之上的。爱因斯坦相对论使人类的时空观发生革命性变化，摒弃了牛顿提出的时间、空间与物质运动无关的所谓绝对时间和绝对空间观念，发现时间、空间、物质及其运动的紧密联系。从牛顿到爱因斯坦的物理学变化，体现了库恩关于旧范式怎样被新范式取代的解释。库恩甚至激进地认为，关于世界的事实都是系于范式的，当范式变化时它们也要发生变化。

在这里，范式既包括理论、方法、技术、观点，也包括共同体普遍接受的共同信念。其中被共同体所普遍接受认同的研究活动中的世界观和方法论是一个重要因素，为共同体提供了共同的理论模型和框架，形成一个相对稳定的共同知识和活动体系。可以说，范式是一个研究共同体所共同遵循的理论体系、价值信念、思维方式和技术规范的总和，它奠定了一种观察世界的视野与理论参照的体系。

对特殊教育存在的本质主义描述和分析，涉及特殊教育存在的方法论、认识论，还涉及特殊教育存在的信念与价值观，是一个总体性的范式问题。范式是把握特殊教育发展运动变化的重要视角。特殊教育本体存在原则或根据就蕴含在特殊教育存在范式的变迁之中。借鉴库恩的范式理论来审视特殊教育存在，发现特殊教育先后出现了以下三种存在范式：养护存在范式、教育学存在范式、社会学存在范式。在这

[①] 转自瞿葆奎.教育学文集(教育研究方法)[M].北京：人民教育出版社，1988：178.

里,三种范式的划分不是绝对的时间和空间概念,体现的是特殊教育本体论存在的主要根据,同一时空内可能不同程度地存有一定的传承、交叉。下面就这三个存在范式逐一阐述。

知识拓展

托马斯·库恩及其《科学革命的结构》

托马斯·库恩(1922年7月18日—1996年6月17日),美国科学史家,科学哲学家,代表作《科学革命的结构》。本书是研究科学史和科学哲学的重要著作之一,在西方哲学界、社会科学界乃至科学界都引起了巨大震动。因为库恩的这本著作,让范式这个词汇变成当代最常出现的词汇之一。

该书从科学史的视角探讨常规科学和科学革命的本质,第一次提出了范式理论以及不可通约性、学术共同体、常态、危机等概念,提出了革命是世界观的转变的观点,深刻揭示了科学革命的结构,开创了科学哲学的新时期。

(一) 特殊教育的养护存在范式

特殊教育的养护存在范式,主要体现在基督教和医学、心理学为主的前现代特殊教育阶段,[①] 即特殊教育尚未向教育学领域转移以前。这时期,是特殊教育萌芽时期。特殊教育表现为传教士个体自发行为的"传教士教育"或医生自发的"医疗训练教育"。人们基于基督教、医学、心理学立场的思想认识和实践行为,占据特殊教育的支配地位。这时期,特殊教育是建立在观察和实验的经验事实上,主要进行康复训练、认知和生活技能训练,并揭示缺陷和教育训练之间的因果联系,提高特殊儿童感官机能和生活能力。对特殊儿童的"救济生存理念"是特殊教育之所以存在的根据或理由。在特殊教育共同体信念上,把特殊儿童作为身体病态的患者,或有原罪的人,或者同情、仁慈、博爱的施加对象;把特殊教育视为朴素的上帝博爱、仁慈,或者医学训练活动。认为特殊儿童的缺陷可以诊断并通过经验论的感官训练提高其生存能力。在技术方式上,一是建立在观察和实验的经验事实上,主要进行器官康复训练、认知和生活技能训练,或称为"医疗训练教育"。二是从基督教义出发,以教育训练和灵魂救赎为途径,运用简单的经验归纳来研究和解决特殊教育问题,并成为"教会教育"的一部分。

这时期,特殊教育主要是从基督教和医学为基本视野看待特殊教育,并以教育训练和灵魂救赎为途径,运用简单的经验归纳来研究和解决特殊教育问题。特别是基于医学视角的特殊教育,表现出鲜明的实证/经验主义倾向,不但认为缺陷能通过医学来测量和诊断,还确信对特殊儿童的医疗训练、康复补偿能提高特殊儿童生存能

---

① 王培峰.西方特殊教育内涵的历史分析[J].现代教育科学(高教研究),2011(3):156.

力。这一时期,特殊教育尽管不具备现代意义上的教育实质,但为特殊教育成为一个教育学概念设下了本质主义逻辑和基础。

> **知识拓展**
>
> 特殊教育发展的前现代阶段、现代阶段和后现代阶段
>
> 关于特殊教育发展历程阶段划分,有许多不同的标准。有的以人类历史阶段划分为古代特殊教育、现代特殊教育、当代特殊教育,等等。从本体论视野来看,人们认识和实践特殊教育的思想行为立场是划分阶段的主要依据。在特殊教育发展中,人们认识和实践特殊教育的思想行为曾有宗教/医学(心理学)、教育学、社会学为主要形态的三种立场。这样,特殊教育发展可描述为经历了两次转向、三个阶段。两次转向为:由宗教/医学向教育学转向,由教育学向社会学转向;同时,相应带来的三个阶段为:宗教/医学为主的前现代阶段,融入教育学体系的现代阶段,社会学视角的全纳教育后现代阶段。(王培峰《西方特殊教育内涵的历史分析》)

(二) 特殊教育的教育学存在范式

特殊教育的教育学存在范式主要体现在特殊教育融入教育学体系的现代特殊教育阶段。这是特殊教育自觉走向科学化的规范时期。这时期的主要背景是,自1789年法国承认莱佩建立的第一个残疾人教育机构至20世纪中叶相当长历史时期,随着特殊教育不断被国有化,特殊教育发展开始走向规模化、制度化。特别是伴随着西方近代科学以来的工业化大生产和教育大众化的制度嬗变进程,特殊教育不断成为国家教育体系的一部分,作为一项体制化的社会事业而存在。教育学的思想认识和行为立场在特殊教育发展中逐渐占据支配性地位。一方面,从特殊教育内在需求看,由于基督教、医学、心理学的实证范式面向身体器官机能的"医疗训练教育"或"教会教育/传教士教育",无法对增强特殊儿童的主体理性能力做出回答,特别是对创造能力、实践与生产能力、认识能力及道德、意志、审美等。如,阿曼"把聋人教学缩小为单纯的发音教学,对智力发展不重视,形成了机械训练和形式主义"。[①] 另一方面,在文艺复兴运动后,上帝、教会本身已成为批判的对象,于是特殊教育开始向教育学立场的存在范式转移。

这时期,特殊教育思想认识已超出了17世纪以来少数医生、传教士等基于特殊儿童个体救济生存意义上的个体教育。人们普遍秉持特殊儿童作为理性主体的"理性主体理念"为特殊教育逻辑原点和根据,着力于提高特殊儿童的主体理性能力。特别是近现代以来,随着特殊儿童从上帝的恩惠和救赎中解蔽出来,特殊教育也开始超

---

① 朴永馨.特殊教育[M].长春:吉林教育出版社,2000:18.

越简单的上帝仁慈、博爱,走向现代教育理性。在特殊教育共同体信念上,相信医学、心理学等现代技术理性对特殊儿童成长的支持作用。认为特殊儿童身心是特殊的,需要专门性的、隔离的教育,来保障和维护他们的教育权益,满足他们身心成长的特殊需要;并认为特殊教育本质、规律是人的理性能力的投射,坚信人们对揭示和把握特殊教育本质和规律、特殊儿童成长规律的可能。在技术方式上,强调具有普遍意义的本质方法,发现特殊儿童与教育的内在逻辑和规律;强调从科学理性出发,运用"归纳—演绎"的方法论认识和实践特殊教育问题;强调隔离式的、专门性的教育。特别是随着医学、心理学、生物学及其他经验科学发展和逐步加入特殊教育中,为认识特殊儿童和进行科学主义的特殊教育提供了技术支持,特殊教育得以运用经验科学的新成果进行假设和检验,实施更精细的分类、更专业化的学科理论建设、更相对分离的专门教育实践。这直接为扩张隔离制的特殊学校教育提供了基础和依据。同时,特殊教育成为教育学范畴,主要以教育学范式存在,推进着特殊教育走向规范化、科学化。这时期特殊教育还迎合了教育的功能特点和属性要求,开始从政治、经济、社会、文化等外在工具价值和促进特殊儿童自身发展的内在价值出发进行研究和实践。这时期基本确立了特殊教育的总体性结构,总结归纳了特殊儿童教育与训练的经验,提出了具有普遍意义的特殊教育理论、内容和方法,为人类文明增添了新的内容。

【问题与思考】

如何理解"理性主体理念"?

要点提示:

理性一般指我们形成概念,进行判断、分析、综合、比较,进行推理、计算等方面的能力。理性能力的形成主要来自人的心智活动,体现了人的智能。理性主体是指人能通过理性能力而使人的行为符合特定规范和目的的这样一个主体。

基于此,你如何理解文中特殊教育共同体所持有的特殊儿童"理性主体理念"?

(三)特殊教育的社会学存在范式

特殊教育的社会学存在范式主要体现在全纳教育为主的后现代特殊教育阶段。这时期,由于教育学范式的特殊教育思维囿于科学理性的狭隘视野内,用统一的、唯一的本质发现和描述特殊教育,面临全球高涨的后现代主义思潮的质疑和颠覆。一方面,复杂多样的教育实践、丰富多样的特殊儿童差异质疑着统一的教育规律和本质的合法存在,特别是特殊教育宏大理论对解决多重残疾、重度残疾等特殊儿童的无能,对解决特殊儿童社会参与、社会适应能力的先天不足,面临全纳教育的指责。另一方面,基于医学、心理学的科学主义视角而精细描述的缺陷的差异,不断被隔离的安置形态、教学组织形态及其课程等强化和夸大,加大了特殊儿童的社会分层、排斥和歧视,教育学存在范式的特殊教育无法解答特殊儿童社会排斥。20世纪中叶,教育学存在范式的特殊教育开始走向分崩离析,直接导致特殊学校教育逐渐缩减和式微。

【问题与思考】

如何理解全纳教育存在本身所具有的本质主义思维特点？

要点提示：

全纳教育具有反本质主义、反宏大叙事的后现代思维特点，但它作为一种教育理念，其存在本身就是本质主义的。它反对社会隔离，反对对特殊儿童身心差异的人为扩大和简单化抽象，但它并没有反对特殊儿童成长和教育的规律，没有反对先验的逻辑预设和概括，没有反对教育知识确定性的把握。它只不过是把教育逻辑的理论"歪曲"减到最低，而着重凸显了对特殊儿童个体及其教育的独特性、丰富性、复杂性的尊重，并预设了融合环境和个别教育等，以此保障特殊儿童教育公平和质量的这一普遍承诺。例如，个别教育计划，就在制定之初预设了可测量的、可达到的目标和手段。也就是说，全纳教育并没有彻底抛弃本质主义而决裂，只是对特殊教育做了不同描述和解释，实质上仍依赖于本质主义而获得存在。

你有什么新认识呢？

这时期，特殊教育共同体以尊崇特殊儿童平等社会参与、权利、尊严和价值为核心，秉持特殊儿童是自由的"意志主体理念"，以之作为特殊教育逻辑原点和根据，伸张着特殊教育视野。这时期，特殊教育共同体的价值信念是：认为特殊儿童身心存在的差异是正常的，他们的平等社会参与、尊严、价值是他们作为平等社会成员应有的主体自由意志，也是特殊教育存在与发展的使命和依据。特殊教育共同体站在社会学视野反思教育学范式下特殊儿童生存的困境及其教育弊端，认为这是医学、心理学的狭隘的科学技术理性给特殊儿童带来的"人的目的性"关怀的疏离，是过度强调实施专门性隔离化教育而给特殊儿童带来人的主体意志的旁落。在技术方式上，先后主张用正常化、一体化、回归主流、融合教育、全纳教育的理念重建特殊教育；注重人本主义的社会批判，唤起人们对特殊儿童的理解关注；强调通用性的环境设计和教学设计，确保特殊儿童的有效的平等的参与；强调用民主、群体、合作的价值论和方法论，防止特殊儿童主体自由意志的生命价值被剥夺或僭越。

20世纪中叶始，北欧出现"正常化"（normalization）运动，开启了特殊儿童融合教育、全纳教育的序幕。90年代的全纳教育，明显将特殊教育作为社会学存在范式，侧重用社会学的方法解决特殊儿童的发展问题。如，面对教育学存在范式对解决特殊儿童社会排斥、歧视、社会适应能力不足等这一系列问题的无能，注重全纳学校、全纳社区、全纳社会、全纳文化的建设，唤起人们对特殊儿童的理解关注；注重"最少受限制环境"的教育安置和"个别教育计划"制定实施等，确保特殊儿童真正获得融合的教育环境和实质的教育公平及其特殊需要的满足。

【问题与思考】

如何理解"意志主体理念"？

要点提示：

在哲学里,意志不同于心理学描述的有目的支配自己行为的心理状态。一般说来,意志与自由是统一的。没有意志,自由就是一句空话;反过来,没有自由,意志也是一句空话。因此,意志也称为自由意志。意志是自由的主体的出发点,是不受自然律束缚而按"自身立法"行事的能力(康德)。它不服从外来的强制性要求,而是遵从每个人"内心法则"。意志主体是人的权能,是人起码的绝对的尊严,是真正自由人的条件。

基于此,你如何理解文中特殊教育共同体所持有的特殊儿童"意志主体理念"?

二、本质主义的特殊教育内涵

特殊教育内涵与特殊教育本体存在认识论是紧密相连的,是反映特殊教育本体存在特性的重要方面。下面,首先通过特殊教育与普通教育的比较,来把握特殊教育的特殊性;然后,以当前几个权威的特殊教育概念为依据,阐发特殊教育本体认识论。

(一)特殊教育的"特殊性":基于特殊教育与普通教育的比较

通过特殊教育与普通教育比较来把握特殊教育特性是教育工作者最易于理解的一种方式。下面就从教育对象、过程、教师和环境四个维度来予以分析(本书认为特殊教育具有四要素)。

我们熟知普通教育体现了对人的普遍身心成长规律的认同,以及对普遍教育规律可能存在的信心。此即普通教育之所以普通的意蕴。首先,确信教育对象具有相对较确定和稳定的统一性、普遍性,立足共同的身心特点和成长规律,划定班级而实施共同的教育,即可能使用统一的课程、教材、教学组织形式和设备,实施无差异的教育。其次,假设了教育对象与教育过程、教育结果的高度一致性,并以适应现代社会生产的实际需要为旨归,设定了以现代性的教育管理制度(特别是学校管理制度)、教育技术以及现代科学知识经验等科学理性来实现这一目的的可行性。但是普通教育存在问题是,学生的独特性的境遇、具体性的身心差异被抽空,教育的过程、结果和手段被抽象为一个宏大的共同存在。普通教育以现代性的信念编织了一个"面向相同人,造就相同人"的"牢笼"。本质上,它就是"一个人"的教育。

特殊教育不同于普通教育。(1)在教育对象方面,特殊教育是建立在特殊儿童差异性的基础上的,把特殊儿童的差异作为本体论的前提和依据,承认特殊儿童身心不同的独特存在特点和成长规律,凸显了面向个体差异的特殊需要。本质上,它就是面向"许多人"的教育。"许多人"即身心差异的不同人。(2)在教育过程方面,特殊教育蕴含着深厚的人道/人权关怀和博爱精神,深刻的医学思想,注重教育人本化、精准化、个别化的个体价值(而不是普通教育的普适价值),注重缺陷补偿和潜能开发的价值观和方法论,注重多部门多专业主体的教育合作,注重目标导向的循证实践。譬如:专门的特殊课程、医学教育复合模式的教学、专门的教学设施、差别对待的补偿正义管理制度,等等,凸显了以个体特殊教育需要满足为中心,强调个别化教育支持和服务。其中,个别教育就反映了特殊教育的本真存在特性。(3)在教师方面,特殊儿童身心及其需要的广泛差异性、教育的艰难性,决定了特殊教育教师,不仅要具有博爱的专业伦理,还要具有教育医学结合的复合型的专业知识以及环境创设与个别化教学设计实施能力等。(4)在环境要素方面,重视环境在教育中突出的作用,认为特殊儿童身心机能不足,使其生存和教育对环境具有高度依赖性,环境影响并决定残疾人的障碍程度,把环境作为思考和实践特殊教育的一个重要维度。

【问题与思考】

特殊教育"特殊"在哪里?

要点提示:

思想理念层面:具有深厚的人权/人道关怀和博爱精神,深刻的医学/心理学思想;注重教育人本化、精准化、个别化的个体价值理念(而不是普通教育的普适价值);注重缺陷补偿和潜能开发的价值观和方法论。

教育实践层面:教育目标突出自尊自信、自强自立的人格培育和适应能力培养,身心功能康复的特殊教育目标。教育教学过程凸显多部门、多专业主体的教育合作特性,重视医疗模式目标导向的循证实践,强调实施个别教育,突出满足个体差异的特殊教育需要。教学设施设备突出个别化主导的普适需要。制度与政策强调差别对待,补偿正义。

要素结构层面:教师,突出博爱专业伦理和复合型专业技能。教育对象,凸显了面向个体差异的特殊需要。教育过程,以个体特殊教育需要满足为中心,强调个别化教育支持和服务。重视环境要素在教育中突出的作用,认为环境影响并决定残疾人的障碍程度,把环境作为思考和实践特殊教育的一个重要维度。

你有什么新认识呢?

(二)特殊教育本体认识论:基于特殊教育概念的审视

特殊教育本体认识论关系到人们认识特殊教育本质联系、规律以及特殊教育价值等各种关系,是我们建构特殊教育理论和推进特殊教育改革的前提和基础。当前,随着时代的发展,特殊教育内涵不断丰富,人们对特殊教育的认识不断变化,认识分歧也不断增多,反映了人们价值需要和认识视野的多元。

概念和概念系统的建构是思想上的澄清。只有概念的明晰和概念系统的逻辑自恰,才能保证运思的严谨。正如我国现代哲学家冯友兰所言,"进行逻辑的概念分析,能帮助人们把已有的概念弄得更加清楚,使人们清除理智上的困惑。"[①]特殊教育概念是特殊教育本体内涵的专门化理解,体现了特殊教育独特本质。下面立足当前几个权威特殊教育概念,通过概念分析揭示特殊教育本体认识论。

---

① 程伟礼.信念的旅程:冯友兰传[M].上海:上海文艺出版社,1994:33.

1. 扬弃论的特殊教育本体认识论

扬弃论强调特殊教育为教育的组成体系,认为特殊教育是建立在普通教育基础上的"普通"与"特殊"的辩证统一。既肯定"普通"属性,又否定其而肯定"普通"之外"特殊性"的存在。重视特殊教育与普通教育的共通性,重视对普通教育的先验知识在建构特殊教育中的作用,重视对教育过程和教育结果解释的全面性。教育对象,重视对象的特殊需要,也肯定普通需要。教育过程,主张适用"一般的或经过特别设计的课程、教材、教法、教学组织形式和教学设备",满足教育对象一般或特殊两种教育需要。教育结果,认为可能取得"一般"或"特殊"两种培养目标。

扬弃论的典型代表是朴永馨先生在《特殊教育辞典》(1996)中提出的概念:"特殊教育是教育的一个组成部分,是指使用一般的或经过特别设计的课程、教材、教法、教学组织形式和教学设备,对有特殊需要的儿童进行的旨在达到一般或特殊培养目标的教育。"

在这个概念里,强调了特殊教育是教育的组成部分。一方面,它以教育媒介和教育培养目标的两个"一般",界定了特殊教育在教育活动和目标上与一般教育的一致性内涵,即"普通"属性;另一方面,以教育媒介和培养目标的两个"特别(特殊)",表达了其"特殊"内涵,即"特殊"属性。强调"普通"(一般)和"特殊"(特别)两个属性是这个概念的突出特点。在这里,它以两个"特殊",从教育对象和教育媒介与结果方面,对特殊教育范畴、属性做出了限定,表达了特殊教育的独特内涵。同时,也以两个"一般"表达了特殊教育的基础。这个认识较全面地把握了特殊教育两个方面特征。即,特殊教育是一种强调教育活动和目标的"一般或特殊"的教育。从实践来看,正是这个特殊教育认识指导了我国早期相当长时期内特殊教育发展。当然,也带来现实实践中存在着特殊教育"普通教育化"实践的弊端。如,传统中统一化、单一化的课程与教学组织实施,就否定了特殊儿童成长的个体差异。

知识拓展

特殊教育的特殊性与普遍性

普遍性,即基于对特殊儿童群体差异性的认识基础上,认为特殊儿童作为群体的存在,他们的身心成长是具有一定的稳定性、相近性的普遍典型性特征,对他们的教育也可能存在可把握的普遍教育规律,可能实施相同或相近的教育。但是普遍性可能会抽掉或遗忘了特殊儿童身心个体差异,所谓的普遍教育规律或相同相近的教育,可能会将个体的特殊需要以及不具备统计意义的少数特殊儿童排斥在普遍性之外。普遍性在我国特殊教育发展早期已经被普遍认同和践行,但是也带来个体特殊需要满足不够和少数重度多重残疾的特殊儿童教育缺失。

> 殊需要满足，从强调特殊教育普遍性的认识实践到强调特殊性的认识实践，这是特殊教育的巨大进步，人类文明的重大进展。（王培峰《特殊教育哲学：本体论与价值论的研究》）

2. 补缺论的特殊教育本体认识论

补缺论强调特殊教育的特殊性，认为特殊教育的"特殊"所表达和限定的教育范畴恰是普通教育的"普通"范畴之外的剩余或空白。特殊教育就是对此的弥补，非依非附，相对独立于普通教育之外，甚至特殊教育存在本身就是对普通教育的否定。正是这个"特殊"规定了特殊教育的属性。教育对象，首先强调教育对象缺陷的差异性、特殊性，认为不具有普通教育对象普遍化、一致性的身心成长规律和特点。教育过程，重视针对性的特殊安排和专业支持，认为没有可以普遍适用的教育媒介、手段，主张缺陷补偿和潜能开发、外在干预支持等，重视个别化手段满足个体身心独特性特殊需要。教育环境，强调对外在条件的高度依赖性，重视特殊设计的专门环境对特殊儿童及其教育的支持。教育结果，认为不能达成普遍一致的培养目标，注重适应能力、健康人格养成等独特维度。补缺论的典型代表如下：

一是方俊明教授在《特殊教育学》（2005）提出的概念："特殊教育是根据一定的社会需要与特殊儿童身心特征和教育需要，最大限度地发挥受教育者的潜能使他们增长知识、获得技能、增强适应能力的一种教育。"

这个概念的精妙之处在于强调了"最大限度地发挥受教育者潜能"，以及增强学生适应能力，较深刻地反映了揭示特殊教育特殊性这一独特本质的努力。这从逻辑上划定了普通教育"普通"之外所剩余的独特区域，即特殊教育。它反映了普通教育对解决特殊儿童教育的无能，规定了特殊教育属性。

潜能开发和缺陷补偿，体现了特殊教育过程中独到的价值论和方法论。即，潜能开发既坚信和尊重特殊儿童身心发展可能的信念，又是实现残疾人缺陷补偿的方法论。正是潜能开发和缺陷补偿的结合，从认识论和价值论上改变了传统仅关注外在手段、技术对器官功能补偿的工具主义补偿观。对此证成，一方面，来自心理学发展特别多元智能理论奠定了其科学理性的理论基础；另一方面，当前很多成功残疾人的成长已经提供了其现实依据。实践中，我国从 1962 年盲、聋学校教学计划（草案）首次提出"缺陷补偿"，至 2007 年三类特殊学校课程设置实验方案，再到 2017 年"三类特殊教育学校课程标准"，已经重复强调了潜能开发和缺陷补偿在特殊教育中的独特认识和价值。

增强学生适应能力，是基于对特殊性的确认，而对教育培养目标的独特要求，体现了对特殊教育特殊性价值的揭示。适应能力是残疾人平等参与社会，实现平等权利和尊严的现实需要。以此作为目标，不仅是从特殊儿童特殊性出发对特殊教育特殊使命的赋予，也是特殊教育对普通教育之于特殊儿童教育无能的价值否定，以此揭示出特殊教育对普通教育救失补缺。在我国，自 1987 年三类特殊学校教学计划首次提出"适应社会/生活",至2016年12月"三类特殊学校课程标准",适应能力已成为教育目标之一。

知识拓展

多元智能理论

多元智能理论是由美国哈佛大学家霍华德·加德纳提出的。他在《心智的架构》里提出,人类的智能至少可以分成语言、逻辑、空间、肢体运作、音乐、人际、内省七个范畴。语言智能主要是指听说读写能力;逻辑数学智能指有效运用数字和推理的智能;空间智能表现为对线条、形状、结构、色彩和空间关系的敏感以及通过平面图形和立体造型将他们表现出来的能力;肢体运作智能主要是指人调节身体运动及用巧妙的双手改变物体的技能;音乐智能主要是指人敏感地感知音调、旋律、节奏和音色等能力;人际智能指能够有效地理解别人及其关系,及与人交往能力;内省智能指正确把握自己、认识自己的能力。

二是美国学者休厄在《特殊需要儿童教育导论》(2007,肖非译)提出的特殊教育概念:特殊教育是"以教育为目的的干预"(即预防性干预、治疗性干预和补偿性干预)。

在这个概念里,"以教育为目的"反映了特殊教育与其他教育的一致性;又以"干预"反映了特殊教育的特殊性内涵,划定了特殊教育的"特殊"知识范畴之所在。也正是这个"干预",实现了对普通教育的区别和超越。干预,原指特殊儿童本身发展仅依靠教育难以改变,而需通过外在的力量支持,使之发生预期改变。在这里,预防性干预、治疗性干预、补偿性干预分别从不同时期、功能对特殊儿童发生影响作用。干预,生动反映了美国特殊教育的价值观和方法论。在本体论上,干预表达了外在有关支持力量参与特殊教育的合作特性、实证特性。在价值论上,侧重关注特殊儿童个别化的身体存在状况、生活质量和意义,关注特殊儿童与环境、社会的关系,注重特殊儿童通过干预的过程获得与社会的联系、意义和尊严,侧重特殊教育的社会学内涵,强调特殊教育的社会性。在方法论上,侧重以"个别化""专门化""强化""目标导向"的实证化手段和方式,强调以社会学、医学和心理学的方法实施特殊儿童的个别化干预和训练。

知识拓展

美国休厄《特殊需要儿童教育导论》主要内容

《特殊需要儿童教育导论》是当前国际特殊教育领域经典、畅销的高校教材之一。本书内容分为三个部分,共15章。

> 第一部分为特殊教育基础，主要介绍了相关专业术语、相关法规及实践，特殊需要儿童的转介、评估、课程设计、安置过程，家长教育决策中的作用。
>
> 第二部分为特殊学生的教育需要，共介绍了十种特殊需要儿童的类型的定义、特征、出现率、产生原因、发展背景、评估技术、教学策略、安置的选择和现状与展望。
>
> 第三部分为一生中的特殊教育，描述了特殊教育在特殊需要儿童一生从早期特殊教育、早期干预，以及残疾学生从高中过渡到成人生活中教育者以及家长所应承担的责任。

3. 同一论的特殊教育本体认识论

同一论强调特殊教育与普通教育的同一性。特殊教育之所以"特殊"，不是取决于特殊教育的本质，而是取决于人们对教育的认识和实践的局限性。认为特殊教育非但不是对普通教育的否定，而是教育的终极高度的表现形式，是教育的最优品质之花。教育对象，首先强调教育对象的能动性、同一性，认为教育对象首先具有人的类的同质同构的身心特点和成长规律，即使存在个体存差异和不同特殊需要，也是很自然的、正常的、合理的。教育过程，重视通用设计，主张首先满足教育对象"普通"需要，同时也兼顾满足其群体或个体身心特殊需要。教育环境，强调尽可能设计通用环境，重视人与环境的互动关系。教育结果，重视教育对象的充分发展和价值实现，尽可能取得跟普通教育对象一致性的教育结果。

同一论的典型代表来自 2006 年《残疾人权利公约》。它提出，"残疾是伤残者和阻碍他们在与其他人平等的基础上充分和切实地参与社会的各种态度和环境障碍相互作用所产生的结果"；同时在环境支持方面，要求"货物、服务、设备和设施的提供和使用，并在拟订标准和导则方面要通用设计"，以此确保尽最大可能减少由于人为设计带来的不同人群差异及歧视。基于此相关精神演绎，可以认为，特殊教育就是一项专业的环境支持活动。好的特殊教育，即通过环境特别是通用设计的融合环境支持，减少特殊儿童障碍，支持特殊儿童成长的教育。

在这个概念里可以发现，障碍是一种人与环境之间的关系问题，特殊儿童的障碍反映了一种特殊儿童与环境支持之间的关系危机。残疾不等同于障碍。残疾是生物体的结构特点反映。障碍是特殊儿童与其所在客观环境及其各种态度等主观意识环境相互作用所产生的结果。环境对人的行为和认知的不支持，是障碍的根源。进而言之，残疾人不同于有障碍的人，没有残疾的人不等于没有障碍的人。这深刻表明，残疾与否并不是我们关注的焦点，而是环境。可以设想，在未来生物科技和医疗技术支持下，人的残疾可能会得到极大改变，但是只要环境和人存在的紧张关系不消除（在资源总是匮乏、人的需求总是日趋多元化的情况下，环境和人的紧张关系可能永远存在），障碍就可能永远存在。为此，可能要重新定义残疾人——只有障碍的人，没有残疾的人。从人的多样性和障碍形成的环境关系视角看，世界中其实并不存在残疾的人。同时,世界中其实也不存在特殊教育。或者说,因为特殊教育的对象不再是残疾与否的人(有残疾的人并不必然需要特殊教育),而是障碍与否的人(没有残疾的障碍人也可能需要特殊教育);特殊教育过程也不再是强调特殊性的手段,而是面向所有人的通用设计的环境支持,特殊教育内涵也转变为环境支持内涵。在普通教育中,普通教育对象也是可能充满着不确定性障碍风险者。那么,特殊教育与普通教育的边界消失了,特殊教育与普通教育本身就具有高度同一性,就是一回事。只不过特殊教育是教育活动中更加精准化、人本化、专业化地面向不同需求,而尽可能实现人自由发展、个性发展的终极高度和境界。

当前,对特殊儿童而言,环境多是健全人创造并主宰的;物品也多是由健全人生产、使用和分配的;技术也多是内涵了健全人价值、利益等特殊目的和偏见。根据沃尔泽物品理论,物品的社会意义决定物品的社会分配。在此环境下,也决定了绝大多数环境、物品、技术,仅仅适用于健全人(譬如汽车),对特殊儿童极为不公平。我们由此清醒知道,对特殊儿童的歧视,不是来自个体态度和道德,而是源根于环境(制度环境、物理环境、心理文化环境以及物品和技术设计等)带来的意识和行为。

对特殊教育而言,为特殊儿童提供通用设计的专业环境支持就成为重要使命。从生物学机理上看,法国生物学家拉马克认为,生物对环境有巨大的适应能力,环境的改变能引起生物习性和器官功能的变异。特殊儿童尽管受到身心制约,但同样先天蕴含对环境的适应能力,环境改变能直接影响其身心功能的改变。现实中,在融合教育环境中的特殊儿童能自发改变某些身心功能障碍,减少障碍制约,已经提供了成功的现实依据。

当前,特殊教育没法改变残疾,但能改变障碍。把残疾人变成无障碍的人是特殊教育的使命。通过环境审视特殊儿童及其教育存在的问题,并通过环境改变和支持减少障碍,是我们教育中应当关注的,甚至是审视社会制度正义与否的重要维度。

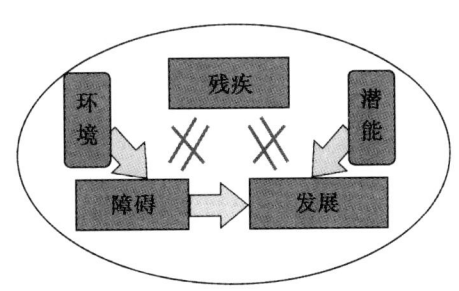

图2-1 残疾、障碍、发展与环境和潜能的关系图

上述认识的歧义,反映了特殊教育本身含义的丰富,以及人们价值需要和认识视野的多元。但是,特殊教育实践是需要一个确切的特殊教育本体论的。本书认为它们各有合理之处,特别是在不同历史时期具有合历史性与合规律性的价值。当前,根据历史的进步和文明的发展,对特殊教育的认识也在不断发生变化。其

中,"同一论"则更能适应时代需要,指导和引领特殊教育发展。因此,本书侧重从"同一论"立场来认识和阐述特殊教育。

第三节 现象学及其与特殊教育关系的基本认识

本质主义视野和方法,为总体把握特殊教育提供了一个基本方式,建立了特殊教育理论和存在范式、概念、范畴和逻辑体系。但是特殊教育本质主义认识论是有局限性的,本质主义以"本质先于存在"的逻辑预设和普遍叙事会带来特殊儿童及其教育多样性的落空,且难以为具体的特殊儿童提供精准的教育图式。本质主义认识不是把握特殊教育本体的唯一方式。胡塞尔开创的现象学作为"存在者存在的科学"[①],从认识世界转向对主体自身认识的理解,确立了一种新的认识论和方法论。从现象学方法原则(含存在主义思想)为特殊儿童及其教育提供了认识基础。下面即以此廓清特殊教育本体。

一、什么是现象学

一般认为,现象学是一种哲学思潮,流行于西方 20 世纪。从现象学在于"回到事情本身"的精神的源头看,尼采哲学"权力意志"对生命意义赋予的家族相似性,开启了 20 世纪现象学先河。尼采以生命的"权力意志",认为现象世界都是人的生命活动和意义赋予的权力意志的结果,即现象世界体现了人的权力意志,反映着人的生命活动。这颠覆和解构了传统对现象和本质两分的形而上学预设,开启了现象学运动。

(一) 什么是现象

"现象"这个术语来自希腊词文的拉丁词,具有显示自身、显现之意。"现象"就等同于显现的客观世界、经验世界,或者说是存在主义中的存在者(显现者)。在启蒙运动后近代科学以来(特别英国经验论),现象被作为与本质对应的显现的世界,是我们理性活动所理解的对象。如,康德相信理性改造现象世界的能力。他曾称自己的"纯粹理性批判"为"普通现象学"。后来,黑格尔等客观唯心主义,把现象作为人的意识(他在《精神现象学》把精神现象分为意识、自我意识、理性、客观精神、绝对精神),认为在自我意识异化和扬弃的辩证运动中达到绝对知识、绝对真理、绝对精神。这体现了对西方柏拉图等关于意识(理念)为绝对可靠、绝对本质的唯心主义一致性的认识。

胡塞尔继承发展了前人的认识,但并不满足于上述"现象"的认识,认为"现象"不是人类理性的作用对象,而是人类理性本身。他认为对于显现者背后的本质,我们不可能有任何把握,"我们的理性的唯一对象无非就是现象,那么,我们能够或者必须研究的唯有现象而已。"在这里,现象就是意识。胡塞尔认为,经验世界缤纷多变,我们

[①] 海德格尔. 存在与时间[M]. 北京:生活·读书·新知三联书店,2006:44.

可以怀疑一切,但是"我在怀疑"的意识是无可怀疑的。意识才是真正与唯一的对象、不可怀疑的对象。这种自我意识也就是他所说的不证自明的"自明性"。他的现象不再是中世纪前和本质严格对立的"现象"或感官认识的"表象",而是指包括感觉、回忆、想象和判断等一切认知活动的意识形式。胡塞尔认为,与本质严格区分的"现象"是自在自然之物,它们只是事实的堆积。现实中,只要被我们人所认识或意识到的东西,就已经被人赋予某种意义,蕴含着人的意识。人的认识或意识本身就是一种理性活动。所以,他说没有经过人类理性的现象是不存在的。由此可以得出,没有人,世界就没法被认识到。没有"我",世界就不是"我"的世界。也就是说,世界(特别是与人相关的社会界和自然界)就是人的意识赋予的、构造的。"我"的世界即为我而存在的世界。换言之,人的意识就是本质,本质就是人的意识赋予。因此,现象学里,现象就是意识,意识就是本质,这颠覆和解构了传统对现象和本质两分的形而上学预设。

(二)狭义现象学和广义现象学

狭义的现象学是由哲学家胡塞尔阐发的哲学理论。胡塞尔把意识结构作为"绝对确定"和"普遍永恒"的东西,意图为科学奠定基础,展开了意识本质的研究,提出了先验现象学。胡塞尔认为世界是意识活动的相关物。根据胡塞尔对现象的理解,他的现象学也称为"纯粹意识现象学"或"先验现象学",主要关注意识结构和意识行为,是关于认识意识的科学;且通过现象学直观把握事物本身的"自明性"。现象学的口号是"回到事物本身",其理论主要包括意向性理论、现象学还原理论和生活世界理论。后人认为,现象学的基本特点法主要表现在方法论方面。

知识拓展

海德格尔关于理解的"前结构"

海德格尔认为理解是人存在的基本样式,"此之在本质上就是领会","领会是此在的本己能在的生存论意义上的存在"。他把领会活动称为解释。他认为解释的本身就已经是有所领会。为此,他提出了意义被领会的"前结构",即"先行具有、先行视见、先行把握"。"先行具有"也称为"前有",是指已经领会的去向事物的存在。海德格尔解释为"领会之占有";"先行视见"也称为"前见",是指理解前的先行解释角度和取向,海德格尔解释为,"瞄着某种可能解释的状态";"先行把握"也称为"前把握",是指对事物预先设定的一种把握的概念方式。海德格尔认为这是解释的基础和条件,是此在的历史性存在的反映。(海德格尔著《存在与时间》)

广义的现象学指一种哲学思潮,除胡塞尔哲学外,还包括直接和间接受其影响而产生的种种哲学理论以及20世纪西方人文学科中所运用的现象学原则和方法的体系。按时序可分为三个阶段,即:胡塞尔现象学时期(20世纪初至30年代中)、存在论现象学时期(20年代末至50年代末)和综合研究时期(40年代以后)。

胡塞尔倡导的早期现象学运动，主张用本质还原法，从中获取较直接、较真确的知识。胡塞尔的弟子海德格尔在20年代末改变了现象学研究的方向，开创了侧重探讨存在问题的新思潮。海德格尔认为，必须首先研究意识背后更基本的结构，即理解的"前结构"（"先行具有、先行视见、先行把握"），从而把理解上升到存在论高度（因而其学说又被称作是解释学的现象学）。萨特、梅洛-庞蒂等也不满于胡塞尔的纯粹意识，而是运用现象学研究人和世界的关系、人的种种境况及其意义、人的自由等"实际生存"直观体验，形成了存在主义哲学思潮。在这里，他们尽管存在分歧，但是无论胡塞尔现象学关心的人的"纯粹意识"，还是海德格尔、萨特等人关心的人的"实际生存"直观体验，他们都同样关心意识（存在主义关心的意识指的是人的精神存在的直观体验，而不是纯粹意识），都关心人的意义问题，都关心时间性问题，都承认现象学的方法论，都反对传统中现象和本质的形而上学预设和划分，都把现象作为一切或者说现象就是本质，即现象学本体论。当然，后期梅洛·庞蒂对胡塞尔关于现象的认识是有矛盾的。后期梅洛·庞蒂逐渐从意识现象学转向了身体现象学。他认为身体是人存在于世界的运载工具。世界的问题，可以从身体的问题开始，身体的存在是人所面对的最大问题。哲学最根本的学问应该从对身体的思考开始。至今，在后现代主义的推动下，身体现象学逐渐演变为身体哲学，已成为当前西方学界关注的重要话题之一。其实，无论意识现象学关注的意识，还是身体现象学关注的身体，都是具身的统一体，难以截然分开。譬如，孤独既是意识现象，也是身体现象。

我们对特殊教育本体的分析，既站在狭义现象学视野运用胡塞尔的三大理论，也借鉴其弟子们的存在主义思想，来阐释特殊教育本体。

知识拓展

存在主义和现象学的联系

存在主义以萨特为代表。但是一般认为，存在主义没有体系，没有深刻洞见，不像一门哲学理论。存在主义的哲学家及其理论都与胡塞尔密切相关。现象学为存在主义提供了源头、方法。存在主义始终没能走出现象学。

在海德格尔《存在与时间》阶段，海德格尔坚决主张他的分析是现象学，甚至认为是在胡塞尔意义上的科学。萨特的《存在与虚无》问世一年以后，存在主义这个称号才被他和当时的拥护者接受。但萨特仍称他主要是按照现象学描述方法来论述问题。直到萨特发表《试论现象学的本体论》以后，才意味着将现象学与存在主义结合起来。因此，存在主义与胡塞尔现象学理论一脉相承，存在主义是现象学的延续。存在主义有四个核心命题：死亡、自由、孤独和无意义。存在主义著名观点有：尼采"我欲故我在"（人有创造的欲求，生命才会奔放）；萨特"存在先于本质"（人是一种生成性的存在，人是自己造就自己，所以人的本质就不固定）；海德格尔的"此在"，是自由的、自我筹划和自我选择的。

（三）现象学主要理论

一般认为，胡塞尔的现象学有三大理论：现象学还原理论、意向性理论、生活世界理论。根据本讲需要，重点介绍现象学还原理论、意向性理论（生活世界理论在第七讲介绍）。

1. 现象学还原理论

胡塞尔现象学还原是"回到事情本身"之所以能"回到"的途径，是一种认识真理的方法论。胡塞尔认为认识论不能建立在不可靠的疑问的基础上。人的认识不可避免地受到自己既有的经验认知、先验概念等影响，会歪曲对事物本来的认识。即使现代自然科学的认识方法也不是自足的、绝对的。因为，它总是具有一定价值取向和方法规范性的。因此，必须排除或悬置一切外在于我的意识之外的东西。

胡塞尔认为，我们拥有的、认识的和可信的仅仅是我们本身的意识和体验。"我思"且也唯有"我思"纯粹意识本身是无疑的，可以作为认识的起点和基础。因为它没有超出我自身，而在"我"的意识本身之内。因此，他提出"回到事情本身"的现象学直观，力图严格地限制在自我意识之内，获得对本质的"明证性"（自明性）。直观包括感性直观和本质直观。感性直观，即"感性感知"，实现对个别属性的把握。本质直观也称为范畴直观，是"超越性感知"（即我们通常所指的反思、想象、判断等），能达到本质的"自明性"。以胡塞尔举用的"红纸"的例子来说，感性直观的仅是红纸的形状、大小、颜色，而本质直观的是红本身的一般性或称为本质。胡塞尔认为，通过主体"感性感知"的感性直观和"超越性感知"的本质直观，完成"感性感知的自我"向"超越论的自我"飞跃，主体才可能把握自身之外的东西。譬如，牛顿定律就是牛顿"超越性感知"的意识构造。这样，本质是现象学直观中"被给予的"，而不是抽象判断推理而至的。

有人认为胡塞尔现象学的基本特点主要表现在现象学还原的方法论方面，即通过回到原始的意识现象，描述和分析观念，从中获取较直接、较真确的知识。胡塞尔"回到事情本身"体现了一种怀疑精神，是一种理性批判精神，使得现象学成为一门从意识角度洞察事情本质的哲学。他提出的现象学还原方法，在20世纪初以来的西方哲学与人文科学中一直具有重要影响，被认为是哲学的三大方法之一（辩证法、实证法、还原法）。

【案例与思考】

通常有人说，看待人或事物要"相信第一感觉"，请结合现象学还原理论分析其中的合理性。

要点提示：

"第一感觉"即是"感性直观"，是现象学还原中"回到事情本身"的方法。"第一感觉"由于排除他人观点和经验的影响，也没有受到事物更多"非己"的行为干扰，无"杂质"地保持着自己源初的直接的意识，反映着自己直接的认识结果，即这个"第一感觉"是直观中"被给予"的；而且还可能在此基础上，运用反思、想象、判断而实现"超越性感知"，直达事物本质。因此，从现象学理论看，它具有一定合理性。

你有什么新认识呢？

2. 意向性理论

西方哲学传统里，从"我"来认识世界，力图使世界的"客观性"或确定性建立在人的主观性的基础上。认为世界就在"我"的意识（理念）中，且只有在"我"的意识中，并赋予"我"的意义，才是真实可靠的"我的世界"。这与唯物主义不同，唯物主义认为世界在我的意识之外，不依赖于"我"的意识而坚定地存在着。

胡塞尔是沿着笛卡尔"我思故我在"的认识路径，以"我思"为起点，把"我在"作为意识的构造，继承了其师布伦塔诺对意向性的关注，把意识作为现象学的研究对象，提出意向性理论。意向性是意识的基本特性。"意向"也就是意识被导向的过程。从结构看，意向包括"自我极"（主观极）、"对象极"（客观极）。为什么有意向呢？是由于意义的指向作用。可见，意识被意义指向的意向性所规定。正基于此，意向活动具有客体构造的能力，即"指向对象"和"构造对象"的能力（胡塞尔称为"立义"）。客体乃至世界及其意义就是主体意向性意识构成和赋予的，也就是意向性为他者"立义"（康德"理性为自然立法"）的能力。正是人的意向性构造了一个意向相关的世界（人化的世界），同时，世界也被赋予着人的某种意义。胡塞尔通过意向性理论解答了认识何以可能的问题。甚至胡塞尔认为"统一的世界是纯粹自我的意识活动的统一性的相关物"[①]。这对于解释社会，乃至人化的自然，有深刻的说服力。

但是，人的意义指向的意向性形成，往往受到过去经验和各种事实影响，掺杂了事实世界中的各种"杂质"。如，在追逐"技术""权力""资本"的时代，"技术""权力""资本"错位为人的意义，支配着人，这样的意向性构造的"技术世界""权力世界""资本世界"消减和压迫着人的意义世界，带来人的意义世界的殖民和异化，造成人精神家园的失落。因此，这也奠定了胡塞尔生活世界理论的前提。

【案例与思考】

三位同学一起站在紫金山山顶观光眺望。回来后，他们分别谈了自己观后感。

甲：紫金山绿树苍翠，景美。

乙：紫金山空气清新怡人，环保。

丙：紫金山像一口巨大挂钟，壮观。

请结合意向性理论，分析一下三者为什么有不同的认识。

要点提示：

甲：在"我"的意识中，出于对审美意义的需要，突出了对植物和景色观察的意向性，他意向性构造的紫金山就是风景优美。乙：在"我"的意识中，出于对人体健康的

[①] 倪梁康. 意识的向度：以胡塞尔为轴心的现象学研究[M]. 北京：北京大学出版社，2007：64.

需要,突出了环境保护的意向性,他意向性构造的紫金山就是环保宜居。丙:在"我"的意识中,也许对紫金山压根就没有任何兴趣(心不在焉),他所说的"巨大挂钟",其实并不是他能看到的(只有在空中俯瞰整体才能看到),而是受到他人的经验("钟山")影响。

你有什么新认识呢?

二、特殊教育本体的现象学逻辑

现象学方法原则(含存在主义思想)与特殊儿童及其教育有着人本关怀及其论证上的逻辑恰切,可借此获得对特殊教育存在的把握。

(一)特殊教育的现象学逻辑起点

站在现象学立场,对特殊教育本体的认识不同于本质主义的先验逻辑预设。(1)从对特殊儿童身心缺陷的认识论看,按照现象学还原,搁置缺陷等意识之外的经验性的"迷雾",回到纯粹的内在意识和体验的结构中,无论特殊儿童所表现的身心差异性有多么多样复杂,经过感性直观和本质直观,所得到的"特殊儿童是人"的存在本性毋庸置疑,尽管缺陷会带来制约作用,但是特殊儿童仍然具有人的身心结构及其能动性,仍然具有人的尊严和自由。"特殊儿童是人"的这一"回到事情本身"的自明性毋庸置疑,这确立了我们思考特殊教育可靠的认识论逻辑起点和基础。(2)从特殊教育存在的本体论看,人们基于"特殊儿童是人"的意向性构造功能,特别基于对特殊儿童施以"教育之善"的美好价值的思考,就会构造一个关于促进特殊儿童成长的教育意向相关的世界,即特殊教育。事实中,西方特殊教育产生已经表明,特殊教育不是自然存在的事实,其自产生开始就显示着人们关于促进特殊儿童成长的意向性。由此,现象学方法理论解答了特殊教育本体存在何以可能的问题。甚至说,特殊教育就是人们关于促进特殊儿童成长意识的客体构造活动,一个关于促进特殊儿童成长意识的客体构造之物。在此,实现了特殊教育客观存在与人们自我意识的统一。这样,以"存在先于本质"的逻辑转身,特殊教育借此获得了无限生机,为特殊儿童及其教育开显出无限意义和可能性。

(二)现象学视野的特殊儿童及其教育认识

站在现象学视野,使我们认识到:(1)**特殊儿童主体在特殊教育中具有优先的、决定性的地位**。他们不再是像机器或程序一样被预成了的"既定之物",而是他们自由自为的"给定之物"。尽管他们身心有缺陷制约,但是缺陷不再是特殊儿童与生俱有的"人的本质",而仅仅是他们不能自由选择的自在之物,当且仅当是特殊儿童不可避开的自在之物,一个"恶心"或"畏惧"的自在之物。他们不可以自由选择这个自在,但可以自由选择和创造自己发展可能性。(2)**特殊儿童成长具有无限可能、无限生机**。他们成长不是必然的、命定的过程,不是机械原理般的"牛顿力学"运动体系,坚决排除了仅靠本质主义所谓的规律,就能准确预测特殊儿童成长过程、结果和价值意义,甚至精确测算所需所学知识、精确制导所用方法等承诺。特殊儿童成长尽管受到缺陷的制约,但不再是不可改变的、注定了的不完整性的。同时,缺陷本身也不再是永恒的、不可改变的,而是可以凭借自己意志和意向自由来改变或超越的。**(3) 个别教育是特殊教育最本真的本体形态**。对特殊儿童的教育不再被作为预成的宏大理论叙事的展开过程,概念式的、制导式的既定活动,而是回到特殊儿童及其成长本身需要的重新意向性构造活动。其中,特殊儿童及其成长需要与满足的特殊性优先于普遍性、差异性优先于统一性、多样性优先于单一性、变化性优先于确定性、个体性优先于群体性,成为现象学特殊教育中的价值秩序。这是现象学特殊教育本体论的重要所在。它体现了对特殊儿童差异性以及教育过程的差异性的尊重,从现象学的角度确立了特殊教育的本真——个别教育,在本体论上搭建了特殊教育自身的绝对本体,也在价值论上构筑了特殊儿童存在论意义的绝对价值。

上述,构筑了现象学特殊教育本体论逻辑起点,规定着特殊教育自身的知识范畴和存在特征。特殊教育的本体存在统一于人们关于促进特殊儿童成长意识的客体构造活动中,这是特殊教育本体存在的根源。具体来说,可以通过特殊教育本体存在的时间性和空间性来把握。

第四节 现象学视野的特殊教育本体存在

现象学方法原则为我们提供了对特殊教育本体存在的把握。那么,特殊教育本体到底是什么呢? 该从何处寻找特殊教育的本体存在呢? 根据胡塞尔及其弟子海德格尔等的一贯主张,特殊教育的本体存在可以通过时间性和空间性来把握。

一、特殊教育本体存在的时间性向度

胡塞尔认为"现象学的素材是时间的立义"。[①] 海德格尔认为"只有着眼于时间才可能把捉存在",[②]特殊教育可以凭借时间性分析来把握特殊教育本体存在的始源性意义。根据现象学分析,时间可以分为过去(历史性)、现在和未来,海德格尔称为"曾在""现在"和"将在"。下面主要从特殊教育的曾在、将在两个维度来把握特殊教育的本体存在。

(一) 特殊教育的曾在

特殊教育曾在即历史性存在,这是特殊教育自身的存在根源。特殊教育之所以能在当下被把握就是这个历史性存在的"本体论跳跃"(萨特)[③],是历史在现在的延

[①] 胡塞尔.内时间意识现象学[M].北京:商务印书馆,2009:36.
[②] 海德格尔.存在与时间[M].北京:生活·读书·新知三联书店,2006:23.
[③] 萨特.存在与虚无[M].北京:生活·读书·新知三联书店,2011:155.

续。根据现象学还原可以发现,关于促进特殊儿童成长的人权思想意识、医学(心理学)思想意识、基督教精神是特殊教育曾在的三个根源,基于三个意识根源的客体构造活动奠定了特殊教育最源初的本体,也成为特殊教育最稳定的、内隐的、难以改变的内在基因,展现着特殊教育内在的独特精神气质,反映着特殊教育文化心理性格。

1. 关于促进特殊儿童成长的平等、自由的人权思想意识是特殊教育最源初的一个曾在

14—16世纪,自西方文艺复兴运动和启蒙思想运动以来,包括残疾人在内的人的权利、平等、自由、尊严、价值备受推崇。一些卓越的、具有创新精神的哲学家,开始开辟特殊教育的新时代。荷兰政治思想家格劳修斯提出与生俱来不可侵犯的自然权利。英国哲学家洛克指出人的生存权利和法律平等思想。法国思想家卢梭提出"人生而自由平等""天赋人权理论"。卢梭还在《爱弥儿》中直接论述了盲人与聋哑人感觉器官代偿问题。狄德罗专门著述《论盲人书简》和《论聋哑人书简》,论述残疾人对外部世界的认识问题。裴斯泰洛齐亲自创办了特殊教育机构。18世纪,西欧各国在政治文明进程中,强调以宪法的形式确立残疾人的人权,如1775年美国《独立宣言》、1874年法国《人权宣言》。他们纷纷建立国家行为的特殊教育学校或对个体行为的特殊教育机构予以国家承认。1789年法国政府承认了莱佩的聋人教育机构,并予以国家意志保障。

可以说,关于促进特殊儿童成长的平等、自由的人权思想意识,一方面直接构建了特殊教育客体活动,另一方面间接支持影响了人们的特殊教育行为,奠定了特殊教育的思想基础。至今,特殊教育的人权属性、政治属性和对平等自由权利的尊崇,已成为反映特殊教育本体存在的重要特征;同时,反过来也把特殊教育作为表征人权进步、社会文明的重要标志。

2. 关于促进特殊儿童成长的医学(心理学)思想意识是特殊教育最源初的另一个曾在

伴随着人权思想进程,西方近代自然科学也取得重大进展。一些医学工作者,开始以生物学、医学、心理学视角,运用医学、心理学手段和方法来看待和解决残疾人的成长问题,开展以客观的生物学、医学、心理学为依据的原因分析与医学训练。1614年,瑞士医学教授菲普拉特杰尔就曾对残疾做出分类。16世纪末荷兰人阿曼,在医生工作的基础上,对聋人开始语言训练,出版了《说话的聋人或先天聋人可会说话的途径》,1770年著述《关于言语的论文》,对欧洲聋人教育产生了深远影响。18世纪末法国精神病医生皮内尔,指出了智力落后的病态。1799年,法国精神病医生依塔尔第一次用实践证明了智力落后儿童教育的可能性。他对野男孩维克多,采用设计环境、感官训练、医教结合等方法进行训练。1840年瑞士教师、医生古根比尔建立了第一所智力落后儿童学校。1846年法国人谢根发表了影响巨大的经典之作《智力不正常儿童的教育、卫生和道德训练》。

可以说,医生开创特殊教育的同时,医学思想意识特别是关于残疾人的生理、心

理缺陷及其测量、诊断、训练的医学意识和方法手段也成为特殊教育曾在的重要根源。医学思想意识不但直接构建了特殊教育客体活动和机构,形成了有效的实践方式和经验,而且还深深影响着特殊教育发展。至今,许多西方国家仍然将特殊教育称为"医疗教育",我国也开始注重"医教结合"的特殊教育实践改革。其他如残疾儿童分类、诊断与评估、康复训练、个别教育,乃至特殊学校教育都是这种医学意识根源的直接反映。

【问题与思考】

请结合特殊教育本体的时间性存在根源分析,为什么说"医教结合"不是对特殊教育的"额外追加",而是回归特殊教育本身。

要点提示:

医学思想意识是西方特殊教育源初性的本体存在。除了残疾儿童分类、诊断与评估、康复训练等是显而易见的明证,即使个别教育和特殊学校教育都是医学思想意识构造的特殊教育活动。在认识论上,都把特殊儿童作为有身心差异的特殊者,注重满足不同教育需求,解决成长问题。在方法论上,注重个别对待或隔离对待,注重医学技术方式和支持。如,借鉴医学手段诊断鉴定对象,了解个体特殊需求,开展康复训练,实施针对性的补偿性的教育,等等。实质上,这就跟医生看病具有相同的机理。不同的是,个别教育是个体的微观实践,特殊学校教育是放大了的个别教育,即群体的宏观实践。

因此,医教结合是"回到特殊教育本身"的自明性结构,是特殊教育的本来面目。这在西方是水到渠成的实践存在样态。在我国,由于特殊教育形成是"本土无根性"的,导致对特殊教育的理解也是断裂式的,可能会对医教结合认识存在误区。

你有什么新认识呢?

3. 关于促进特殊儿童成长的基督教精神意识(平等、博爱、仁慈)是特殊教育最源初的另一个曾在

基督教是人类社会的一种上层建筑的社会意识形态。在西方,基督教是终其人一生和整个社会生活的坚固的精神模子。特殊教育的曾在与基督教有着深厚的渊源。基督教将"上帝"内在于人性,以至美、至善的终极存在,指向人的终极存在的关切,填补科学认识只能发现与回答"事实"而不能回答的意义问题的空白,使人超越理性和经验,凭借对上帝信仰获得终极关切。基督教给人们带来平等、博爱、仁慈的精神意识。一是,在上帝面前,没有只升天堂不入地狱的特权阶级,也没有只入地狱不升天堂的弱势群体。这给最底层社会群体的残疾人带来与优势群体一样平等的地位——在上帝面前一律平等。二是,人们对上帝的信仰,使得对世俗的东西和自我利益疏离或放弃成为可能,从而使人具有利他精神。同时,基督教认为人人有原罪,不能自救,要求人们"爱上帝和爱人如己"(马太福音第二十二章三十七节),用对他人的爱和自身的修行,取得灵魂的最终拯救。这给残疾人可能带来博爱、仁慈的精神。正

是凭借基督教给予人们的平等、博爱、仁慈的精神意识，构建了特殊教育客体活动，出现了传教士个人行为的特殊教育萌芽。16世纪末，西班牙庞塞（修道士德乐翁）成功地以小班级的方式教会聋童说、读、写。1760年，教士莱佩相信高僧詹森的教义至上主义，认为救济人类需要上帝的恩惠，于1771年创办世界第一个聋人公共教育机构。基督新教在中国近代特殊教育史上也扮演了重要角色。1874年，苏格兰长老会牧师穆威廉（W. Moon）在北京东城甘雨胡同创办瞽叟通文馆，为中国第一所盲校。1887年美国基督教长老会传教士查尔斯·米尔斯夫妇在山东登州（蓬莱）创建中国第一所聋哑学校——登州启喑学馆（现为烟台聋哑学校）。

可以说，基督教人士开创特殊教育的同时，基督教精神意识，特别是平等、博爱、仁慈的精神也成为特殊教育曾在的重要根源。基督教精神意识不但直接构建了特殊教育客体活动和机构，探索了教育内容和方式，而且还深深影响着特殊教育发展。至今，欧洲一些宗教举办的聋校还以《圣经》马太福音中耶稣治好聋哑病人的故事作为教育思想与方法的经典表述。还有国家将特殊教育称为"教会教育"。在我国，很多特殊学校普遍把"博爱"作为校风校训，表达了人们对特殊教育的理解。

【案例与思考】

南京特殊教育师范学院的建筑物、广场，很多被命名为"博英楼""博雅楼""博远楼""博韵楼""博爱广场"。请结合上述学习，分析其中蕴含的哲学道理。

要点提示：

"博爱"精神意识是特殊教育创办和促进特殊儿童成长中的根源性存在。这些命名反映着人们对特殊教育的深刻理解；同时，也表达出以对特殊教育师范生"博爱"情怀培养的追求，即"博爱塑魂"的校训内涵。

你有什么新认识呢？

（二）特殊教育的将在

特殊教育的将在，即特殊教育所朝向的、一种可能化的自由理想，一种不满于现在而逃离现在的可能性的意义。它以人们关于特殊教育的意义领会、筹划的形式，打通一条通往价值期许的道路。

20世纪90年代以来形成的全纳教育思潮就体现了特殊教育将在。全纳教育以满足所有特殊需要者教育需要、创建全纳社会的高度人本主义关怀意识构建未来的特殊教育本体存在。在认识论上，从社会学更广阔的视角审视特殊儿童被歧视和排斥的社会存在现状，将特殊儿童差异作为人类正常的差异，认为"特殊需要教育"能满足特殊儿童在内的所有特殊需要者的教育需要，改变医学视野仅注重残疾人缺陷而实施的隔离教育认识观。在价值观和方法论上，将民主、平等、合作作为重要原则，注重全纳环境、全纳社会、全纳文化对特殊教育的支持。可见，全纳教育具有高度自由理想性。它无论在教育对象的起点上，还是在价值论和方法论上，都是一个极易被自身否定自身的存在。可以说，全纳教育以高度人本关怀意识引领人们领会、筹划特殊教育意义的同时,也以高度人本关怀的"特殊需要教育"否定自身。

但这不妨碍我们对全纳教育的信心和努力,它是经济社会文明达到一定高度的文明之花。它以这种高度理想性,显示着它的意义,显示着特殊教育将在的形态,让我们来期待和描述特殊教育未来。事实中,当前实施的融合教育、个别教育等,已经在越来越清晰地构建着全纳教育的客体活动,引领着特殊教育发展。

【问题与思考】

什么是特殊教育本体的现在?

要点提示:

根据萨特观点,现在极具虚无性。它不同于过去也不同于将来,是以逃遁的、变化的方式显现的,不易被把握。即"现在不存在"。特殊教育的现在,就是因为自身的矛盾,处于这样一种流变之中、虚无之中、自由之中。譬如,隔离到融合、分类分层到个别教育计划,等等,使得特殊教育勾连嬗变。因此,对特殊教育现在的把握是十分困难的。

你有什么新认识呢?

二、特殊教育存在的空间性向度

特殊教育存在本身是一个开放的体系、不完善的体系、对外高度依赖性的体系,具有从身处其中的"周围世界"来建构自身、解释自身的特点。例如,依赖于政府公共服务,被解释为社会公共事业,伸张社会合作参与价值;依赖于公共美德(宗教慈善)救济,被解释为福利慈善事业,伸张博爱仁慈价值;依赖于政治保障,被解释为人权事业,伸张权利和自由平等价值,等等。由此可见,特殊教育不但以曾在、现在和将在的时间性规定着特殊教育自身存在,而且还同"周围世界"发生着存在论的联系,组建着其自身的本体存在。海德格尔认为必须把空间性与时间性相提并论(至今,经福柯等哲学家的引领,空间哲学已成为重要研究方向)。在这里,空间是指特殊教育存在的结构。特殊教育的空间性是它在"周围世界"中建构自我的一种存在方式。那么特殊教育空间性如何通过其"周围世界"而获得存在呢?一般说来,特殊教育空间性可以从特殊教育作为工具和作为特殊儿童生活存在方式两个方面来考察。

(一)特殊教育作为促进特殊儿童成长工具:专业支持和社会合作的共在结构

众所周知,从柏拉图"培养什么样的公民"开始,至斯宾塞"教育为未来生活做准备",直到今天的教育实践,教育的工具性存在是我们无法回避的合法性存在。

特殊教育作为工具,它以促进特殊儿童成长的教育学存在特性为主,向医学、社会学、政治学等多维知识空间寻求专业支持,向社会各部门、组织等社会空间寻求社会合作,以开放自己建构自身,形成以教育学为场域的多维综合存在结构。当前,基于特殊教育存在空间的有限性,特殊教育的这种空间的工具性存在就主要体现为专业支持和社会合作的共在结构。

1. 专业支持

技术特性是专业支持的重要特点,是特殊教育空间工具性的重要内容。专业支持包括教育学、医学、心理学、社会学等专业知识,以及教育技术、辅助技术、康复与各种补偿技术、政策制度支持等。特殊教育的专业技术是增进他们实质平等和实现自身价值所需要的重要手段。但是,教育学、医学、社会学有着自身的先天矛盾。如,教育学理性对回应提高特殊儿童生物体机能的乏力,医学对回答特殊儿童存在价值意义的无力,等等,决定了特殊教育专业支持系统永远是一个未完成的结构。

2. 社会合作

社会合作是特殊教育空间工具性存在的另一个重要方面。它包括公民以及由公民个体组成的家庭、慈善机构、非政府组织、社区组织、妇女组织、专业协会、自助组织、社团组织等。它们来自于社会公共力量,依靠公民社会的公共理性,以及整个社会文明的自觉来实现。其中,博爱情怀、人权思想、自由平等、民主合作等实现社会合作的基础和保障。但是,社会合作受制于社会文明程度的制约,在不同国度、不同发展时期都有不同表现。

从形成机制看,特殊教育的专业支持和社会合作的空间存在来自特殊教育自身存在的不完满性或残缺性,以及特殊儿童需求的能动性。正是这种不完满性和能动性给予特殊教育本体空间存在无限可能性、开放性、包容性,特殊教育不断丰富自己的功能和内涵,打造着一个知识交叉综合的知识体系和多专业支持、多社会合作的存在结构。当然,在存在论层次上,**特殊儿童目的性存在永远优先于特殊教育工具性存在,它决定特殊教育空间工具性存在的特点和结构**。有什么样的特殊儿童及其需求就会有什么样的特殊教育存在结构。但是,工具本身蕴含着对人的目的性价值的疏离偏好。特殊教育作为促进特殊儿童成长工具,在建构自身的过程中,会自觉不自觉地以工具的效率取向、可复制性的僵化模式、简单统一化取向,以及专业合作中的其他技术逻辑,挤占或异化特殊儿童教育的目的理性。如,随班就读安排存在效率抑制质量的现象,班级授课中存在统一化抑制个别化的问题,医教结合实践中存在生物机体康复价值抑制心智理性自由和意志自由价值的问题。在此,强调特殊儿童目的性存在的优先性,即在防止作为工具的特殊教育对特殊儿童主体目的性存在的僭越。

(二)特殊教育作为特殊儿童生活存在方式:教育即生活与生活即教育

特殊教育的专业支持和社会合作的共在结构不但作为工具影响特殊儿童,而且其本身就是特殊儿童生活的一种以教育形态存在的方式。自西方古典的经验论思想始,至卢梭的自然教育论,再到杜威的"教育即生活",教育的工具性论断不断遭遇着"教育作为生活"的挑战。特殊教育作为特殊儿童生活的存在方式,表达了特殊教育和特殊儿童生活的高度一致性。

1. 特殊教育规约特殊儿童生活,是特殊儿童生活的一种支持方式

特殊儿童身心不完善性及其实现超越发展的补偿性,使其对特殊教育具有很强的依赖性。他们依赖特殊教育的专业支持和社会合作,获得发展的技术支持和人格

能力的塑造、生活理想的信仰，以及良好的发展环境。特殊儿童接受特殊教育即接受特殊教育属性的规约。在这里需指出的是，特殊教育作为特殊儿童的存在方式，是以一种生活的特性规定特殊儿童存在特性。因为，基于特殊儿童特别是重度残疾儿童面向生活的技能和知识需要，特殊教育教学内容和方法、环境等更多体现了特殊儿童的生活特性。同时，特殊教育一经基于特殊儿童生活而形成，便以一种更加理性的课程教学、组织管理等方式，反作用于特殊儿童生活，满足他们生活的需要，引领其生活意义。对特殊儿童而言，只有接受教育，才能过更好的生活。

2. 特殊教育的生活内涵，规定了特殊儿童在教育中存在是一种具有生活内涵的存在方式

特殊儿童生活需求影响特殊教育，是特殊教育的存在基础和依据。特殊儿童在特殊教育的共在结构中具有优先地位。特殊教育是以特殊儿童为价值主体建立的特殊教育结构。特殊儿童的身心特性和生活需要，促进特殊教育与周围世界联系，寻求更大空间的专业支持和社会合作，直接规约着特殊教育存在结构、逻辑和知识。如，重度残疾儿童教育依靠教育学、康复医学、心理学等专业知识和技术奠定诊断评估、康复训练等核心知识范畴，并依靠对特殊儿童生活能力养成和提高的价值获得存在合理性辩护。这样，特殊教育是以特殊儿童生活需要来建构自身的。对特殊教育而言，只有从特殊儿童生活出发，才能更好地服务于特殊儿童成长。特殊教育的这种生活内涵，也规定了特殊儿童在教育中存在是一种具有生活内涵的存在方式。

【问题与思考】

请结合特殊教育本体的空间性存在特点，分析"医教结合"的合理性与局限性。

要点提示：

"医教结合"反映了特殊教育空间存在特性：开放性、包容性、不完善性、对外高度依赖性，具有满足特殊儿童特别是重度残疾儿童多元需要的合理性。"医教结合"，一方面能运用"医"的思想、技术方法，实施更加精准的个别化教育，促进特殊儿童机体机能改善，为实现更好的"教"提供工具；另一方面，凭借"教"促进特殊儿童心智自由发展，实现教育目的理性。

但是，医教结合难以在实践中准确把握，人们对"医"的技术和效果追求会僭越"教"。这两者具有不同的逻辑和价值。"医"服从于生物学逻辑，给特殊儿童带来的仅能是机体的能动性，并不必然促进心智自由。"教"服从于教育学逻辑，能给特殊儿童带来心智理性和意志自由，而这是绝对的至高无上的。另外，特殊儿童机体机能改善，可能让他们获得了生物体肌体自由，却限制了他们的理性自由或销蚀了他们的意志自由能力。由此，带来工具对目的的殖民和异化。

你有什么新认识呢？

本讲小结

　　本讲从本质主义和现象学视角阐释特殊教育本体论，主要内容：(1)提出本质主义和现象学思维方式是阐释特殊教育本体论的两个重要的认识视角，分析了本质主义和现象学的基本理论。(2)厘清了从本质主义视野出发的特殊教育逻辑起点，本质主义视野的特殊教育理论建构，以及本质主义视野的特殊教育存在范式和概念。指出，特殊教育存在范式包括特殊教育的养护存在范式、特殊教育的教育学存在范式、特殊教育的社会学存在范式。关于特殊教育内涵，主要是通过特殊教育与普通教育的比较来把握其特殊性，通过特殊教育概念分析来总体认识其基本内涵。(3)阐释了现象学，指出狭义的现象学是由哲学家胡塞尔阐发的哲学理论。广义的现象学指一种哲学思潮，除胡塞尔哲学外，还包括直接和间接受其影响而产生的种种哲学理论以及20世纪西方人文学科中所运用的现象学原则和方法的体系。他们尽管存在分歧，但是无论胡塞尔现象学关心的人的"纯粹意识"，还是海德格尔、萨特等人关心的人的"实际生存"直观体验，他们都同样关心意识，都关心人的意义问题，都关心时间性问题，都承认现象学的方法论，都把现象作为一切或者说现象就是本质（即现象学本体论）。同时，重点介绍现象学还原理论、意向性理论。提出，意向活动具有客体构造的能力。正是人的意向性构造了一个意向相关的世界，世界也被赋予着人的某种意义。胡塞尔通过意向性理论解答了认识何以可能的问题。现象学还原理论，即"回到事情本身"的现象学直观，包括感性直观和本质直观。胡塞尔"回到事情本身"体现了一种怀疑精神，是一种理性批判精神，使得现象学成为一门从意识角度洞察事情本质的哲学。他提出的现象学还原方法，在20世纪初以来的西方哲学与人文科学中一直具有重要影响。(4)厘清了现象学视野的特殊教育逻辑起点、特殊教育本体存在的时间性向度和空间性向度的结构。指出，关于促进特殊儿童成长的人权思想意识、医学（心理学）思想意识、基督教精神是特殊教育曾在的三个根源，基于三个意识根源的客体构造活动奠定了特殊教育最源初的本体。全纳教育以满足所有特殊需要者教育需要、创建全纳社会的高度人本主义关怀意识构建未来的特殊教育本体存在。同时，指出特殊教育存在本身是一个开放的体系、不完善的体系、对外高度依赖性的体系，具有空间建构的特点。特殊教育空间性存在主要是特殊教育作为促进特殊儿童成长工具，具有专业支持和社会合作的共在结构。特殊教育作为特殊儿童生活存在方式，具有教育即生活与生活即教育的特点。

推荐阅读书目

　　萨特著《存在与虚无》(三联书店)
　　海德格尔著《存在与时间》(三联书店)
　　冯建军等《教育哲学》(武汉大学出版社)

思考与练习

1. 概念理解：本质主义；现象学；范式。
2. 简述特殊教育三大存在范式。
3. 简述特殊教育本体认识论的"补缺论""扬弃论""同一论"的主要观点。
4. 简述现象学视野中的特殊儿童及其教育的认识。
5. 简述特殊教育本体曾在的三大历史性根源。
6. 简述特殊教育的空间存在特性。

第三讲　特殊儿童本体存在

【学习要点与目标】

1. 理解人类差异的普遍存在及其意义。
2. 掌握特殊儿童认识变迁过程。
3. 理解马克思人学视野的特殊儿童存在观。
4. 理解特殊儿童的自然存在与社会存在特点及其教育意义。

关于特殊儿童本体认识是特殊教育哲学中探讨特殊教育本体论不可或缺的重要组成部分。关于特殊儿童的认识也是特殊教育思想理论构成、发展的根据和前提，任何特殊教育理论都是从特殊儿童的假设开始的。

马克思人学从现实的人出发，探索人全面而自由的发展。其中关于人的本质论理论，揭示人的自然性与社会性、理性与实践，为我们正确认识特殊儿童提供了重要方法论指南。本讲主要从马克思人学视阈出发对特殊儿童的存在进行分析和揭示，提出马克思人学视阈的特殊儿童本体存在观。同时，分析特殊儿童自然存在和社会存在的一些特性及其与特殊教育的关系。

第一节　人类差异及其意义

对特殊儿童的认识，首先来自对人类差异的认识。这是厘清特殊儿童本体存在的逻辑起点。人们正是基于对人类差异认识的某些观点态度或标准，才形成了关于特殊儿童的基本观点和态度。

一、人类差异

差异又称差别。在哲学中，差异反映了事物的多样性，表征着事物间的相互区别。差异与同一，既对立又联系，差异性否定着同一性，又凭借同一性相互联系，共同构成事物的基本矛盾范畴。根据唯物辩证观，世界上没有绝对相同的事物，世界是一个差异普遍存在的世界。差异性是绝对存在。世界就是差异与同一联系而又矛盾的统一体。异中有同，同中有异，是一切事物的基本特点。

人类的差异是必然的、普遍的、绝对性的。相对现象界的其他自在之物，人类的差异更为复杂多样、深刻多变。

（一）人类个体间的差异

人类个体间的差异，一方面主要体现在生物体的身心结构特征方面。包括机体结构、机体机能、智力活动、个性心理，以及后天的知识、能力、情感、态度、价值观等不同。另一方面主要表现在人所在环境，包括自然环境和社会环境给人带来的身体结构和机能的差异，以及文化传统、社会心理、生产生活和思维方式的差异。这些差异既表达着人类的丰富多样性，也构成了人类社会远比自然界更为复杂、更为普遍的不同。

人类何以会差异？一方面是人类先天遗传获得的生物学意义的结构差异性。另一方面，人是能思维、具有意识和使用工具的动物，远比其他物种复杂。人在社会存在中由人的意识和实践所获得的社会属性，而导致人类的丰富多样、深刻复杂的差异性。另外，生物学研究表明，人所在自然环境和社会环境的多样性，也是造成人类差异的重要因素。环境的丰富差异性，必然造成人在身体结构形态、器官功能、生活习性等方面的差异性。即使双胞胎姐妹，分别在不同的自然环境，或者不同的文化和心理环境中成长，也会具有不同的身心特性。

（二）人类个体内的差异

人类个体本身也是差异存在的对立同一体。每个个体自身功能、思维方式和认识能力等发展的不平衡，以及个体社会关系和社会实践境遇等差异，导致人个体之内的差异和对立。其差异和对立主要表现在以下几个方面：

1. 人的客观性与主观性的差异和对立

人既作为客观的生物存在物和社会存在物，与自然和社会发生着联系，确证着自身存在的确定性；又以主观意识、愿望，在客观之外打造着自己的观念世界、意识世界，反映着自己的不受支配的自由性、变化性，且主观意识并不会必然服从于自己客观存在，甚至会反对和抗争自己的客观存在，它有着更为复杂丰富的差异性。这两者共同存在于人之中，使得人成为一个充满矛盾的多变的复杂结构。

2. 人的事实性与价值性的差异和对立

人作为事实性存在主体，是指人作为经验性的、有条件的、必然性的、有限的存在者，受制于自身和世界的客观必然规律，服从和接受规律与必然性的制约，把自己限定在被规律、必然性和条件等预成的"天定的宿命"中，即"既定存在物"或称为"自在存在"。如，人成长过程中的生老病死、人生物体依赖外在自然获取能量，等等，表明了人难以超越的事实特性。但是，另一方面，人又是具有价值特性的主体，能够按照自己的理想愿望目的需求，通过自己主体实践的能动作用，改变规律、必然性等事实强加于人的各种制约，改变人被支配和奴役的命定过程，或者超越这些必然性，按照自己的价值需求改造自身、改造世界，使之符合人的愿望，创造个性的"我"、人化的自然。人的价值特性，使人成为自由的、超越的主体，不受命运支配的主体，即自己生成的"给定之物"或"自为存在"。人的事实性和价值性总是处于矛盾之中,使人既依赖于人的事实性存在,又力图超越的、自由的、独立于事实存在之外。此即马克思所说的必然王国与自由王国的矛盾。

3. 人的理性与非理性的差异和对立

理性是人的本质力量的反映。人作为理性主体,是指人能应用理智的推理、分析、判断智能,认识和对待自己与外界,表现出一种智力活动的过程和结果,使人区别于动物,区别于自己生物性本能,而创造出人类智慧和文明。同时,人又是非理性主体,在理性之外,运用自己的情感意志、精神和意义,来划定自己与他人的不同,确定自己的意义归属、精神家园,给自己一种灵魂慰问和安顿。理性和非理性在人的存在中都有着合理之处。人依赖理性获得智能文明,依赖非理性慰藉灵魂。这两者的矛盾使人复杂而又充满张力。

4. 人的主体性与客体性的差异和对立

人作为主体,是人的尊严和价值的体现,是人能动性、自由性的反映。正是作为主体,人得以通过对象性劳动,展现自己的本质力量,发挥主导作用,支配和改造自然。同时,人又是客体,不得不接受自然规律、客观必然性的制约,接受对方的意志和支配,表现出人总有所不能的受动性、被支配性。这两者的矛盾,使人既追求自由,又无奈地受动存在。

二、人类差异的意义

人的差异如此普遍绝对地存在着,那么正视人类差异就是不可回避的重要命题。对人类差异的价值认识做出科学合理的判断,关系到对人类自身的理解。因此,有必要正确理解人类差异的意义。

(一) 有人的差异才有社会存在的可能

罗尔斯曾说,社会就是一个合作的体系。一方面,人的差异普遍存在,使得人彼此合作成为可能。人们通过自身差异的身心素质和能力,发挥出不同的、他人不可替代的价值。因此,人们有了相互合作的愿望。正是通过合作,人们构成不同的群体结构,进而扩大构成了一个分工的社会体系。另一方面,更为重要的是,人们不但通过身心差异实现合作,而且实现着自己不可替代的主体地位。这种不可取代性,是人保持尊严、平等,实现主体独立的重要所在。由平等独立的主体构成的社会,也因此可能成为民主、平等的社会。

(二) 人类的差异是社会文明进步的动力要素

大众是推动历史进步和社会文明的主体力量。身心差异,使每个人为社会共同体贡献不同力量提供了现实。历史说明,人类文明进程中,正是由于一代一代人们的实践创造,才带来现在的社会文明成果。至于科学研究领域中,科学的进步,也都是几代人努力的结果。牛顿对自己科学成就的评价,也承认是站在巨人肩膀上的缘故。目前,几乎所有的重大科学发明,都是团队合作的结果。在科学研究中提倡团队协同合作,也旨在发掘每个人不同的潜力和价值。

(三) 人类的差异是人类多样文明的存在的基础

世界是一个多元文明共存的世界。正是由于不同国家、不同文化、不同民族的差异性,才共同构建着人类文明的多样形态。有学者提出基督教文明、伊斯兰文明、儒家文明的学说,认为每种文明没有高低贵贱之分,他们共同构成了世界文明的多样性。这就反映了不同信仰及其传统,才使得世界如此丰富多彩。

【问题与思考】

根据上述对人类差异及其意义的认识,如何对待特殊儿童的身心差异?现实中他们的差异受到歧视的根源在哪里?

要点提示:

差异是不可避免的,而且人类的差异非但不可憎,还很正常和宝贵;非但不能排斥和歧视,还应该保护、发扬和运用好人类的差异。由此,我们反观特殊儿童身心差异性,就是合理的、正常的,不应受到歧视和排斥。

特殊儿童的差异之所以受到歧视,根源在于人们以肌体"健全"(或"功能常态")为认识标准,以差异带来的"意义大小"为价值标尺来衡量特殊儿童,将人普遍性绝对存在的差异简化为相对存在的"健""残"二尺度,导致特殊儿童被冠以"缺陷""低能",由此带来不平等。这是人们有意或无意的"社会制造",且经多数者人群历史性形成,刻在社会文化传统中和社会制度中。

你有什么新认识呢?

第二节 特殊儿童认识观变迁的审视

特殊儿童始终伴随人类发展的足迹——"有人类就有残疾人。"[①]特殊儿童作为人类差异的重要体现者,被"特殊""缺陷""残疾""低能"等表达差异的话语圈定了他们在人类社会中的特殊位置,对他们差异的认识决定着特殊教育发展,也深刻影响着他们的命运。经过历史分析,人们对特殊儿童的认识经历了中世纪前的"非人观",到文艺复兴以来的"异质人观",再到当前"同质人观"的变迁历程。

一、特殊儿童"非人观"阶段

特殊儿童"非人观",即不把特殊儿童作为人来对待,而是作为居于人与野兽之间的"非人非物"。在中世纪以前的古希腊和古罗马时期,是特殊儿童生存最黑暗的时期。人们对特殊儿童的"非人观"认识,直接造成了特殊儿童生命被剥夺的苦难。

---

① 张福娟.特殊教育史[M].上海:华东师范大学出版社,2000:3.

(一) 特殊儿童"非人观"的思想基础

关于人的认识和宗教(基督教)的影响,是形成特殊儿童"非人观"的两个主要根源。

1. 恪守人与动物的边界,防止特殊儿童对"人"的尊严的侵犯,是特殊儿童"非人观"的基本逻辑

对人的本质的认识,是人们一贯的追求。自古以来,人们时刻警惕地划清并捍卫人与动物的边界,将人远远区别于动物,以确保捍卫人的尊严和独一无二的高贵特性。如,人们警惕人性边界的丧失,会将人性不足的人称为"畜生",或责骂为"猪狗不如""蛇蝎心肠"等。

什么是人呢?人们大多以人与动物的比较来认识和划定。如古希腊普罗泰戈拉提出"人是万物的尺度",指出了人无比高贵的特性。英国牛津大学历史学教授基思·托马斯在《人类与自然世界》中指出,中世纪前的欧洲人普遍认为,人是"政治动物""会笑的动物""会制作工具的动物""拥有私人财产的动物""会说话的动物""会沉思的动物""有感觉的动物"[①]等。他们以这些关于人的本质的界定,表达了人类独特的存在,也以此为标准划定了人与动物的边界。这一方面为人类肆无忌惮地统治自然扫清了道路。如,洛克认为"理性统治人类,武力只适于野兽"。[②] 也就是说,如果承认动物有感觉、有灵魂,就等于承认人的残忍,就会抹杀人的尊严。另一方面,根据这个逻辑,那些没有这些能力或能力孱弱的人便可能被沦为"非人"或"低等人""半动物人"。

特殊儿童"非人观"就是这个逻辑的必然结果。认为特殊儿童的残疾,使其"不能说话""不能沉思""没有感觉",等等,在机体结构和功能上没有人的清晰的疆界,失去了人的本质和资格。如果承认特殊儿童是人,会逾越人与动物的边界,威胁到人与动物之间严格的分界线,抹杀了人与动物的区别,侵犯人的高贵尊严,给人们带来"人之为人"的尊严的恐惧。因此,他们宁愿把特殊儿童视为恶魔,打入非人境地,以转移对人的尊严的威胁和危险。

2. 否定特殊儿童的宗教本能,排除对特殊儿童的宗教庇护,是特殊儿童"非人观"的宗教(基督教)基础

从宗教(基督教)神学看,人有宗教本能。因为人有不朽的灵魂,能使人信仰上帝、救赎原罪而接近上帝、步入天国。灵魂的存在也使人超越于动物,而居于天使与野兽之间。如,《圣经》认为,上帝给予人类高于动物的优越性,保持人的尊严。上帝让人直立行走可以仰望天堂,而畜牲只能往下看,不能仰望上帝;上帝让人的肠道蜿蜒,能长时间保留食物,使人得以更好地进入沉思而不必像动物那样终生为食物奔

---

① 基思·托马斯. 人类与自然世界[M]. 南京:译林出版社,2009:21-23.
② 基思·托马斯. 人类与自然世界[M]. 南京:译林出版社,2009:41.

波。① 《圣经》在《创世纪》中说道:"凡地上的走兽和空中的飞鸟都必惊恐、恐惧你们;连地上的一切昆虫并海里的一切鱼,都交付你们的手。凡是活着的动物,都可以做你们的食物。"哲学家亚里士多德也认为"植物为动物而造,动物为人而造"②。

但是,在早期基督教中,认为特殊儿童失去正常人应有的身心结构和功能(或身心结构与功能不完整),也就失去了人所有的灵魂(或灵魂不完整)。因此,特殊儿童的宗教本能被怀疑和否定,被排除在宗教之外,没有接受上帝恩惠的权利。他们只能居于人与野兽之间(非人非物)。在宗教(基督教)社会里,失去神(上帝)的庇护,特殊儿童就丧失了人的优越地位而沦为低等种群,可以被任意支配和统治。

(二)"非人观"给特殊儿童生存和教育带来的影响

这种"非人观"给特殊儿童生存带来严重威胁。他们的生命可以被任意剥夺和伤害,自然更谈不上接受教育。如古希腊和古罗马对特殊儿童采取"杀婴保种""遗弃"等做法。他们多被看为人类的异类,被抛入了"怪物""魔鬼""邪恶""报应"等非人境地。③ 特殊儿童连生存权利都得不到保障,他们的活动被限制。在古希腊,残疾人被视为"怪胎""魔鬼"而鄙视和抛弃。英国哲学家戴维·哈特利就曾将驯良的狗和马等四足动物比作已经成年并拥有很多知识的聋哑人。④ 至于智力残疾人,被称为本性中有动物相的,即内心的野兽;那些处在社会边缘的疯子,被认为内心深处被野兽占领了,以至于动物常常出没在疯人院附近;至于畸形儿则被认为是人与动物结合的后代。⑤ 甚至连大哲学家亚里士多德也坚持身体和灵魂(精神)不可分,身体感官的残缺带来相应的知识能力的缺失。他认为"感觉缺失和推理无能"决定了聋人是"不可教育的"。也就是说,特殊儿童器官缺损或生命体机能的不足是永恒的、不可改变的,这种与生俱来的缺损和低下的生命体特征,不可改变地注定了他们的发展可能是不完整的,同时,也注定了一切教育的努力都是徒劳的。在中国佛教的报应观点里,残疾人被视为前世作恶的"报应"或"罪孽",同样被沦为歧视的非人境地。

二、特殊儿童"异质人观"阶段

特殊儿童"异质人观",即把特殊儿童作为人,但是不一样的另类人——医生视野的"缺陷人"和基督教认识视野的"被同情的人"或"被救赎的人"。这段时期,大约14—16世纪开始,特殊儿童生存的命运有所改变,出现了特殊儿童教育。

(一)特殊儿童"异质人观"的认识基础

在启蒙思想的影响下,欧洲对特殊儿童的认识开始发生了转变,特别是在人权思

---

① 基思·托马斯. 人类与自然世界[M]. 南京:译林出版社,2009:22.
② 基思·托马斯. 人类与自然世界[M]. 南京:译林出版社,2009:6-7.
③ 基思·托马斯. 人类与自然世界[M]. 南京:译林出版社,2009:3-5.
④ 基思·托马斯. 人类与自然世界[M]. 南京:译林出版社,2009:124.
⑤ 基思·托马斯. 人类与自然世界[M]. 南京:译林出版社,2009:36.

想影响下,随着近代自然科学的发展,医生和基督教工作者开始用医学思想意识和基督教精神的思维方式看待特殊儿童,形成了医生、基督教人士视角的特殊儿童认识基础。

1. 医生的医学(含心理学)实证思想,是特殊儿童"异质人观"形成的认识基础

随着生物学、医学的发展,医学工作者(主要是医生),得以从生物学、医学科学主义出发,将残疾作为缺陷或疾病,将特殊儿童视为病人或低能的人,为人们逐渐建立了以病态、缺陷及其康复为本体的特殊儿童普遍性实证认识论。如,对特殊儿童身体结构的生物学认识,建立了生物学意义的特殊儿童肌体结构和功能实证诊断,并对特殊儿童予以分类。1614年,瑞士医学教授菲普拉特杰尔就曾对残疾做出分类。同时,运用医学知识来认识特殊儿童的感官和心智缺陷,开展医疗训练。16世纪末荷兰人阿曼,对聋人开始进行语言训练。18世纪末法国精神病医生皮内尔,指出了智力落后的病态。这时期,在人权思想的影响下,特殊儿童虽然被确立了人的基本认识,但是在医生专业视野的认识和医疗训练实践中,逐步确立了对特殊儿童是"病人""缺陷的人"的认识,成为特殊儿童"异质人观"形成的一大基础。

2. 宗教人士视角的基督教博爱思维,是特殊儿童"异质人观"形成的认识基础

对基督教人士来说,他们根据教义中"救赎原罪""爱人如爱己"等精神,把特殊儿童作为上帝救赎的"原罪人"和人们仁慈博爱的对象。正是基于对灵魂的拯救和播撒上帝恩惠,基督教人士为人们逐渐建立了博爱、仁慈的特殊儿童认识观点和态度。如,1760年,教士莱佩相信高僧詹森的教义至上主义,认为救济人类需要上帝的恩惠,于1771年创办世界第一个聋人公共教育机构。这时期,博爱思想奠定了特殊儿童人道主义的主体地位。在基督教人士的同情救济仁慈的博爱视野中,以及他们的教会教育实践中,逐步确立了对特殊儿童是不同于其他人的"博爱对象""被同情的人"的认识观,成为特殊儿童"异质人观"形成的又一大基础。

(二)"异质人观"给特殊儿童生存和教育带来的影响

"异质人观"是对前面"非人观"认识的一大进步,反映了人类文明的进展。它给特殊儿童带来积极和消极两个方面的重大影响。

1. 积极意义方面,特殊儿童获得生存和教育(隔离制教育)

特殊儿童虽然被作为"异质人",没有获得像其他人那样实质意义上的资格和尊严,但是他们的生命生存获得权利,具有了抽象意义上的平等,且这种平等人权思想逐步深入社会,促进社会对特殊儿童生存发展的深刻认识和保护。其中,对特殊儿童的教育的产生就是一项重大进步。文艺复兴后,17世纪,开始出现少数医生、传教士开展的特殊儿童的个体教育。特别是18世纪中叶,欧洲开始了越来越多的特殊儿童教育训练,一些卓越的、具有创新精神的哲学家、医生、教士,开始开辟特殊教育的新时代。同时,伴随着工业革命的进展、人权的进步和教育变革,特殊教育也开始超越简单的上帝仁慈、博爱等个体教育行为,而逐步成为国家行为,以特殊学校教育的制度形式,走向现代教育理性。一些科学研究也有力支持了特殊儿童的教育。如,洛克

的认知理论和心理学观念改变了人们对特殊儿童不能发展的认识。特殊儿童教育逐渐获得了理论基础。为适应工业大生产的学校教育、班级授课等，也为特殊儿童开展特殊学校的制度化教育提供了借鉴。一些医生和基督教人士的特殊儿童教育实践，也积累和丰富了越来越多的可行经验。特殊教育开始成为教育事业的组成部分，获得认可。

"异质人观"的特殊教育，站在医学的视角，将特殊儿童作为身心有着特殊成长规律和特征的特殊人、差异人，认为他们有完全不同于其他人的身心成长特点和规律。因此，可以实施不同的教育安排和措施，且坚信这种不同的、专门性的、有针对性的教育具有实证科学理性，能够促进特殊儿童成长发展。由此，诞生了不同于普通教育的隔离制特殊教育。"异质人观"是产生隔离制特殊教育的直接原因，隔离制特殊教育是"异质人观"认识及其教育实践的必然结果。

2. 消极意义方面，形成健残二分体制及其文化，特殊儿童的差异被扩大，直接带来社会排斥和歧视，加重了他们的问题和困难

特殊儿童"异质人观"影响下，开启了对他们生存和教育的关注与实践，同时也以"缺陷人（或低能人）""原罪人""被同情者"的身份与世界发生联系。他们被这种身份认识和态度划定了与其他健全人主流群体的差别，否定了他们做主流社会的"人"的资格，逐步形成"健全人"和"残疾人"二分的社会制度。如，隔离教育、隔离养护、健残二分的法律和政策及其管理体制，等等。可以说，健残二分的体制就是特殊儿童差别被扩大的"扩大器"，把特殊儿童身心的差异，扩大转移到整个成长规律、发展需求的不同，乃至整个教育体制与社会管理的不同。例如，在教育中，认为缺陷必然导致他们成长规律、教育规律与其他人不同，由此建立隔离的特殊学校教育，在教育安排和教育内容、过程、目标、方式上远远区别于其他人的教育。在社会制度和管理中，以专门的残疾人相关法律和制度设计，区别于其他人的管理制度。且更为严重的是，长期以来，健残二分体制下，健全人主导的社会制度设计、物理环境设计、文化心理环境营建、物品与技术设计发明等，以健全人的特点和需要来设计和分配，在意识和事实存在上，造成了先天排斥残疾人的弊端。这样，这种健残二分的社会制度和管理，以健残二分文化形态，从存在和意识两个层面强化与扩大着特殊儿童与其他人的区别，必然导致社会歧视。

也许，我们认为，健残二分体制是以专门教育及社会管理而对特殊儿童实施专门的保护。但是，要看到这种善的背后，所内含的恶。根据辩证唯物主义，社会存在决定社会意识。这种专门做法，事实上也恰好扩大了特殊儿童的差异，带来特殊儿童目的性生存困境。健残二分文化下的思维，从毛孔里深刻影响着每一个人，甚至把人们对特殊儿童的同情、慈善，变成了区分和歧视的工具。正如玛格丽特所言，慈善、怜悯本身就具有歧视性和羞辱性，它能减低人的尊严和价值。因为，慈善、怜悯的善意不只是一个道德概念，还是一个社会文化和心理的概念。不同社会处境和文化心理需求的人，对慈善救济的理解是不一样的。对施善者而言，处于优势地位，特殊儿童就

是弱势的同情对象。施善者和特殊儿童的主体地位是不平等的。施善者施加慈善，也必然携带着这种不平等。特殊儿童接受慈善，也必然接受施善者的不平等，甚至把尊严当成草鞋踩在脚下。再者，特殊儿童在文化心理层面具有一种"被同情"的感恩心态，且他们作为弱势者心态更为敏感。特殊儿童在接受慈善的同时，不可避免地会因非劳所得而缺少社会尊重，以至于形成被歧视的窘境。

健残二分的体制实质上就是"异质人观"必然的逻辑结果，"异质人观"就是健残二分体制的直接原因。"异质人观"的特殊儿童认识根源，就在于片面注重了特殊儿童缺陷差异的实证特性，并以之迁移运用到教育和社会管理中，且以科学的庄严名义，划定了残疾的标准，将特殊儿童作为完全不同于其他人的"异质人"，失去了对特殊儿童目的理性的把握。也可以说，健残二分的体制其实是一种简单的、具有效率取向的科学理性工具。正是出于对工具理性（特别是效率）的追求，才以健残二分的简单做法，把特殊儿童区别于其他人群，在维护了两个群体生产生活和学习秩序的同时，也扩大了人群的差异。

【问题与思考】

福柯在《疯癫与文明》中提出"镜像认识"理论，他说疯人院里疯人被受到观察，也观察别人。疯人院像镜子一样，具有法院的审判作用。请结合镜像理论，分析健残二分体制给特殊儿童带来伤害的制度根源。

要点提示：

从福柯的"镜像认识"观点看来，健残二分的体制，就是特殊儿童观察和规训自己的"镜子"。它不单是社会歧视形成的制度根源，而且是特殊儿童承认"异质"而接受歧视的合作者。它以科学理性和社会规范的名义，帮助特殊儿童自觉体验和认同"特殊""低能"，且以"慈善""关怀"等专门措施让特殊儿童从意识层面失去任何反抗。这样，特殊儿童不但承认了社会歧视的存在，而且消解了对歧视的任何惊愕、怀疑和反抗的能力，心甘情愿地接受歧视。

你有什么新认识呢？

三、特殊儿童"同质人观"阶段

特殊儿童"同质人观"，即把特殊儿童作为与其他人没有本质差别的一样的人，或者说认为他们的身心差异是人与人之间的正常差异，就跟人的高矮胖瘦的差别一样，没有根本不同。认为残疾是人的多样属性，特殊儿童用自己独特方式观察世界、认识世界并获得不同理解是正常合理的。"同质人观"给特殊与儿童带来了深刻的人本关怀，特殊儿童生存和教育有了根本变化。

（一）特殊儿童"同质人观"的思想与现实基础

随着整个社会文明的进步，特殊儿童"异质人观"所带来的社会问题，逐步被人们所重视，人们开始反思"异质人观"及其隔离制教育。人本主义思想和对隔离教育的批判奠定了特殊儿童"同质人观"的思想基础。

1. 人本主义思想的后现代深刻关怀,是特殊儿童"同质人观"形成的思想基础

19世纪末至20世纪中期以来,随着近代学科发展带来的科学、权力和财富的进步与增长,思想家们开始反思现代理性的弊端。特别是资本主义生产危机的爆发,两次世界大战对人类生命的践踏,使人们认识到,科学发展了,财富增多了,权力控制增强了,但是并没有给人们带来福音,相反给人类带来空前的灾难。如,生态危机、人的精神家园的失落等。科学、财富(金钱)、权力已经成为压在人类头上的三座大山,剥夺了人类的生命尊严和权力,造成了人类意义的没落。人成了科学、财富、权力的奴隶。先知先觉的哲学家们,如胡塞尔称之为"科学的危机"。后现代哲学家福柯则干脆称之为"人也死了"。在后现代的深刻关怀下,人本主义思想有了进一步提高,它不再像文艺复兴时那样,仅仅用抽象的人道主义反抗神道主义,用人本主体反对上帝主体(或称为"现代人本主义"),而是更加强调每一个具体的人的生存状态,尊重生命尊严和个性,强调人的自由意志和人生价值以及潜能的实现(或称为"后现代人本主义")。

在后现代的深刻关怀下,特殊儿童的认识也发生了转变,开始深入到特殊儿童具体的社会参与和平等尊严与价值实现,深入到社会环境和教育技术对特殊儿童个体境遇的特殊需要满足,改变用医学(心理学)的科学实证主义认识视角,运用广阔的社会学视野,考察特殊儿童的生存状态,反思社会环境对特殊儿童个体障碍的影响。认为特殊儿童同样是具有平等尊严、价值、权利的主体。他们的身心差异是人与人之间正常的差异,他们是人类正常差异中的"同质人",且同样具有生命价值实现的可能。这奠定了特殊儿童"同质人观"形成的思想基础。

2. 对健残二分体制特别是隔离制教育的现实批判,是特殊儿童"同质人观"形成的现实基础

20世纪中期以来,人们认识到,特殊儿童的生存问题非但没有因"异质人观"的健残二分制而解决,反而把他们钉在了屈辱的歧视的制度中。在后现代人本主义深刻关怀下,对特殊儿童的权利保障被抬升到新高度,联合国《残疾人权利宣言》《萨拉曼卡宣言》等国际规约,不断重申和深化着对特殊儿童权利的保障。人们反思特殊儿童与社会环境之间的关系。1994年《特殊需要教育行动纲领》认为,"太长时间以来,残疾人的问题和困难被一种致残性的社会所加重",批判健残二分的隔离体制给特殊儿童带来的生存问题。2006年《残疾人权利公约》提出残疾是人的多样属性,并认为"残疾是伤残者和阻碍他们在与其他人平等的基础上充分和切实地参与社会的各种态度和环境障碍相互作用所产生的结果。"还提出物品和环境的"通用设计",尽最大可能减少由于人为设计给特殊儿童带来的标签效应、差异扩大、歧视和不平等。于是,健残二分的体制特别是隔离制教育的医学思想和模式受到质疑和批判。20世纪中叶,在教育领域兴起的融合教育思潮,通过对特殊儿童标签效应、社会平等参与困难、能力与人格障碍、环境隔离等因素的不断追因和反思,提出特殊儿童的缺陷不是本质的差异,而是人的一个特征。特殊儿童应该是与其他人完全同质的人。

(二) 特殊儿童"同质人观"给特殊儿童生存和教育带来的影响

特殊儿童"同质人观"是对"异质人观"的巨大超越，反映了人类文明的新高度，给特殊儿童的社会生存和教育产生巨大影响。

1. 特殊儿童"同质人观"直接促进全纳教育的产生

随着对特殊儿童认识观的转变，20世纪中后期，在北欧兴起"正常化"运动，使残疾儿童尽可能融合到普通教育机构。其后，英国"一体化"运动和美国"回归主流"强调要以"最少受限制的环境"，满足特殊儿童的特殊教育需要，使特殊儿童回归到主流生活。在上述实践基础上，80年代末90年代初进一步深化为全纳教育。1994年在西班牙萨拉曼卡发表《萨拉曼卡宣言》后，全纳教育正式在全球得到普遍认同。目前，全纳教育已拓展到整个教育领域，并引起了人们在教育理念、教育内容、教育技术等方面的一系列改革，成为国际教育发展的一个重要的趋势，高度凸显了对特殊儿童的人本主义观照。全纳教育在价值取向上，反对隔离和排斥，尊重和维护人的差异和尊严、价值和权利，关注个体的成功成长，强调教育公平和学生潜能充分发挥。全纳教育将教育对象扩展为所有有特殊教育需要的学生，认为每个儿童都有其独特的特性、兴趣、能力和学习需要，他们应当也能够在主流的普通学校教育中与其他健全人一样接受教育，得到相宜的发展。全纳教育强调教育过程的平等、民主、合作，强调家长、社区和残疾人组织等参与的全纳社会环境，强调教育公平和学生潜能充分发展。全纳教育提出，建设全纳性为导向的普通学校，创建受人欢迎的全纳社区，营造全纳文化，建立全纳社会以及实现全民教育的最终目标。

2. 特殊儿童"同质人观"促进了以全纳文化、全纳社会为核心的社会制度重建

特殊儿童"同质人观"，不但使全纳教育开始成为全球教育思潮，引领教育改革发展，而且还超越教育领域，产生了以全纳社会、全纳文化为核心的发展变革，促进社会制度重建，提升着人类社会共同体的文明高度。

特殊儿童"同质人"身份决定了他们像健全人一样参与社会活动的合理性和合法性。他们的尊严、权利、价值等人本需求，理应成为社会正义的应得。随着对健残二分体制的反思和批判的深入，使人们认识到"残疾人的问题和困难被一种致残性的社会所加重"（《特殊需要教育行动纲领》）。对特殊儿童的社会正义问题开始成为他们社会存在关注的核心，开始关注社会制度、社会文化、社会环境的平等、民主、合作的价值，带给特殊儿童回归社会、平等参与社会的深切人本关怀。这种诉求，反映在国家和社会建设领域，开始关注特殊儿童的平等权利和价值实现。如，1975年《残疾人权利宣言》、2006年《残疾人权利公约》等国际规约，以及各国相应的法律制定。譬如，美国1975年《所有残疾儿童教育法》、我国的《残疾人保障法》等，这些政策作为指导社会变革重要精神，直接促进了全纳社会的制度变革。

在这里，全纳社会是相对于健残二分体制的社会制度的极大进步，它改变了健残二分体制下，对人类差异的人为分隔和扩大，消除了人类差异所致不平等的制度根源。全纳社会是高度人本主义的、以自由主义取向的社会理想。它认为社会应当是

为每个人而存在的,而不是每个人都应为社会而存在。社会就是由多元差异的人组成的,应该以个人价值优先。社会应该包容接纳每一个差异的个体,无论他们有什么差异,都视为人类命运共同体的平等成员,都具有平等全面参与社会生活的权利和能力。社会应该无条件地进行制度变革、物理环境和心理文化环境变革,以及其他公共物品的通用设计变革,适应与接纳所有有差异的人,实现每个人无障碍的社会生存。通过全社会共同合作、因人而异地满足每一个不同个体的特殊性需要,促进人的价值实现和潜能发挥。这直接改变了健残二分体制下,要求差异的人改变自身特性和结构,来适应一个僵化的、大一统的社会的弊端。

通过上述揭示,我们清醒地认识到,特殊教育的发展变革和特殊儿童生存状况深受特殊儿童认识观的影响(见表3-1)。在特殊儿童"非人观"的影响下,特殊儿童没有教育,甚至连生存的权利都没有保障。特殊儿童"异质人观"改变了特殊儿童生存发展的命运,在其影响下出现了健残二分的社会体制和隔离制教育形式,通过专门性的、科学理性的技术措施实施有针对性的教育和管理。但是,"异质人观"认识论,通过远不同于健全人的健残二分体制,扩大了人的差异,影响了他们应享有的平等权利,而且还造成了他们成长发展的诸多苦难。特殊儿童"同质人观"认识论超越于"异质人观",以"差异是正常的""残疾是人的多样特征",开启了全纳教育和全纳社会建设,给予特殊儿童无限深沉的人本关怀。但是,它悬置了特殊儿童与健全人差异的客观存在,忽视了他们生理、心理及认知等明显不同的稳定的身心特征,而否认了特殊儿童差异存在这一客观事实,也就否定了基于实证/经验基础上的科学理性的存在。可见,无论是"异质人"还是"同质人"的认识论,都无法很好地解决特殊儿童存在与发展问题,需要新的思想资源开启特殊儿童本体存在的认识观。

表3-1 特殊儿童认识观的变迁及其特征

特殊儿童观	教育理念/形式	合理性	不合理性	产生的影响
非人观	身心不完整导致发展不完整,因而没有教育可能			没有生存权;被抛弃或杀害
异质人观	隔离教育	有了生存发展保障;实证科学理性	人为扩大差异;增加困难和障碍;歧视;排斥	健残二分体制;隔离教育
同质人观	全纳教育	增进尊严;平等权利;社会参与;减少歧视	超现实;针对性不足	全纳教育;全纳文化;全纳社会

【问题与思考】

根据上述特殊儿童认识观及其影响的揭示,分析"残疾人是社会文明的代价(朴永馨《特殊教育》)"到"残疾人是社会文明进步的重要标志"(2008《中共中央关于促进残疾人事业发展的意见》)变化的逻辑机理。

要点提示：

纵向时间维度看，在人类社会早期阶段，为了追求强健体魄和维护人的高贵尊严，拒绝残疾人的生存或排斥在社会边缘。近现代以来，以健全人身心为标准的科学理性，建立了健残二分社会体制，扩大了残疾人与其他人的差异，导致排斥和歧视。

横向空间维度看，长期以来，健全人主导的社会制度设计、物理环境设计、心理文化环境营建、物品与技术设计发明等，以健全人的特点和需要来设计和分配，在意识和事实存在上，造成了先天排斥残疾人的弊端，成为残疾人受歧视的环境根源。在追求效率和重视科学的时代，资源分配注重了健全人特别是精英者的教育培养和使用，残疾人教育处于失衡的一方。

当前，全纳教育的开展、全纳社会的建设，对残疾人高度的人本主义关怀，对残疾人个体价值优先和潜能发挥的高度重视，使关心残疾人成为社会文明进步的重要标志。

你有什么新认识呢？

第三节　马克思人学视阈的特殊儿童本体存在观

关于特殊儿童认识观的演变及其困惑表明，特殊儿童的存在是一个根本性问题。马克思一生所致力的就是人的解放、人的自由全面发展。马克思创立并运用辩证唯物主义和历史唯物主义的科学世界观和方法论，提出了马克思人学理论，这对于认识特殊儿童提供了思想指南。

一、马克思人学理论基本认识

马克思人学理论是以人为研究对象。它的根本问题是人与自然、人与社会的关系问题。马克思人学理论以实践唯物主义为根本理论特质，关怀人的存在与本质、必然与自由、生存与发展、现实与理想等，实现了对近代以来的各种人学理论的批判和超越，使人们对人的认识，从"自由的意识""实践""现实的人""感性存在"理解人。对人的认识从天堂回到人间，从抽象回到现实。马克思人学理论包括人的本质论、人的需要论、人的价值论和人的发展论等。马克思人学理论思想内涵丰富，根据本讲需要，重点介绍马克思关于人的本质论思想。

人的本质论是马克思人学理论的核心。马克思提出人是"自然的存在物""社会的存在物""精神的存在物""类的存在物""现实的、感性的存在物"等，表明人的本质是一个多层次的系统规定。一般说来，可以简单分为人的类本质和个体本质的辩证统一、自然存在与社会存在的统一、理性与实践的统一。其中，类本质思想是马克思人的本质论的重要基础。马克思在《(1844年经济学哲学手稿)》中论述"类本质"的思想时指出,所谓类本质是指"自由的有意识的活动"的类特性,它涵盖自然、精神、社会三个空间维度,认为人因为自由性,确立了人的类存在。其中,自然存在是社会的存在根据。社会存在体现人类的自由意识活动,确证人的本质力量。下面,对人的类存在属性及其所包含的自然存在和社会存在属性逐一简介。

(一)人的类存在属性:自由意识和意志活动的人

人的类存在是对人本质抽象概述,指的是人之所以为人而不是其他物质的最根本的标志。马克思说,"人的根本就是人本身""人是人的最高本质"。[①]"一个种的整体特性、种的类特性,就在于生命活动的性质,而自由的有意识的活动恰恰就是人的类特性。"[②]马克思在《1844年经济学哲学手稿》中说道:"动物和自己的生命活动是直接统一的。动物不把自己同自己的生命活动区别开来。它就是自己的生命活动。人则使自己的生命活动本身变成自己意志的和自己意识的对象……有意识的生命活动把人同动物的生命活动直接区别开来。正是由于这一点,人才是类存在物。"[③]自由意识和意志活动,决定了人高于其他动物的绝对特征,也确定了人至高无上的人道尊严,成为我们反思人存在本质的首要前提。至今,自由意识和意志活动的人的类存在是对人的目的性的确立、对人道价值的捍卫的批判武器。

(二)人的自然存在属性:感性存在的人

"人直接地是自然存在物……是肉体的、有自然力的、有生命的、现实的、感性的、对象性的存在物。"[④]**自然存在属性是指人生命肉体对象性、感性存在及其特性。**马克思扬弃了费尔巴哈的人的"感性—对象性"的本体论原则,提出"人作为对象性、感性的存在物,是一个受动的存在物;因为它感到自己是受动的,所以是一个有激情的存在物。激情、热情是人强烈追求自己的对象的本质力量。"[⑤]在这里,一是表达人的自然属性的丰富多样性。一方面,具有动物的本能性,人和动物一样,有身体、生理等方面的需要;另一方面,具有动物所不能的本质力量。即人与动物不同的是,正是由于人是对象性、感性的存在物,才是受动的存在物,才会有实现本质力量的愿望,不断否定自身的受动性而自为存在。由此确立人的自然属性是人的存在和发展的基础。二是体现在人自然属性的差异性。正是由于自然属性是肉体的、生命的存在物,必然接受先天遗传的因素带给个体的差别。这种差别是不以人的意志为转移的。三是人

---

① 中共中央马克思恩格斯列宁斯大林著作编译局. 马克思恩格斯文集(第1卷)[M]. 北京:人民出版社,2018:11.
② 中共中央马克思恩格斯列宁斯大林著作编译局. 马克思恩格斯文集(第1卷)[M]. 北京:人民出版社,2018:162.
③ 中共中央马克思恩格斯列宁斯大林著作编译局. 马克思恩格斯文集(第1卷)[M]. 北京:人民出版社,2018:162.
④ 中共中央马克思恩格斯列宁斯大林著作编译局. 马克思恩格斯文集(第1卷)[M]. 北京:人民出版社,2018:209-210.
⑤ 中共中央马克思恩格斯列宁斯大林著作编译局. 马克思恩格斯文集(第1卷)[M]. 北京:人民出版社,2018:211.

所处的自然与社会环境给人造成一定的自然属性差异。正是由于自然属性是现实的、对象性的存在物,必然要接受环境所致的不同影响。如,高山、大海、热带、寒带等不同地域差异、饮食差别,乃至宗教信仰差别造成人不同的身体和心理影响等。

(三)人的社会存在属性:实践的人

"只有在社会中,人的自然的存在对他来说才是合乎人性的存在。"[①]**人的社会存在属性是人类本质的核心,指人在自然存在基础上,在社会活动中以社会关系、社会实践所形成的人的属性**。马克思在《关于费尔巴哈的提纲》中说:"人的本质并不是单个人所固有的抽象物。在其现实性上,它是一切社会关系的总和。"[②]这里,一是表达了人的社会本质指的是人的社会性,并存在于一定的社会关系之中。人的本质是人的真正的社会联系,必须从社会实践和社会关系去认识人。马克思说,"人是自己劳动的结果",是"自为地存在着的存在物","人不仅仅是自然存在物,而且是人的自然存在物"[③],即表达了人社会存在的类存在特征。二是揭示出只有通过人的实践才能解开人存在的全部之谜。人通过实践,按照人的需要、意识和意志,实现人的本质的对象化以及对象的人化,使人成为现实的存在,不断生成的历史存在。实践是人特有的存在方式,实践是人与人关系的基础,实践是实现人与自关系的基础。因此,实践是人类存在的依据,也是人的本质。

二、马克思人学视野的特殊儿童存在观及其启示

马克思有关人的存在与本质思想,对于认识特殊儿童和促进他们现实发展,具有重要的意义。以此关照,特殊儿童不是单个层面、单向度的存在,而是类存在和群体存在、个体存在的统一,人道主义抽象存在和具体实践存在的统一,自然性存在和社会性存在的统一。这是他们最真实、最具体的存在。这些具体存在是以相近性、稳定性、难以改变性被钉在自然和社会的特定时空,在特殊儿童本体论上具有优先地位。

(一)特殊儿童是类的同质人和群体、个体的差异人的统一

这是对特殊儿童本体存在认识的首要前提。(1)特殊儿童作为类存在是其之为人的意义和尊严所在,体现人不同于动物的类特征。这是特殊儿童群体存在和个体存在的本质,特殊儿童借此获得人的意义和尊严,特殊教育也借此获得人的教育意义与性质。(2)特殊儿童作为群体存在是指由于其具有在生理或心理上的某些共性,譬如在智力,认知方式、身体体能和器官机能等方面存有稳定相同性或相似性,而与其他健全人相比具有一定范围、一定程度、一定视角上的稳定差异性或不相似性,体

---

① 中共中央马克思恩格斯列宁斯大林著作编译局.马克思恩格斯文集(第1卷)[M].北京:人民出版社,2018:187.

② 中共中央马克思恩格斯列宁斯大林著作编译局.马克思恩格斯文集(第1卷)[M].北京:人民出版社,2018:501.

③ 中共中央马克思恩格斯列宁斯大林著作编译局.马克思恩格斯文集(第1卷)[M].北京:人民出版社,2018:211.

现了群体的特殊性。群体存在是他们个体存在共性的反映，也是他们作为类存在内的最大共性，他们作为"人"类的一员，不论其资质优劣，以及社会地位、身份、职业、民族、国籍和肤色等有多么不同，他们之间都具有同等的作为"人"的内涵。(3)特殊儿童作为个体存在是指特殊儿童在类存在和群体存在内具有不同于他人的个体身心特征，难以用群体宏观描述的规律或特征完全取代来认识，体现了个体的特殊性。特殊儿童个体存在具有自身的独特性、唯一性、不可重复性和不可取代性。他们的个体存在，同时又存在于群体存在的共性和类存在中。

特殊儿童类存在、群体存在和个体存在是相互联系、相互依存的。缺少任何一方，都可能带来对特殊儿童认识的不完整。(1)特殊儿童立足群体存在和个体存在，获得教育、社会保障、社会实践以及劳动技能等，满足自身需要和实现自身价值。如果失去群体存在或个体存在，类存在也就失去了可能。同时，失去他们之为人的类存在，对特殊儿童的认识可能会回到"罪孽""报应""魔鬼"等非人化的认识观中，人权、平等、尊严、教育等无从谈起。(2)特殊儿童群体存在和个体存在是其类存在的基础和依据。即他们的群体存在蕴含着人类存在的相同本质。一是在自然存在的人本身上，具有人身心的本质和特性，具有人的身心特点和身心成长规律，且同样是独特的、不可重复的。生物科学研究已反复证明了这一点，"人的机体是一个完整的统一体……部分器官组织功能的损伤，将由其他组织的功能重新组合而补偿。"[①]特殊儿童自然存在的生命体器官缺损或资质、能力的不足，并没有改变其以生命形态自然存在的人本真。也就是说特殊儿童自然存在的基础和根本没有变化，仍然具有作为生物学意义上的人所具有的形态、肉体结构、神经系统和脑等物质实体和生理属性。二是社会存在的属性、价值意义上，他们的差异性与同一性都具有显现于社会的内在合理性。任何把他们区别于人、疏离于人等观点和做法，都是对他们人的生存权的歧视、抑制或剥夺，是对他们做人资格的否定。这意味着，特殊儿童的类存在与健全人的类存在上并没有本质的不同，都体现了"一个种的全部特性、种的类特性……自由的自觉的活动"。[②]

在此，需要指出的是，特殊儿童作为类的同质人和群体、个体差异人，既有统一的可能，也有分离甚至对立矛盾的可能。从马克思人的本质理论逻辑上来看，类的同质人包含着对特殊儿童群体和个体差异存在特性的尊重；同时，特殊儿童群体和个体差异存在也蕴含着人的类存在的支持。但是在现实的不同社会、不同历史时期，特殊儿童群体和个体差异存在并不一定会被作为人的类的同质人存在。例如，特殊儿童被作为恶魔、报应或者低等人等观点，就失去了对特殊儿童类存在的同质人内涵的肯定。所以，特殊儿童是类的同质人和群体、个体的差异人的统一，是对特殊儿童本体

---

① 顾定倩.特殊教育导论[M].沈阳:辽宁师范大学出版社,2005:97.
② 中共中央马克思恩格斯列宁斯大林著作编译局.马克思恩格斯文集(第1卷)[M].北京:人民出版社,2018:162.

存在认识的首要前提。

特殊儿童作为类存在的同质人和群体存在、个体存在的差异人的统一,启示我们既要看到特殊儿童群体和个体客观实在的差异,确立基于客观差异基础上的科学理性认识态度;又不能否定他们之为人的类本质,建立基于价值主体和意志主体基础上的目的理性认识态度。特殊教育,既要坚持他们身心成长规律在人的类存在上的一致性,又要坚持他们身心特点在群体和个体存在上的相对稳定的、近似的差异性;既不回避特殊儿童个体和群体存在的身心缺陷及其带来的成长制约,追求他们个性发展的多元存在特点,又要坚持类存在的"趋同",尽力促进他们改变或超越身心缺陷制约,不断适应和平等融入与他人、与自然、与社会统一的存在中,展现特殊教育人性关怀。

【问题与思考】

请结合上述学习,分析我国特殊教育从注重班级授课统一化到注重个别教育计划实施的个别化变迁所内含的特殊儿童认识观。

要点提示:

班级授课统一化:班级教育形式反映了特殊儿童的类存在本质,可以借鉴普通儿童的一般做法,同时也表明特殊儿童群体存在具有相同或相近的身心特点与教育规律,可以统一化实施教育。

个别教育个别化:个别教育计划反映了对特殊儿童个体存在差异的极大肯定和尊重,体现了对特殊儿童更精准、更合适教育的选择。从注重班级授课统一化到注重个别教育计划的个别化,体现了特殊教育从关注群体差异到关注个体差异及其个体内差异的转变,是特殊教育的巨大进步。

你有什么新认识呢?

(二)特殊儿童是人道主义抽象存在和具体实践存在的统一

这是对特殊儿童本体存在认识的基本要求。其实这是特殊儿童类存在表现出的两个相互联系的特性,是特殊儿童类存在的必然结果。这两者相互依存,缺少任何一者都难以成立。人道主义抽象存在表达了特殊儿童终极的目的性存在,实践存在表达了现实的特殊儿童具体的、自由的能动特性。

(1)特殊儿童类存在的本质特性,决定了特殊儿童首先是人道主义抽象存在,且这是必须坚持的一个总体设定。根据马克思观点,人道主义是对人的解放和人性诉求的真正关怀。马克思在批判黑格尔和费尔巴哈中指出,人的解放应建立在宗教解放和政治解放的基础上。他提出"人是人的最高本质",并绝对命令道:"必须推翻那些使人被侮辱、被奴役、被遗弃、被蔑视的东西的一切关系。"[1]马克思认为消除不公

---

[1] 中共中央马克思恩格斯列宁斯大林著作编译局.马克思恩格斯文集(第1卷)[M].北京:人民出版社,2018:11.

正,建立尊重人,实现人真正解放和全面发展,才是真正的人道主义。人道主义存在是一个宏观的总体设定。它并不能必然对应结果上的实然,不能对某个具体的特殊儿童存在做出承诺。但是,坚持特殊儿童人道主义存在是对他们类存在的本质的尊重。他们借着人道主义的抽象存在回应了他们类存在的尊严,从形式上获得了权利、尊严、价值主体地位,防止他们以自我价值实现困难和式微,以及其他社会歧视导致的压迫与排斥、分类与管理等对他们有限存在的无限排斥和挤压。

(2) 特殊儿童类存在的本质特性,更重要的是给予特殊儿童能动的实践主体存在特性。马克思说,劳动是人的本质,人在劳动中建立各种社会关系,同时,通过对象性活动体现着自己的本质。实践作为人类存在的能动性活动,在改造世界的同时,也实现了自身的自由发展,"人使自己的生命活动本身变成自己意志和意识的对象",①且"自由的有意识的活动恰恰就是人的类特性"。② 也就是说,人通过生产劳动活动改变自然,并超越自然和自身生命(动物性生命)的限制,而创造人的本质,确证自己是类存在物。因此,实践不再是外在于人身之外的活动,而是人本身的本质力量。从实践出发也是理解和打开特殊儿童存在的钥匙。特殊儿童尽管实践能动作用式微,但这不妨碍成为特殊儿童类存在的核心特征。它是特殊儿童确证自身本质力量、超越自身缺陷的本质所在。特殊儿童实践存在是特殊儿童作为"现实的人",实现自身自由发展和解放的重要方式。教育中特殊儿童的实践主要表现为观念形态和精神性的活动,主要是课程学习活动中的认识活动、思维训练活动,以及康复训练活动中的感官技能训练活动、自我反思的意识活动、追寻理想的意志活动、社会生活伦理活动、维护自身尊严与权益的人权活动,等等。这些活动在不同层面和维度上提升了他们的本质力量,确证与捍卫着他们社会生存的意义和价值;同时,也保证了特殊教育的价值和意义。

在此,需要指出的是,特殊儿童人道主义抽象存在与具体实践存在,分属人的两个不同存在层面,既有统一的可能,也有分离甚至对立矛盾的可能。从马克思人的本质理论逻辑上来看,人道主义存在包含着实践存在特性;同时,实践存在也蕴含着人道主义存在。但是在现实的不同社会、不同历史时期,特殊儿童的实践存在并不总能一定是人道主义的。例如,他人主宰的非自我意志自由的实践、歧视性支配下的实践,以其他异化劳动状态下的实践,就失去了人道主义存在内涵。追求特殊儿童是人道主义抽象存在和具体实践存在的统一,是对特殊儿童本体存在认识的基本要求。

特殊儿童人道主义抽象存在和实践存在的统一启示我们,既要坚持特殊儿童人道主义抽象存在,坚守他们类存在的尊严;又要坚持他们具体的实践存在,坚信他们创造价值的可能。特殊教育,既要把人道主义确立为教育的逻辑起点和大前提,时刻

---

① 中共中央马克思恩格斯列宁斯大林著作编译局.马克思恩格斯文集(第1卷)[M].北京:人民出版社,2018:162.
② 中共中央马克思恩格斯列宁斯大林著作编译局.马克思恩格斯文集(第1卷)[M].北京:人民出版社,2018:162.

警醒地捍卫特殊儿童的人道目的价值;又要坚持通过主体能动性实践,按照特殊儿童的价值需求和特殊教育理想愿望,促进特殊儿童展现自己的本质力量。

【案例与思考】

有人说,极重度智障儿童没有实践存在的能动特性,对他们的教育仅仅是体现一种人道主义关怀。请结合上述学习予以分析。

要点提示:

这是不正确的。

首先,这是对特殊儿童类存在的否定,从教育的逻辑大前提上埋下了错误的假设。其实,特殊儿童人道主义存在和能动的实践存在是相互联系的一个整体,抛离了实践存在也就否定了人道主义存在。实践是人的本质。

其次,现实中不存在没有实践能动性的人,只不过能动性有大有小,我们认识的标准有高有低。这种错误认识反映了主流人群对极重度智障儿童的一种强加和压迫,是万万要不得的。

你有什么新认识呢?

(三) 特殊儿童是自然存在与社会存在的统一

这是对特殊儿童本体存在认识的重要维度,也是我们在教育学中最易于清晰地认识和把握特殊儿童具体存在的基本方式。特殊儿童自然存在和社会存在,既相互联系、相互依存,又相对独立。自然存在奠定社会存在的物质基础,社会存在属性又不必然接受自然存在影响,最终要服从于自我意志和社会实践的逻辑。

(1) 特殊儿童作为自然存在,这是生物遗传性获得和环境因素的后天性获得。马克思指出,"人直接地的是自然存在物"[①]。人来自自然必然内含着自然的特性,依赖于自然,服从于自然规律,接受着自然的规律和属性的制约。在这一点上,人就是大自然的产物,必然具有不可逆的自然属性。人的自然存在属性一方面体现在与其他动物相同或相近的与生俱来的遗传本能特性,另一方面体现在人类存在本身与生俱来的共同的生理和心理的要素、结构和功能,包括生理结构、生理机能和生理需要等。这些自然属性之所以"自然",就是由于它不是社会赋予或自主意愿的选择,而是以自然的不可抗拒的方式接受自然法则的支配。特殊儿童的自然存在中存有生命体器官缺损或资质、能力的不足等属性。这主要是生物遗传性获得或环境因素的后天性获得,具有自然性、不可选择性、不可逆性。特殊儿童在群体或个体存在上的这些差异性与其他儿童相比,是最显明、最稳定、最基本的差异,但并没有改变特殊儿童人"身"本质和特性,同样具有人的需要和身心成长规律,也就是说,本质上他们仍是以人"身"本真而自然存在的生命形态。

---

① 中共中央马克思恩格斯列宁斯大林著作编译局. 马克思恩格斯文集(第1卷)[M]. 北京:人民出版社,2018:209.

(2) 特殊儿童作为社会存在,主要指他们在后天的社会实践和社会关系中所凝结的特性。根据马克思观点,实践实现了人自然存在向社会存在的转变。劳动创造了人本身,人同时又是社会的存在物。马克思说,"个体是社会存在物。因此,他的生命表现……也是社会生活的表现和确证。"①马克思指出,"人的本质并不是单个人所固有的抽象物。在其现实性上,它是一切社会关系的总和。"②也就是说,社会规定了人的本质属性。人的社会存在属性来自人的社会实践和社会交往。特殊儿童社会存在就表现为,以自身实践所形成的态度、情感、价值观、素质、能力、社会行为、创造价值,以及他们通过实践所形成的社会关系。由于特殊儿童社会存在属性具有后天的环境决定性,什么样的社会及其社会实践可能导致什么样的社会存在属性,而不是先天规定的。因此,特殊儿童社会存在属性与其他人没有任何不同。尽管他们的社会存在受其自然存在差异的一定影响,但不是自然存在差异的必然结果,而更多的是他们在社会实践、社会关系中,由社会分工及其活动、劳动造成的,是社会实践的产物;且社会属性的差异是能动的、易变的、不稳定的,不是特殊儿童独具的、稳定的差异,而是人类普遍共存的差异。特殊儿童的社会存在相对于自然存在的自然性、不可选择性、不可逆性,具有显明的独立性、自由性和社会性。这样,**他们群体或个体存在的差异当且仅当表现在自然存在方面**。

在此,需要指出的是,特殊儿童自然存在与社会存在,既有统一的可能,也有分离甚至对立矛盾的可能。从马克思人的本质理论逻辑上来看,对特殊儿童自然存在的尊重意味着对社会存在特性的肯定;同时,社会存在也蕴含着对特殊儿童自然存在特性的认同。但是,在现实的不同社会、不同历史时期,特殊儿童的自然存在与社会存在并不总是一致的。例如,因为特殊儿童自然存在的身心低能,而怀疑他们社会存在的价值意义,等等,就失去了对特殊儿童社会存在的支持和尊重。所以,特殊儿童是自然存在与社会存在的统一,是对特殊儿童本体存在认识的重要维度。

特殊儿童是自然存在与社会存在的统一启示我们,既要看到他们自然存在差异的客观性,并以之作为我们教育活动中特殊儿童身心功能评估、学业评估和发展潜能评估的依据;又要看到他们通过自由能动的社会实践改变自身、创造价值的社会存在属性。特殊教育,既要坚持面向他们自然存在的身心客观性施教,改善和提高身心机能;还要立足他们能动实践的社会存在特性,充分开发他们的潜能,并注重社会环境的作用,促进他们超越缺陷。这是尊重事实的科学态度和坚守"人是目的"的人本价值态度的统一。

---

① 中共中央马克思恩格斯列宁斯大林著作编译局. 马克思恩格斯文集(第1卷)[M]. 北京:人民出版社,2018:188.

② 中共中央马克思恩格斯列宁斯大林著作编译局. 马克思恩格斯文集(第1卷)[M]. 北京:人民出版社,2018:501.

【案例与思考】

有人说,特殊儿童身心残疾的程度越严重,他们对社会创造的价值和意义就越小。请结合上述学习予以分析。

要点提示：

这是不正确的。

首先,这是对特殊儿童社会存在的误解。特殊儿童的自然存在与社会存在并不是一致的。特殊儿童社会存在具有自由自为性,并不必然受到自然存在的残疾的制约,它可能超越于自然存在的缺陷,通过个体顽强意志和实践,创造更大价值。

其次,这是粗俗的唯物主义或唯心主义(马克思)。这是将特殊儿童自然存在的客观"残疾""低能"及其歧视,以唯心的逻辑推理方式,无限扩张和演绎到他们社会存在属性,是对特殊儿童社会实践能动性的否定,是对特殊儿童自然存在的残疾的"拜物教"(认为特殊儿童自然存在的残疾必然决定一切社会存在)。

再次,这是对社会价值和意义的狭隘理解,没有洞察到价值和意义的多样性、深刻性(直接性、间接性)。这是造成对特殊儿童歧视的重要根源。

你有什么新认识呢?

第四节 特殊儿童的自然存在、社会存在与教育

特殊儿童自然存在和社会存在,相对于其他存在特性,具有相对稳定性、具体性,边界清晰,易于人们认识和把握。因此,本节主要从这两方面来阐述它们的特征及其教育意义。

一、特殊儿童的自然存在及其教育意义

自然存在及其差异是特殊儿童的显著特征。特殊儿童自然存在的多样复杂性,赋予特殊教育无限动力,构成了我们开展特殊教育的逻辑起点。

(一)特殊儿童的自然存在及其特征

特殊儿童的自然存在是特殊儿童最基本、最明显、最稳定的存在形态。它除了指特殊儿童与其他人一样与生俱来的生理和心理的要素、结构和功能等类存在上的相同属性外,还包括生物遗传性获得和环境因素的后天性获得的身心残疾或缺陷,主要体现在生命体器官缺损或资质、能力的不足等差异。他们群体或个体存在的差异当且仅当表现在自然存在方面,是我们科学理性认识特殊儿童的主要依据。特殊儿童的自然存在是自然生命的特性,无论先天的还是后天所致的,往往不可抗拒地存在于自身,在相当长的时期内,即使现代高科技的基因手段也难以彻底改变这些差异性。特殊儿童自然存在常常被我们赋予客观实证的测量结果,以此标识特殊儿童的特征、差异,成为我们理性认识特殊儿童、判断他们身心差异的主要科学依据。特殊儿童自

然存在的形成机制上,具有前面所指出的自然性、不可选择性、不可逆性。这是所有人类存在都具有的普遍性。对特殊儿童来说,他们的自然存在属性在本体上,还具有显著的差异性、受动性、依赖性。

1. 显著差异性

特殊儿童自然存在无论在个体存在还是群体存在上具有显著差异性。这些差异性既与他们群体或个体的遗传的身心结构有关,也与他们所在的环境影响有关,使得特殊儿童自然存在的差异丰富复杂,具有明显的群体性和个体性、地域性和文化性。特别是环境因素,已经成为当今考量特殊儿童差异和障碍的重要视角。在自然环境的影响方面,我们熟知,生物学研究已经表明,自然环境会改变人的身体结构、机能。近几年来,科学家研究表明,社会环境也会引起人的基因变异。科学家们研究发现,远古时候的山顶洞人体型相貌,与现在的人类有很大不同。这主要是社会环境的改变,带来某些化学物质所改变,导致的基因变异。譬如,交流方式的改变,影响了我们的听觉的外貌和性能(不再如猿人灵敏);交通方式的改变,影响了我们的腿和双脚(不如猿人敏捷有力);脑力活动的增多,使我们大脑容量增大,等等。马克思在《资本论》中就曾指出,人的社会环境的历史改变,决定了人类本性的不断改变。另外,我们熟知的"维克多男孩"的案例也说明,婴儿远离了人类社会,也失去了人的行为能力。可见,社会环境是造成特殊儿童自然存在显著差异的重要因素。特殊儿童身心障碍的程度、类型,以及衍生的适应障碍、情绪障碍、人格障碍等继发性障碍,都可以在社会环境中找到答案。

2. 显著受动性

这是特殊儿童自然存在的又一个本体特征。人本来就是自然界的产物,是自然界的一部分。人首先作为自然存在物展开自己的肉体和精神活动。因此,人不可避免地受到自然的制约,难以超越。当今,生态危机深刻表明了人在大自然面前不可逃避、不可超越的受动性。特殊儿童的自然存在,一方面受到自身结构和能力的制约,难以超出残疾的客观存在而改变自身,甚至连现代科技手段也无能为力。另一方面,特殊儿童自然存在受环境的制约,难以改变环境带来的影响,大多只有适应环境,尊重自身和自然实际,服从自身条件和环境制约,表现出极大的受动性。当然,在此并不是否定特殊儿童自然存在中能动的特性,他们并不总是本能地被动地适应自然,也会根据需要,通过能动实践,摆脱自身缺陷的制约,自觉改造环境和自己。只不过他们改变环境、改变自我的能动性受到自身和环境条件制约更为明显。

3. 显著外在依赖性

特殊儿童自然存在的显著受动性,必然导致对外在支持具有高度依赖性。特殊儿童自然存在的依赖性与其受动性是密切联系的。有多大的受动性可能会导致多大的依赖性。从自然存在的机理看,由于特殊儿童自然存在的客观特征与医学等经验科学的认识理性有着先天的联系,具有经验科学技术支持来补偿或提高身心机能的可能。因此,特殊儿童对外在的依赖,主要体现在改变自身、改变环境方面,对教育、社会支持、医学康复、电子科技等表现出的依赖性。如,依赖医学康复、电子科技等技术支持,改变缺陷或补偿缺陷;依赖教育满足其身心健康成长的需求,减少自身自然存在对发展的制约;依赖于社会支持和合作,获得资源,满足特殊需要。

(二)特殊儿童自然存在的教育意义

特殊儿童自然存在的属性特点构成着特殊教育的基础,伸张着特殊教育的视野,也显现着特殊教育关怀的价值空间。

1. 自然存在的显著差异性构成特殊教育的逻辑起点

特殊儿童自然存在无论在个体存在还是群体存在上具有显著差异性,这些共同奠定了特殊教育何以可能的前提性物质基础。

(1)特殊儿童作为人的身心本质奠定了教育可能的必要条件。教育是属于人的,只有人的身心结构功能才能有教育。没有人身心的普遍性,教育不可能发生,而只能是动物的训练。特殊儿童自然存在的差异是在人的共同的身心结构、生命特征等这一普遍性的基础上变化或缺损而成的特殊性,并没有失去了人身心之普遍性,也就没有抹杀特殊儿童作为人的类存在,从而使得特殊教育具有人之属性的合理依据。

(2)特殊儿童自然存在的显著差异性是特殊儿童生理或心理的客观事实,奠定了特殊教育之"特殊"的科学基础。可以说,特殊教育的特殊性即来自特殊儿童自然存在的复杂多元特性。特殊儿童自然存在的显著差异性一方面否定了对他们实施普通教育的可能;另一方面,又在群体存在上奠定了实施特殊儿童群体特殊教育的可能,以及在他们个体存在上实施个别教育的可能。如何既遵循特殊儿童身心的群体普遍性共同施教,又尊重他们身心的个体特殊性差异施教;如何既运用他们与其他儿童身心的共通性,实施全纳(融合)教育,又利用他们身心之间的差异互惠合作,成为特殊教育重要命题。

2. 自然存在的显著受动性成为特殊教育引导特殊儿童超越自我、超越缺陷的内驱力

特殊儿童自然存在具有先天的自然性、不可选择性、不可逆性,给特殊儿童成长带来极大受动性。但是,正是由于他们是极大的"受动存在物……所以是一个有激情的存在物",[①]特殊儿童本身也因此具有理想愿望和自由实践的极大能动性。这样,自然存在和能动性之间的矛盾必然导致他们内部的矛盾运动,带给特殊教育无限潜力。

(1)自然存在的显著受动性,并不必然和完全阻断他们的能动意识和作用。现实中,他们对自然存在的缺陷具有一定程度的厌恶感或畏惧感。一方面,他们期望借助康复医学、科学技术手段实现对受动性的制约;另一方面,在人格上也表现出摆脱

---

① 中共中央马克思恩格斯列宁斯大林著作编译局. 马克思恩格斯文集(第1卷)[M]. 北京:人民出版社,2018:211.

受动性制约的愿望。以视觉障碍儿童为例,表现为两种不同的倾向性。[①] 一是以残为荣过度自尊,认为缺陷残疾远不同于健全人,应当得到照顾;同时,忌讳自己的缺陷,掩饰残疾存在,厌恶他人过度关注残疾(如厌恶并磨掉校服上"盲校"字样),等等。二是以残为悲过度自卑,认为缺陷残疾失去了自己做人的尊严,事事消沉,卑言畏缩,不善或回避与健全人交往,缺少自信和理想。表现在具体行为还有自残甚至自杀的倾向。这两种截然不同的倾向,实质上内含着一个共同的本质上的东西,即对缺陷的能动意识作用,而这恰是特殊教育价值发挥的空间。

【案例与思考】

阅读下面案例,思考云某对视力缺陷的能动意识。

云某(盲校学生)厌恶别人叫他"盲生",一听到这个称谓,就会大声斥责,并郑重地告诫:"我是低视生,不是盲生,我看得见!"云某还抵触使用盲文读书学习……他渴望使用汉字……他喜欢和低视生在一起,不喜欢和盲生玩耍。

要点提示:

云某具有视力缺陷的受动性。其言行恰表达了对缺陷受动的能动作用,表明自在缺陷与能动意识之间的紧张和矛盾。这是教育促进他超越缺陷的重要基础。

你有什么新认识呢?

(2) 自然存在的显著受动性,激发特殊儿童超越的内驱力。根据马斯洛的需要层次理论,特殊儿童对缺陷的"恶心"或"畏惧",实质上是对安全需要满足的焦虑和对爱的需要、尊重需要、价值实现需要的向往。按照马斯洛提出的需要层级理论,人的需要由低到高逐层级满足,构成了人的行为的驱动力。这充分肯定和支持了特殊儿童也生来具有趋向完美、谋求自身充分发展的基本动机。他们对价值实现的渴望,虽然窘迫于现实生存困境有过短时间的中断,但从没有丧失。也就是说,特殊儿童身心的显著受动性非但没有规定自身和制约能动性,反而构成了特殊儿童自我否定的内驱力量。特殊教育正是因促进生成特殊儿童超越自我、超越缺陷的自由否定力量,而具有了无限人性光辉。

3. 自然存在的显著外在依赖性奠定特殊教育合作的本体存在

特殊儿童自然存在的显著外在依赖性,为他们取向外部支持、获得成长帮助奠定了基础。自身自然存在属性及其制约,导致他们对改变自身和改变环境的强烈期望和普遍依赖性。因此,跟他们身心和环境有关的专业支持和社会合作,共同奠定了特殊教育合作本体存在。如,教育支持、康复支持、社会合作、电子科技以及其他支持性的物理环境与文化心理环境等,成为他们依赖的重点。为了便于清晰认识和理解,根据这些外部力量对特殊儿童成长的作用,我们可以简单地分为经验科学支持和教育关怀。

[①] 王培峰.试谈少年期盲生的个性心理特点[J].山东特教,1994(3):21.

（1）经验科学技术支持（特别是生物科技和其他自然科技）与特殊儿童自然存在有着科学理性认识的天然逻辑，为改变或补偿特殊儿童自然存在属性提供了工具凭借。特别是当前随着基因医疗等生物科技和其他自然科技的进步，特殊儿童依赖科技改变身心自然存在特性的愿望日益增强。康复医疗等科技理性参与改善特殊儿童自然存在品质，体现出极大的优势。当然，医学等科技理性对特殊儿童自然存在的关怀是以科学工具理性，来评估和改变特殊儿童存在与发展，具有价值无涉的工具理性特点，无法对他们心智成长、知识获得、人格养成等目的性做出回答，具有先天的"近视"。另外，科技不是万能的，它至今仍不能很好解决其自然存在的缺陷问题。

（2）教育关怀与特殊儿童自然存在的身心特性具有一定的矛盾张力，既立足特殊儿童自然存在属性施教，又超越特殊儿童自然存在，以知识、能力、价值、意志和人格培养，引导特殊儿童自由超越缺陷制约，在特殊儿童自然存在属性之外，提供价值和意义的说明和归宿。也就是说，教育关怀不同于经验科学技术，它既立足特殊儿童自然存在事实，关怀当下身心成长现实需要；又能超越这些事实，以价值理想改变或超越自然存在的缺陷，引导特殊儿童转向社会存在的意义。所以，教育理性始终是引导特殊儿童发展的根本力量。特殊教育历来重视特殊儿童自然存在特性及其导致的外在依赖性，促进自身不断自我调整、自我改造，以价值理性和工具理性的双重合理性，开放容纳医学康复等外部专业支持和社会合作，能动地适应和改变着特殊儿童自然存在属性，在提高特殊儿童受教育的身心基础和物质条件的同时，也提升着特殊教育内涵，推动着特殊教育的进步。**特殊教育独具的人性光辉，就主要在于把特殊儿童从受制于和被动适应于自然存在的缺陷，提升到超越自然存在的缺陷之上，使外在世界和自身内在的各种发展的可能性向特殊儿童本身无限敞开，并能自由地把握自己和世界。**

二、特殊儿童的社会存在及其教育意义

特殊儿童的社会存在所凝结的是社会实践和社会关系的本质。在类存在上，特殊儿童社会属性没有高低贵贱之分，但是社会不同、社会实践和社会关系不同，以及特殊儿童自然存在的特性的不同，可能导致不同的社会存在结果。关怀特殊儿童社会存在意义，提高特殊儿童社会存在能力和价值，是特殊教育价值的根本旨归。

（一）特殊儿童的社会存在及其特征

借鉴马克思观点，**特殊儿童的社会存在主要是指其在自然存在基础上，由社会实践和社会关系所获得或赋予的人的特性。**如，态度、情感、价值观、素质、能力、人格、社会行为等。特殊儿童社会存在既受自身缺陷和社会制约，又竭力摆脱这些制约，反映了特殊儿童和社会交互影响的"自我—社会"关系结果。其中，社会实践与社会关系是特殊儿童最深刻的社会存在本质。恩格斯说，"劳动是整个人类生活的第一个基

本条件……劳动创造了人本身。"[1]实践活动使人从自然界中分化出来,使自己的活动变成自己意志和意识的对象。特殊儿童同样以"实践成人"的方式,使自己成为社会存在物。他们在主动改变自己和环境的过程中,或者被环境和他人改变的过程中,总是以一定的实践形式(如直接实践、间接实践,意识观念实践、具体操作实践等),形成了一定的"自我—社会"关系,凝结和反映着他们一定的社会属性。正如马克思所言,"个人是什么样的,这取决于他们进行生产的物质条件。"[2]特殊儿童的社会存在具有与社会实践的一致性;同时,又受制于自身自然存在属性的影响。但他们的社会存在尽管受其自然存在属性的影响,本质上并不是他们自然存在的必然结果,而是社会实践的产物。由于社会实践是能动的,社会属性的差异也是易变的、不稳定的;且社会实践关涉到人的类存在本质,类存在本质是绝对至上的、不容侵犯的。因此,**社会存在无论在事实上还是价值上,都不是也不应是区别特殊儿童差异的主要特征**。

【问题与思考】

请结合本节学习分析,为什么不用社会存在属性来区别特殊儿童间及其与他人的差异呢?

要点提示:

在价值理性上,社会存在属性本质上是人的社会实践,社会实践关涉到人的类存在本质,类存在本质是绝对至上的、不容侵犯的。以社会存在来区别,会因为特殊儿童社会价值的"无视"或"低估"而带来歧视。

在工具理性上,特殊儿童社会属性受制于环境和身心影响,特别是主观意志和愿望影响,是易变的、不稳定的,无法衡量,不利于认识和把握。

你有什么新认识呢?

特殊儿童的社会存在形成机制上具有前面所指出的独立性、自由性和社会性,这是与其他人类存在上的普遍性。同时,他们又有自己社会存在的显著特征,具体如下:

1. 特殊儿童社会存在的不平衡性和易变性

特殊儿童社会存在本质上是社会实践的必然结果,而他们的社会实践又表现出两种不同状态的特点:一是顺应于自身自然存在特性和所处社会环境的双重制约,在实践能力、品质、范围上,具有实践能力孱弱、活动范围较小等特点;在实践方式上,自主性、自由自为性相对较低,对重度残疾的特殊儿童来说,甚至只能是间接的、被动的活动。二是超越自身自然存在特点和社会环境影响,通过自身自由意志作用和能动的自主实践作用,改变自身,改变环境,表现出反抗自身缺陷制约、逆于社会环境限制

---

[1] 中共中央马克思恩格斯列宁斯大林著作编译局. 马克思恩格斯文集(第9卷)[M]. 北京:人民出版社, 2018:550.

[2] 中共中央马克思恩格斯列宁斯大林著作编译局. 马克思恩格斯文集(第1卷)[M]. 北京:人民出版社, 2018:520.

的高度自由实践特性,实践能力、实践品质和方式迥异于前者。在这里,身心缺陷是特殊儿童社会实践的制约,也是特殊儿童自觉意识、自由意志和能动实践的源泉。超越缺陷对其社会存在自由的限制,成为他们自我铸造社会存在品质的制胜法宝,也是他人理解和检视他们社会存在的镜子。**如果说身心缺陷是特殊儿童自然存在的一个区别标志,那么超越缺陷则是特殊儿童社会存在的一种优秀品质和人格高度**。另外,从个体内来看,特殊儿童个体的实践能力也是不平衡的,表现出不同的优势或特长。特殊儿童上述实践的不平衡特点,决定了他们的社会存在也是不平衡的。

特殊儿童社会生活和实践及其环境也是在发展变化的,特殊儿童的主观意识和意志也是在变化的,他们认知与实践能力也在不断调整,这决定了特殊儿童社会存在的易变性,难以用具体确定的标准或尺度来衡量和把握。

2. 特殊儿童社会存在的环境特性

特殊儿童不能超越一定的历史条件和社会关系而存在。环境特别是社会环境不但影响特殊儿童的自然存在,还严重影响特殊儿童的社会存在。特殊儿童社会存在是社会实践的产物,并不必然受到他们自然存在差异的影响;且特殊儿童自然存在具有自然性、不可逆性。因此,在特殊儿童自然存在相对稳定的前提下,社会环境就成为影响他们社会存在的主要因素。

在这里,社会环境包括人的一切活动的结果和关系,如,物理空间设计、技术设计、文化心理、人际关系等。一方面,社会环境对特殊儿童社会存在的影响具有先天逻辑恰切。特殊儿童社会存在的实践本质、关系本质,决定了社会环境对特殊儿童社会存在的影响具有先天的机理合理性。另一方面,特殊儿童严重受限的自身认知能力、肢体能力、感官能力,导致他们对环境的反抗和能动改变作用式微,加重了他们对社会环境的依赖,也直接决定了社会环境对他们社会存在的主导支配作用。甚至说,社会环境是什么样的,就可能导致特殊儿童的社会存在是什么样的。社会环境和特殊儿童成长具有高度一致性。从社会环境的价值作用看,可以分为支持性环境和不支持性环境。支持性环境是特殊儿童成长的益品。但是,无奈的是,环境总是先于特殊儿童存在,并由健全人根据自己的活动特点和需要而主导创建的,对特殊儿童具有先天不适应的特性。不支持性环境具有导致形成障碍、扩大或增生障碍的可能。尽管近些年来社会环境设计出现了通用原则的设计,但是,不支持性仍是社会环境普遍存在的特性。

这两个不同价值的环境都真实存在着,对特殊儿童发挥着影响作用。特殊儿童无论知识经验学习还是能力、情感、态度、价值观的培养,大多都是环境价值的体现,能动地或被迫地接受了环境对自己社会存在品质的改变。甚至,连他们社会存在的意义,也被迫依赖于环境获得合理性解释和辩护。如,他们平等参与社会的价值实现,就被教育冠以"社会适应能力培养"等,赋予科学合理性的价值,指引着他们身心发展,度量和规约着他们的社会存在品质。

3. 特殊儿童社会存在的补偿性

换一个角度看，特殊儿童社会存在是特殊儿童有限性生存的结果。即，特殊儿童由于自身的不完善性，而需要转向群体生存、社会性生存，从中获得外部支持。众所周知，上帝是无限的、万能的，高居一切之上而独在，显然不会有社会存在属性之说。特殊儿童社会存在其实反映了他们对社会的显著依赖性。特殊儿童依赖于社会获得生存发展的补偿，这是特殊儿童改变或减少有限性生存，获得生存发展的保障，实现他们趋向无限自由发展的重要方式和途径。特殊儿童社会存在的补偿（或简称为"社会补偿"）主要体现为，运用科技、文化、制度等手段，通过人们群体、分工、合作的方式，以各种专业技术支持、文化支持和社会制度支持等途径，直接或间接地满足特殊儿童在能力、素质、人格和品质等社会存在的发展需求。只有在社会补偿中，特殊儿童才能获得资源等实践条件帮助，生成和改善存在品质，实现自己尊严和价值，而不至于因残疾被逐出人类存在空间。从补偿的媒介来看，大致可以分为生物性补偿和文化性补偿。从补偿的方式来看，亦可分为技术补偿和精神补偿，等等。特殊儿童无论作为"生物人"和"文化人"的统一，还是作为依赖技术支持的"客体人"和独立意识存在的"精神人"的统一，这些补偿是特殊儿童社会存在不可分离的"一体两面性"特征。特殊儿童对补偿的依赖，也规定了自己社会存在的补偿特性。如，特殊儿童的文化补偿，使得文化直接参与改造了先天自然属性，也直接支持并加快了社会存在的进程，使得他们的自然存在和社会存在具有自己鲜明的特点。现实中，盲文的学习训练，提高了盲童触觉感知能力；听觉在教育生活中的经验运用，提高了盲童的听觉能力。这使得触摸和听觉感知成为盲童观察世界的基本方式，摸到的世界和听到的世界就是盲童所认识的世界。他们由此所具有的认知特点、养成的能力和素质等也大多成了他们社会存在的一些品质。反过来，特殊儿童社会存在的独具特点，也鲜明标识、区分和强化了自己与他人的不同。如，盲文、手语的使用，不但划分了特殊儿童不同的社会群体存在，也使得自己自觉或不自觉地默认了这种分类。

【问题与思考】

请结合本节学习，思考特殊教育的人性光辉主要体现在哪里，给我们带来什么启示。

要点提示：

主要体现：立足特殊儿童个体自然存在的显著差异性，实施个别教育，满足特殊需要。立足他们与其他儿童身心的共通性实施全纳教育，促进平等权利和价值实现。立足特殊儿童自然存在的显著受动性，激发特殊儿童自我否定的内驱力，引导特殊儿童超越自我、超越缺陷，使各种不可能变为可能（即开发潜能和补偿缺陷）。立足特殊儿童自然存在的显著外在依赖性，以价值理性和工具理性的双重合理性，促进特殊教育自身不断自我调整、自我改造，开放容纳外来专业支持和社会合作，能动地适应和改变着特殊儿童自然存在属性。

给予启示：我们要充分地承认、尊重特殊儿童自然存在的上述特性。一是提高特殊儿童受教育的身心基础和物质条件，通过康复及设施设备支持，把特殊儿童从受制于和被动适应于自然存在的缺陷，提升到超越自然存在的缺陷之上，促进他们实现各种发展的可能性。二是促进特殊教育开放自身，不断自我调整和改造，广纳外部各种相关专业支持和社会合作，提升特殊教育内涵和活力。

你有什么新认识呢？

（二）特殊儿童社会存在的教育意义

特殊儿童社会存在给予特殊教育终极价值使命。关怀特殊儿童社会存在意义、提高特殊儿童社会存在能力和品质，是特殊教育价值的根本旨归。

1. 特殊儿童社会存在的不平衡性、易变性，给予特殊儿童及其教育多样性理解和尊重

特殊儿童社会存在不能超越一定的历史条件、社会关系和社会价值认识。尽管特殊儿童社会存在方面与他人没有什么的本质的差异，但他们社会存在的不平衡性和易变性表明，对特殊儿童及其教育的理解需要多元化多样性价值认同。

（1）以博爱价值理解关怀每一个不同的特殊儿童及其教育。博爱是特殊儿童获得教育的来源，也是当前及今后特殊教育不会改变的重要原则和基本内涵特征。特殊儿童社会存在的不平衡性是必然存在的，但是无论他们社会存在价值高低大小，都不能减少对特殊儿童及其教育的博爱内涵。

（2）以科学理性视角认识特殊儿童及其教育。譬如，生物学、教育学、医学等理性视角，不但为认识特殊儿童提供了实证依据，而且为提高特殊儿童社会存在价值意义提供了可能。无论他们社会存在的素质能力等的养成多么艰难，坚信理性总能找到适合他们的教育设计安排。

（3）以"权利人""意志人"视角认识特殊儿童及其教育。特殊儿童社会存在的不平衡性，也一定程度地反映了他们权利被尊重和实践的程度。无论特殊儿童社会存在差异多么巨大，都要坚持特殊儿童"权利人""意志人"视角，揭示特殊儿童社会存在的现实际遇的困境，反思教育观点、制度，审视特殊儿童价值实现空间。无论我们所坚信的知识经验、制度设计、环境设计等多么科学，要看到它们背后隐含的权力机制和分层作用，防止以科学和真理的神圣名义扩大特殊儿童与他人的不同。

（4）以自由能动的实践视角认识特殊儿童及其教育。特殊儿童社会存在的变异性以及不平衡性表明，特殊儿童有主体能动作用。他们对自我的否定和超越的活动中，成就着他们社会存在的本质。无论特殊儿童多么受动，都要坚信他们生命自觉的力量在教育中的作用和地位。

（5）以文化（符号）视角关怀特殊儿童及其教育。根据语言哲学，特殊儿童社会存在及其教育也是一个以文化为核心的符号化过程。卡西尔认为"人是符号动物"。

海德格尔通过语言现象学方式指出,"语言是存在的家"。[①] 特殊儿童的社会存在的历程就是以语言符号为主的社会文化的过程。如,从"特殊儿童"到"特殊需要儿童"的符号变化,表达了对特殊儿童差异的尊重和保护。无论特殊儿童成长环境多么困难,坚持"文化化人",通过营建良好的社会文化,促进特殊儿童成长。

上述认识,让我们知道特殊儿童存在及其教育不是仅仅通过一种方式来理解和把握。接受这些多元认识方式,能更好地、更完整地把握特殊儿童存在与教育,防止任何一种简单认识对他们的粗暴对待。对特殊儿童的多元认识就是特殊教育发展和知识创新的内在活力要素。

【问题与思考】

结合上述学习,分析隔离教育和全纳教育的差别,实质上是文化视角的不同。

要点提示:

特殊儿童及其教育是一个以文化为核心的符号化过程。隔离教育和全纳教育的不同,就深刻表达了其背后不同的文化视角。

隔离教育是在健残二分社会体制下形成的,它认为健残的分类是科学理性,以界限分明的二分视野,提供专门性针对性的教育,是现代科学理性。它具有极强的工具效率理性。根本上,这是现代理性的反映,是现代性文化气质的结果。

全纳教育是在高度人道主义、高度人本思想诉求下形成的,它反对扩大人的差异,反对隔离,把特殊儿童作为"同质人",主张实施全纳性学校的教育,创建全纳社会,通过民主平等合作捍卫每一个人的具体尊严权利和价值实现。根本上,这是后现代的文化影响结果。

你有什么新认识呢?

2. 特殊儿童社会存在的环境特性,启示特殊教育创建支持性环境

社会环境是影响特殊儿童社会存在的主要因素,也是特殊教育价值实现的巨大空间。特殊儿童社会存在的环境特性,一方面表明了环境在特殊儿童成长中的支配性作用;另一方面,也为做好特殊教育提出了要求。即,从环境视野思考特殊儿童社会存在现状、问题,发现提高特殊儿童素质能力的路径。无论教育制度安排、教育内容确立、教育方式方法运用,都要考虑到环境对特殊儿童的影响。譬如,融合环境的设计、融合教育制度的安排等,已经反映了人们通过环境特别是社会环境,创新特殊教育形式、提高特殊儿童社会存在意义的努力探索。甚至说,创造支持性环境就是特殊教育活动的价值使命。

从空间角度看,当前,特殊教育对特殊儿童社会存在的支持性环境建设,主要体现在前面指出的专业支持和社会合作方面。其主要体现为两个方面:(1) 立足特殊儿童生存需要,通过制度环境、资源支持等政治措施,为特殊儿童提供外在资源摄取

---

① 海德格尔.林中路[M].上海:上海译文出版社,2005:325.

的支持保障。如,通过教育法相关法律获得学生身份的制度保障,通过救济获得生存物质条件等。(2)立足特殊儿童发展需要,通过促进身心发展的教育、康复等活动,创建适宜的发展环境,满足特殊儿童身心发展对技术、知识等方面的需要。如,通过康复训练,提高身体机能;通过知识传授培养,提高认识理性;通过劳动技能培养,提高劳动实践能力;通过人文教育,获得生活意义,等等。其中,后者是特殊儿童社会存在的重要内容,也是特殊教育的本质使命。特殊教育对支持性环境的创造,一是把特殊儿童能动性作为前提,通过多种手段激发他们的欲望、意志,促进自主发展、自由发展。二是基于他们受动性特点,通过平等对待,全纳包容他们社会存在的差异,重视社会条件对他们成长与发展的限制,提供相宜的有针对性的专门环境。同时,又要考虑到特殊儿童对环境选择的多样性,及其他们平等参与社会的通用设计需要,重视全纳性环境的支持作用。

3. 特殊儿童社会存在的文化补偿,期待特殊教育具有广阔的文化视野

特殊儿童社会存在的补偿性,使我们认识到特殊儿童的社会存在其实就是生物性补偿和文化性补偿、技术补偿和精神补偿的存在过程。从一定意义上说,特殊儿童一生就是不断努力补偿缺陷、实现自我潜在价值的过程。其中,文化补偿构成了特殊儿童及其教育的重要内容。特殊儿童及其教育的独特意义就蕴含在这种补偿之中。特殊教育不但要补偿他们器官缺损等生命体机能的先天自然属性的不足,还要促使特殊儿童不断面向广阔的文化世界,展现出更大的开放性与可能性。美籍奥地利著名理论生物学家、一般系统论的创始人贝塔朗菲认为,人就是物理世界和符号世界的居民。文化无非是符号活动的现实化和具体化,是人的符号活动的"产品"。特殊儿童由于受制于感官缺损和生命机能,对文化的运用、创造具有自然存在上的不适或不足,表现出文化运用和创造量少质低、局限性大等问题。例如,盲人和聋人分别对以盲文和手语等为媒介的知识经验学习方面,由于盲文、手语媒介远没有汉字媒介丰富,以它们为载体的文化知识远少于汉字为媒介的庞大的文化体系,且手语、盲文本身具有准确表意和沟通的先天不足。这就使得特殊儿童在文化存在中,无论是社会交往,还是运用和创造文化的水平,遇到的困难要大于健全人。这要求特殊教育要面向整个文化世界,广泛吸纳各种专业支持和社会合作,不断用新的文化成果来补偿特殊儿童社会存在不足,通过文化补偿的力量,引领特殊儿童发展成长,生成人之为人的本质。

【问题与思考】

请结合上述学习,分析为什么我校(南京特殊教育师范学院)听障大学生愿意彼此接近,却很少与健听大学生结群;为什么他们走上社会,会发生不适应的问题和困扰;给特殊教育什么启示。

要点提示:

我校实行的是健残融合的教育安排,从教育体制上尽可能减少了隔离制的弊端,

但上述现象表明,其中有一个深刻的文化根源。

　　主流社会的文化世界本身是健听人创造的产物,具有健听人需要的特点,蕴含健听人对世界的理解和价值观。这与听障大学生有着一定的初始性的文化隔阂。听障大学生只可能适应,却难以改变。而适应是一个长期艰难的心理、文化过程。如果不能调和则会带来紧张关系。如,情绪障碍、人格障碍、适应障碍,等等。

　　上述问题实质上就是文化冲突在他们内心世界的反映。

　　为此,特殊教育一是要改变主流社会存在的排斥、歧视等人为的观点态度,帮助听障大学生调整对主流社会文化世界的接纳,促进他们积极参与主流文化建设和创造;二是要丰富有利于听障大学生健康发展的文化观念与产品,以文化的形式,促进他们回归主流社会,回归主流社会实质上是回归主流社会文化;三是在制度安排和政策设计、课程教学等要素方面,面向广阔社会巨系统,为他们提供广阔的文化空间。

　　你有什么新认识呢?

本讲小结

　　本讲主要从马克思人学视阈出发,探讨特殊儿童本体认识。(1)厘清了关于人类差异的认识。这是厘清特殊儿童本体存在的逻辑起点。认识到人类的差异是必然的、普遍的、绝对性的。(2)经过历史分析,讲解了人们对特殊儿童的认识,经历了中世纪前的"非人观",到文艺复兴以来的"异质人观",再到当前"同质人观"的变迁历程。(3)阐述了马克思人学理论的人的本质论,并以此为方法论指南,对特殊儿童的存在进行分析和揭示,提出马克思人学视阈的特殊儿童本体存在观。认为特殊儿童不是单个层面、单向度的存在,而是类存在和群体存在、个体存在的统一,人道主义存在和实践存在的统一,自然性存在和社会性存在的统一。对特殊儿童的任何理性把握和认识,都不能抹杀它们在本体论上的优先地位。这是他们最真实、最具体的存在。(4)重点讲解了特殊儿童自然存在和社会社会存在及其教育意义。了解到自然存在及其差异是特殊儿童最基本、最稳定、最显著的特征。他们群体或个体存在的差异当且仅当表现在自然存在方面,是我们科学理性认识特殊儿童的主要依据。特殊儿童自然存在的多样复杂性,赋予特殊教育无限动力,构成了我们开展特殊教育的逻辑起点。特殊儿童的社会存在所凝结的是社会实践和社会关系的本质。特殊儿童社会存在属性没有高低贵贱之分。关怀特殊儿童社会存在意义、提高特殊儿童社会存在能力和价值,是特殊教育价值的根本旨归。

推荐阅读书目

　　陈志尚著《人学原理》(北京出版社)
　　基思·托马斯著《人类与自然世界》(译林出版社)
　　张福娟著《特殊教育史》(华东师范大学出版社)

思考与练习

1. 概念理解：特殊儿童的自然存在；特殊儿童的社会存在。
2. 简述特殊儿童认识观的变迁。
3. 论述马克思主义人学视野的特殊儿童存在观。
4. 论述特殊儿童自然存在及其教育意义。
5. 论述特殊儿童社会存在及其教育意义。

>>>>>>> **第二部分**

特殊教育价值论

　　特殊教育价值论是关于特殊教育价值认识、评价的理论和学说。它旨在阐明特殊教育存在的目的和意义，是特殊教育哲学的核心内容。它解决的是特殊教育"为什么"的价值问题。特殊教育价值论奠定了特殊教育活动的逻辑起点的目的预设。本书中特殊教育价值论，要在马克思实践观基础上，以特殊儿童存在论为中心，建立特殊儿童存在论价值论。特殊教育价值论主要范畴是：特殊教育价值论的认识论、特殊儿童生命尊严与特殊教育、特殊儿童自由与特殊教育、特殊儿童生活与特殊教育、特殊儿童缺陷补偿与特殊教育、特殊儿童社会适应与特殊教育等价值关系，以此为人们的特殊教育实践和理论研究提供价值信念的终极关怀。这些价值是特殊教育价值中最为核心的、特色的内在价值。

第四讲 特殊教育价值论的认识

【学习要点与目标】
1. 批判性认识当前特殊教育价值论,了解特殊教育价值认识的弊端。
2. 理解马克思主义实践观及其对特殊教育价值认识的启示。
3. 理解特殊儿童存在论的特殊教育价值论。
4. 理解特殊教育价值基本特性与基本范畴。

特殊教育价值是在特殊教育本体事实的基础上的应然态的规范性问题,它以"应该是"反映特殊教育对于人的价值的状态、特性及其规律性,以及人们对特殊教育的需求判断等价值关系。特殊教育价值的认识是建立在特定的价值论基础上的。特殊教育价值论是关于特殊教育价值认识、评价的理论和学说。它旨在阐明特殊教育存在的目的和意义,是特殊教育哲学的核心内容。它关注的是特殊教育"为什么"的价值问题。本讲批判分析了关于特殊教育的价值认识,借鉴马克思主义实践观,提出了特殊儿童存在论价值论,分析了特殊教育价值基本特性及其范畴。

第一节 特殊教育价值的基本认识

当前,我们大多注重于特殊教育的事实研究,以求真的科学眼光看待特殊教育,然而对于"为什么需要特殊教育""特殊儿童值得教育吗"等一系列根本性问题,是无法用实证的逻辑来回答的,需要价值认识的思维来看待和解答特殊教育的有关问题。

价值和事实是英国哲学家休谟以来,近代西方哲学认识论的重要基础。事实是服从因果逻辑的必然世界(属于康德纯粹理性范畴),价值是服从于人的自由意志的主观世界(属于康德实践理性范畴)。其中,价值观是人高耸的"绝对命令",对认识事实和实践事实发挥着主导支配地位。特殊教育价值关涉到特殊教育基本理论和实践,有什么样的特殊教育价值认识,就可能导致什么样的特殊教育本体认识和实践活动。现实中,由于特殊教育价值认识不清,常常导致特殊教育实践的混乱。

一、关于特殊教育价值认识的主要观点与问题

当前,人们基于不同的需要,以及对特殊教育的不同理解,导致对特殊教育价值认识存在诸多误区。

（一）重视特殊教育外在价值：以外在价值遮蔽内在价值

这是当前对特殊教育价值认识的普遍偏离。譬如，许多学者直接演绎了普通教育的价值，给特殊教育冠以政治、经济等价值意蕴。甚至完全以特殊教育政治价值、经济价值等来认识特殊教育价值。这是特殊教育价值本末倒置的重大认识缺陷，它以外在的非本体价值遮蔽了根本的内在价值。这种价值认识思维实质上是无视人们对特殊教育的根本需求和特殊教育作为培养人的活动特性，而对特殊教育价值的简单嫁接。

对特殊教育价值认识离不开人们的价值需求和特殊教育本体的认识。一方面，人们的价值认识、判断和需求，给予特殊教育价值合目的性的主体特征，即体现人们的价值。另一方面，特殊教育作为一项关于特殊儿童教育的社会活动，又有着自己的客观属性，给予特殊教育价值合乎特殊教育事实的客体特征。这样，人们的需求和特殊教育活动对特殊教育价值形成了相互联系的结构。有什么样的特殊教育价值，就可能有什么样的需求和什么样的特殊教育事实活动。反之亦然，人们对特殊教育有什么样的价值需求，以及特殊教育有什么样的事实属性，就可能有什么样的特殊教育价值。

特殊教育政治价值、经济价值的观点，显然是置换了特殊教育作为培养特殊儿童的教育活动本体之真，暗含着对"特殊教育是社会政治、经济活动"的体认，完全违背了"特殊教育是培养人的社会活动"的本质，误读了人们对特殊教育的需求和特殊教育事实功能，遗忘了促进特殊儿童成长的特殊教育价值本真。特殊教育的教育属性规定了特殊教育是一项教育活动，特殊儿童是特殊教育的价值原点，也是特殊教育的逻辑前提。至于经济、政治、文化等价值充其量仅仅是特殊教育的外在价值或溢出价值或者间接价值。也就是说，特殊儿童成长的价值才是特殊教育的内在价值、根本价值。任何追求特殊教育政治、经济、文化等价值的教育行为，都是对特殊教育舍本逐末的倒置。当然，这里并不是否定特殊教育具有政治、经济价值。

【问题与思考】

请结合上述学习，分析注重特殊教育政治、经济价值，为什么会带来价值本末倒置。

要点提示：

价值观是人高耸的"绝对命令"，对认识事实和实践事实发挥着主导和支配地位。特殊教育价值认识必然影响对特殊教育本体存在的理解和实践。

强调特殊教育政治、经济价值，在逻辑上，会造成因追求这些价值，而使特殊教育成为政治、经济活动，异化了特殊教育活动本真。这是非常可怕的。

现实中，20世纪90年代，有的特殊学校曾因重视开办校企、出租门房、倡导募捐等活动带来的经济价值，而使得特殊教育对特殊儿童成长的价值旁落。

你有什么新认识呢？

(二)重视特殊教育人道主义价值：以人道主义价值落空具体实践价值

特殊教育人道主义价值历来被备受人们重视。自特殊教育产生，特殊教育人道主义价值就被作为体现统治者对特殊儿童关怀、爱护和人权进步、社会文明的标志。它尽管体现了对特殊儿童基本的人格平等和尊严尊重，但仍然是外在于特殊儿童的一种政治价值，一种形式上的抽象价值，不能真实和准确反映特殊儿童及其教育的具体实践状况，甚至减低和落空了特殊教育在教育中的地位，致使特殊教育被理解为慈善活动、福利活动。

譬如，有的学者强调从人道主义价值出发，对特殊教育价值进行抽象设定，以此来描述和认识特殊教育。认为特殊教育主要体现为一种精神性和感悟性的人道主义价值。强调对特殊教育进行价值评判时，应把人道价值确立为特殊教育"唯一的价值标准""根本性和最优先的价值尺度"。① 这种观点，以乌托邦空想肯定了特殊教育具有人道主义价值，却忽视了它与特殊教育具体实践所具有的不一致性。现实中，特殊教育实践不一定都是具有人道主义价值的，甚至有违反人道主义价值的。同时，人道主义价值的认识，也并不一定产生相应的特殊教育实践。这种观点看似强调人本主义关怀，而实质却以"本质先于存在"的逻辑预设，把特殊儿童和特殊教育作为美丽"赞歌"或"花瓶"，几乎抽空了特殊儿童及特殊教育的能动性、实践性，对揭示特殊教育与特殊儿童的存在意义、具体实践价值毫无作用。或者说，这种价值认识是简单化的、片面的、不完整的。

【问题与思考】

请结合上述学习，思考把特殊教育作为慈善活动为什么是不合适的。

要点提示：

这种观点只看到了特殊教育的外在的人道主义价值，强调了伦理之善在特殊教育中的作用和地位，认为救济就是对特殊儿童的关怀。但是忽视了特殊教育对特殊儿童成长的内在价值，歪曲和偏离了特殊教育的本义，对实现特殊儿童实践价值，以及特殊教育的育人价值有不利影响。

你有什么新认识呢？

(三)重视特殊教育客体功能：以特殊教育客体功能替代特殊教育价值

我们熟知，特殊教育价值来自于它对人们需求的满足程度。特殊教育的客观属性功能可能会因满足人们的需求而具有价值之善。但是，根据休谟观点，价值和事实分属不同的领域，从本体之"真"命题并不必然推导出"善"的价值问题。这启示我们，人们的目的愿望可能会超越特殊教育客观属性而独立存在，人们的目的愿望是价值形成的一个根源。

然而，当前许多特殊教育实践工作者直接从特殊教育"真"的事实命题，以演绎的

---

① 葛新斌.关于特殊教育价值问题的再探讨[J].中国特殊教育,2002(6):12.

逻辑方式,确立"应是"的价值命题。例如,从医学对特殊儿童身心康复的工具作用出发,认为医教结合是特殊教育的理想形态,即把特殊教育价值等同于特殊教育属性功能,以特殊教育工具存在的功用、益处等客体属性作为解释特殊教育价值的根由。在这里,"是"向"应是"的跃升,带来"休谟问题的谬误",对特殊教育价值认识带来误解,忽视了人们的目的愿望这一自由领域。而这个自由领域以人们主体意志的纯粹的超验的"善",改造和引领着特殊教育发展,是特殊教育价值构成的重要源泉。也就是说,特殊教育价值不仅仅等于特殊教育作为工具所具有的客观功能。事实中,特殊教育作为工具本身,有善的,也可能有恶的。例如,尽管特殊教育有着康复训练等有益的工具存在特性,但结果并不必然都是善的,或者因为缺少人的目的性价值关照,由诊断评估而导致人为分类,扩大人的差异,带来歧视。这说明,特殊教育价值问题不可能用事实来规定。特殊教育价值与作为求真的特殊教育事实研究不同,它只能通过价值哲学的命题来揭示。

知识拓展

事实与价值,以及"休谟问题"

事实,即真,实然也,是不以人的意志为转移的必然联系,属于科学范畴。事实以"是"描述客观事实的状态、特性及其规律性。哲学中的求真,强调符合逻辑,强调对真理的洞见(柏拉图),强调主体和客体的统一(马克思),强调自然的质朴状态(老子"返璞归真")。

价值,即善,应然也,是符合人自由意志的评价和判断,属于价值范畴或规范性范畴。价值以"应该是"反映客观事物对于人的价值的状态、特性及其规律性。在伦理学中,善反映了人与自然和社会的关系。在政治哲学中,善往往与功利、幸福相对应。但不同文化背景不同哲学观点下,对善的理解不同。

"休谟问题"是休谟在《人性论》中提出的一个著名问题,又称"实然与应然问题",即所谓从"是"能否推出"应该是",也即"事实"命题能否推导出"价值"命题。休谟指出,在伦理学中,普遍存在着"是"向"应该是"思想的跃迁,缺乏逻辑上的根据和论证。这个有关事实与价值的"二分法"以及价值判断不可能从事实判断中推导出来的主张,就构成了后世、特别是20世纪道德分析哲学讨论的一个主题,被康德称为"休谟问题"。这个问题在西方近代哲学史上占据重要位置,许多著名哲学家纷纷介入,但终未有效破解。

二、特殊教育价值认识的主体论、客体论、关系说价值论分析

价值论认识的主体论、客体论、关系说,是当前三种主要的价值论认识论。其实,上述特殊教育价值认识是深受主体论、客体论、关系说价值论认识论的深刻影响的。但它们都难以为特殊教育的理论与实践提供合理性的辩护。

(一) 主体论价值论

主体论价值论,即,把价值等同于主体需要。认为价值是主体根据自己的需要自觉地、有意识地赋予客体的属性,它凸显了人的价值主体地位,体现了价值的属人性,甚至把价值等同于人或认为人就是价值本身。这种价值认识有一定的合理性。对特殊教育而言,一是从抽象的人出发的主体论价值说,确定了特殊儿童至高无上的价值性。譬如,康德的"人是目的""人是人的意志绝对命令",马克思的"人是人的最高目的""人的根本就是人的本身"。这使得特殊儿童基于这种抽象意义的人获得了主体的价值设定,即生命尊严、自由和权利等人道主义价值,这是人之为人的目的性价值,为把残疾人从"魔鬼"等非人境遇中解救出来返回人本身,奠定了平等主体地位。二是基于特殊儿童抽象意义的人主体价值设定,特殊教育也因此获得了发生的起源,开启特殊教育,并在相当长历史时期,人们以特殊儿童主体的人道主义价值衡量着特殊教育活动。我国有学者就十分强调特殊教育的人道主义价值,认为特殊教育不应强调其经济功能,而应把"人道主义"树为思想基础,作为特殊教育价值评判的根本和优先的尺度。[①]

但是,主体论价值论是有局限性的。它忽视了价值与客体属性及其关系。这样使得人既是价值的设定者又是价值本身,抹杀了价值与事实的分野,不但引起了逻辑混乱,而且也使得人无所谓价值追求。对特殊教育而言,一是特殊儿童毕竟是具体的现实存在者,他们的境遇不同,品质也千差万别,对他们抽象的价值设定并不能说明他们的价值善恶。二是特殊教育活动本身的价值理性未必都是善的,一者由于教育者价值选择的主观之恶,可能会带来恶的教育价值。譬如,对学生的恶意伤害等。再者,由于特殊教育主观价值取向的偏差,可能在顾及一些价值的同时而产生另一种意外之恶。例如,隔离制特殊教育制度带来快速的普及教育和科学实证理性的同时,也带来了社会歧视和排斥。三是人们的主体需要是多样的,甚至是超现实的,对特殊儿童成长的期望,总会受到特殊教育活动本身的制约,不可能无限地产生价值。

【案例与思考】

市场上出售一盆绿豆。顾客1因酷暑烦热,买了回去,熬了绿豆汤。顾客2是智障学生的老师,买了回去,做了学生精细动作训练的器材。顾客3没有任何需要,没有买。请结合上述学习,思考同样是绿豆,为什么在三位不同顾客那里产生了不同价值。

要点提示:

价值是人的需要的反映。人的需求不一样,价值也不一样。

顾客1:有消除酷暑烦热的需要,绿豆具有此功能,产生了消暑价值。

顾客2:有为智障学生提供精细动作训练的上课需要,绿豆具有为智障学生精细

[①] 葛新斌.关于特殊教育价值问题的再探讨[M].中国特殊教育,2002(6):12.

动作训练的器具功能,产生训练价值。

顾客3:没有任何需求,绿豆对他不产生任何价值。

你有什么新认识呢?

（二）客体论价值论

客体论价值论,即,把价值等同于客体固有的属性功能,认为客体的属性功能是客观的,价值也是客观的,不以人的意志为转移的。这种价值认识观凸显了对客体所具有的功能的重视,并以之为价值的源泉。上述关于特殊教育的价值认识的政治经济文化说,就体现了这种价值认识观点,即认为特殊教育价值是特殊教育客体活动存在的工具属性,特殊教育活动本身有什么功能属性,就有什么特殊教育价值。

但是,这种认识是有局限性的。它忽视了合乎人的需要的目的性价值维度,把价值局限于客体存在的工具属性之中,不利于揭示价值根源。对特殊教育而言,一是客体论价值论会使特殊教育失去超越性而陷入效用至上的功利性之中。现实中,人们往往以"特殊教育有什么用"的提法,以实效来判断和评价特殊教育自身,将特殊教育价值等同于事实,阻断了特殊教育价值面向未来的超越性,抹杀了价值的应然存在形态,失去了价值反思、价值批判、价值引导等本真意义,摧倒了在人们的观念世界耸立起的价值观世界。二是客体论价值论会使特殊儿童尊严受到伤害。由于特殊儿童身心机能的先天不足和主体能力的式微,基于客体论价值论的特殊教育价值认识,必将带来"特殊儿童没有什么用""特殊教育没有什么价值"等疑惑,非但无法引导特殊儿童发展,甚至连特殊儿童本身生存的尊严、自由等人道价值也摧毁殆尽,使他们面临"低等人"的险境,特殊教育的价值自然也失去了意义。三是特殊教育本身客观存在的属性功用未必都是善的。例如,特殊教育考试的评价、甄别与选拔带来的分类分层,教育中对学生的批评和惩戒等,就可能带来恶的价值。四是客体论价值论没有看到人们的期望对特殊教育发展的自觉审慎的反思和超越性。例如,政府和社会对提高特殊儿童社会平等参与能力,推行的融合教育;我国政府对促进特殊儿童共建共享经济社会发展成果,而提出的"公平而有质量"的教育等,显示出人们在特殊教育客体属性功能之外,以人的主体愿望而赋予的特殊教育价值。

【案例与思考】

20世纪80年代,为了追求快出人才,我国曾经实行重点学校制度。这时特殊儿童入学率很低。据1988年《中国残疾人事业五年工作纲要》显示,盲童、聋童入学率不足6%。请结合老本节学习,从客体论价值观点分析一下其中的原因及其危害。

要点提示：

从客体论价值论看,这时期重视重点学校快出人才的功能,并确认其教育价值尺度。特殊教育培养特殊儿童,由于不具有快出人才的功能,自然没有得到当时教育价值认同,导致特殊儿童入学率低。

从客体论价值论(特别是培养人才的客体价值)认识特殊教育价值,极易降低对特殊儿童的教育信念,甚至导致特殊教育、特殊儿童无用论,产生极大教育不公平。

你有什么新认识呢?

(三)关系说价值论

关系说价值论,即,认为价值是一个关系范畴,是客体功能属性与主体需要间的一种效用关系。它反映客体对主体需要的满足程度,具有客体属性与主体目的需要的统一。也就是,客体属性合乎主体目的需要,主体目的需要合乎客体属性。这种观点,凸显了主体需求与客体属性之间的满足程度与关系,体现了价值在主体和客体之间的变化,很好地解释了价值大小。即,价值是主体需要和客体功能属性之间满足与被满足的关系;而且价值大小,是随着客体属性对主体需要满足程度,以及主体对客体功能需要的程度而变化的。满足程度越高,价值越大。对特殊教育而言,特殊教育作为社会实践活动所具有的功能属性与特殊儿童、社会等主体需求之间存在满足与被满足的关系。特殊教育价值是特殊教育与特殊儿童、社会等之间的需求和满足的关系的反映。同时,由于特殊教育本身的属性功能是不稳定的、可变的,特殊儿童与社会对特殊教育属性功能的需求也是变化的。因此,特殊教育活动对主体的满足程度也是变化的。从特殊儿童与社会这两个主体划分来看,特殊教育价值可分为内外两个向度。即,满足特殊儿童需要的内在价值,满足社会需要的外在价值。如,政治、经济、文化等价值。

这种价值认识,很好地解释了主客体之间的价值变化,清晰地表明了特殊教育价值就是特殊教育功能属性与主体愿望的交互关系;同时,也清楚说明了相对于不同主体需要,而表现出不同价值。但是,它的局限性也很明显。一是,关系说价值论以主客二分的解释框架,预设了一方对另一方的支配关系,不利于解释特殊教育与特殊儿童之间的价值关系,极易把特殊教育活动凌驾于特殊儿童目的性之上,造成特殊儿童被客体化。即,被动适应特殊教育活动,失去了作为教育中心的主体地位。同时,主客二分也必然设定了特殊儿童与教师及其专业人员之间的不平等关系。即,将一方降为客体或工具去满足另一主体,带来人的尊严的丧失,导致特殊教育价值面临合法性的质疑。二是,特殊教育不只是简单的特殊教育客体与特殊儿童主体之间的价值关系,特殊教育中也蕴含着教师、社会、部门及其他专业人员等主体。这使得"主客"价值关系复杂纠缠,难以解释多元主体之间的需求及其满足关系。一方面,特殊教育活动具有人为性,其功能属性来自教师、学生、社会等主体及其互动作用;另一方面,特殊教育主体需求又来自他们的愿望。这样,教师、学生、社会既是主体,提出需求;又是客体,提供属性功能满足。主体客体高度重叠变换,不利于说明客体满足主体需要的关系。

【案例与思考】

某地方发生重大山洪,洪水吞没村子。有甲乙二人爬到高树躲避洪水。甲携带了两块干粮,乙携带了金银细软。洪水困了他们三天三夜。请结合本节学习思考,此时,谁带的东西最有价值?四天后,洪水退了,商店开张,这时谁带的东西最有价值?为什么?

要点提示:

什么东西有价值,是一个客体属性对主体需要满足的关系问题。价值大小,是随着客体属性对主体需要满足程度,以及主体对客体功能需要的程度而变化的。

被困三天三夜时,甲携带的干粮具有充饥的食物功能属性,能满足人吃饱肚子保存生命的需要。干粮最有价值。

四天后,洪水退了,商店开张,乙携带的金银具有购买想要的任何商品的功能,能够满足人多样化的需求。金银最有价值。

你有什么新认识呢?

第二节 马克思主义实践观与特殊儿童存在论价值论

特殊教育价值论认识的混乱表明,需要以正确的价值论认识论来澄清特殊教育的价值。马克思站在唯物主义立场,把实践作为人及其世界存在的基础,打通了主体与客体的壁垒,成为纠偏主客二分价值认识的重要方法指南。本节借鉴马克思实践理论,阐明特殊教育价值论认识的视野,从马克思主义实践观和特殊儿童出发,建立特殊儿童存在论价值论,为认识特殊教育价值提供基础。

一、马克思主义实践观及其启示

马克思站在唯物主义立场,把实践作为人及其世界存在的基础,打通了主体与客体的壁垒,成为价值认识的重要视野。

(一)实践是价值的源泉

马克思关怀人的实践特性。他从现实的具体的人出发,用实践唯物主义理解人的存在,把实践作为人的类存在特性,以人的感性实践的对象性活动代替了意识优先性基础上的抽象关系,确立了实践作为人类存在与发展的根本方式和途径。[①]

在马克思看来,人是在实践过程中实现自我发展,实践才是构成人的生命之根、立命之本,是人的根本存在方式和生存本体。同时,人借由实践改造自然、创造社会,构成了整个人类世界存在的本体。这样,无论人的存在还是属人世界的一切活动的存在,其价值无不是实践的存在。

首先,马克思在实践与理论的关系中指出,"人的思维是否具有客观真理性,这不是一个理论的问题,而是一个实践的问题。人应该在实践中证明自己思维的真理性,

---

① 王仕民.简论马克思的实践范畴[J].哲学研究,2008(7):30.

及自己思维的现实性和力量,自己思维的此岸性。"①马克思认为,"社会生活在本质上是实践的。凡是把理论导致神秘主义方面去的神秘东西,都能在人的实践中以及对这个实践的理解中得到合理的解决。"②也就是说,实践是认识的来源,并是检验认识正确与否的唯一标准。

其次,马克思关于对象性活动指出,人们通过"对象性活动"把自己的内在价值尺度和需要对象化地实现在产品中,使对象成为人化的对象,体现和凝聚人的本质力量。从人与世界联系的实践出发,实践和人的存在具有统一性,有什么样的实践就有什么样的人。马克思说,"他们是什么样的,这同他们的生产是一致的——既和他们生产什么一致,又和他们怎样生产一致。"③人是在实践过程中自我生成和发展。实践是人的根本存在方式和生存本体。人通过实践改造自然、创造社会、改变世界,创造了价值。甚至,人的意识、思维乃至一切价值都是实践的产物。价值就是人在实践中存在的属性的反映。其实,马克思在政治经济学提出劳动价值理论,也指出价值是凝结在商品中无差别的人类劳动,深刻揭示出劳动是创造价值的唯一源泉。

由此,我们可以厘定人类活动的价值来自实践的基本认识视野。同时,凭借实践观,也使得我们对价值认识避开主客体二分的局限,将主体与客体统一起来。人通过实践这一中介,把自身的目的体现在对象活动之中,直观到自己的本质力量;对象也以自己的属性功能体现了人的价值。也就是说,实践成了价值的源泉,价值就统一在主体实践之中。

【案例与思考】

皮格马利翁是希腊神话中的塞浦路斯国王,还是一位出色的雕塑家。他精心雕塑了一座美丽动人的少女像,并爱上了她。结果,奇迹发生了,少女复活了。请结合马克思实践理论解释一下少女雕像为什么会"复活"。

要点提示:

这个故事生动反映了马克思对象性实践活动中生命本质对象化和对象本质生命化的统一关系,揭示出实践就是价值的源泉。

皮翁通过雕塑劳动把自己的需要、意志、审美等生命力赋予"少女",使自己生命对象化;"少女"则不再是异于皮翁的雕塑,其本质上被赋予和凝聚着皮翁自己对象性劳动的生命力,即具有皮翁的生命化。这样,皮翁主体和"少女"客体的壁垒被消融,皮翁和"少女"都以主体生命形态融为一体,由此"少女"复活,即实现了人的对象化和对象的人化。当然,当且仅当对皮翁而言是复活的,仅在皮翁自由支配的劳动条件下

---

① 中共中央马克思恩格斯列宁斯大林著作编译局.马克思恩格斯文集(第1卷)[M].北京:人民出版社,2018:500.
② 中共中央马克思恩格斯列宁斯大林著作编译局.马克思恩格斯文集(第1卷)[M].北京:人民出版社,2018:501.
③ 中共中央马克思恩格斯列宁斯大林著作编译局.马克思恩格斯文集(第1卷)[M].北京:人民出版社,2018:520.

是复活的(即非异化劳动)。

进言之,皮翁精心实践劳动是"少女"生命的源泉,"少女"复活就是皮翁实践的价值反映。皮翁付出了多少劳动,就会有多少爱,就会有多少价值,也就赋予"少女"多少生命力。当然,根本上,皮翁爱的不是对象化的少女雕像,而是自己对象性劳动中所凝结的生命本质力量,即爱的是自己的实践价值。

你有什么新认识呢?

(二) 马克思主义实践观对特殊教育价值认识的启示

从马克思实践观出发,对于特殊教育价值的认识不能只从客体方面去理解,也不能仅从主体角度去理解,而应从实践去理解。对于特殊教育实践,不仅要从特殊教育培养特殊儿童的对象化的"感性活动"去理解,而且要从特殊儿童学习的能动的"抽象活动"去理解。把特殊教育者与特殊教育组织管理、物理环境和文化环境、课程与教学、特殊儿童身心成长等所有主体与客体的关系在实践基础上统一起来,去理解特殊教育价值。

什么是特殊教育实践呢?广义上看,凡是对特殊儿童及其成长发挥影响的活动就是特殊教育实践活动,它是人们促进特殊儿童成长的有关人与环境及各种矛盾解决的能动作用过程。特殊教育实践能力就是人们认识和改造环境,使其适应并促进特殊儿童成长需要的活动能力。

狭义上看,从特殊教育作为培养人的社会活动的本义出发,特殊教育实践主要体现为,以师生、生生以及师生与知识与能力为主体的,以特殊儿童知识、能力、人格、身体康复等身心养育为主要目的的活动。其中,特殊儿童知识、能力、人格、身体康复等身心改变,是反映特殊教育实践、理解特殊教育价值的根本因素,是特殊教育价值的关键所在。特殊教育价值就统一在培养特殊儿童的实践活动中,以特殊儿童身心成长状况来反映特殊教育价值。其主要体现为:一是,教师通过教育实践,作用于特殊儿童成长中,使得特殊儿童不再是孤独的原始的自然存在者,而是经过教师教育教学实践,并经特殊儿童选择扬弃,而成为具有社会意义的社会存在者。以教师实践能力、人格风范和精神境界,反映特殊教育品质和价值。二是,通过环境支持,作用于特殊儿童成长,使得特殊儿童在客观物理环境、文化心理环境,以及其他适宜的资源条件支持下,帮助特殊儿童改变自身缺陷的制约。以自身适应环境或超越环境、超越缺陷的能力和品质,反映特殊教育价值。三是,特殊儿童在实践活动中将本质力量外化于知识掌握与创造中,以自身知识积累、能力提高、身心康复、人格养成等身心素质品质,反映特殊教育的价值。在这里需指出的是,特殊儿童的实践不仅包括对象化的"感性活动",也包括特殊儿童任何能动的"抽象活动"。凡是受到他们意志支配的自主的感性或抽象活动,都是实践。即使是极重度残疾儿童生命发出的一丝颤动或冲动,都是实践。这不仅是指特殊儿童类存在上的人道主义关怀,而且是对他们能动的实践存在的肯定。

借此,我们可以厘定**特殊教育价值就恰在这样一种培养特殊儿童的实践活动中**。

特殊儿童身心成长是特殊教育价值最根本的、最内在的价值反映。任何脱离了特殊儿童身心成长的特殊教育价值认识和判断，都不能解释和实现特殊儿童社会存在的具体价值，更不能促进其走出严重受限的身心制约困境。只有经过特殊教育实践，才能使特殊教育价值回归特殊儿童本身；也只有经过特殊教育实践，才能检验特殊教育价值。

【问题与思考】

结合上述学习，思考隔离教育和全纳教育对特殊儿童身心成长的不同价值承诺。

要点提示：

它们都蕴含着对特殊儿童身心成长的价值承诺，以不同实践方式体现了特殊教育价值。

隔离教育注重特殊儿童身心成长的内在性价值诉求，相信通过隔离的专门教育，以基于科学技术理性的做法，能够满足特殊儿童身心成长内在需求。

全纳教育注重特殊儿童身心成长的社会性价值诉求，相信通过全纳融合的教育，以全纳学校、全纳社区、全纳社会、全纳文化，能够满足特殊儿童对平等尊严、权利和价值实现的社会需求。

你有什么新认识呢？

二、特殊儿童存在论价值论

根据马克思主义实践观及其启示，确立什么样的特殊教育价值论，才能指导和解释特殊教育呢？本书认为，特殊儿童存在论价值论是应有的认识论。

（一）什么是特殊儿童存在论价值论

上述马克思主义实践观启示，奠定了特殊教育价值认识的基本视野。特殊教育价值必须回归特殊教育作为培养特殊儿童的实践中来，构建特殊教育价值论认识论。在这里，建立特殊教育价值论，有两个要素是必须首先确认的立论基础。

一是，特殊儿童是特殊教育活动的目的，必须以特殊儿童为价值中心考查与确立特殊教育价值，特别是以特殊儿童身心成长状况来反映特殊教育价值。这是特殊教育作为培养特殊儿童的实践活动的应有的前提设定，是认识特殊教育功能属性，阐发特殊教育价值论的本体论依据。特殊儿童在特殊教育众多相对主体中，是绝对的、基础的、本源性的价值主体。特殊教育的价值自然就在特殊儿童自身之内，特别是特殊儿童内在的身心结构中。特殊教育价值正是以特殊儿童为价值生成基础才具有存在的合理性。

二是，特殊教育实践是特殊教育价值的源泉。马克思实践观让我们深刻认识到，价值来自实践。特殊教育价值就统一在培养特殊儿童的实践活动中。只有在特殊教育实践中，特殊教育才能一方面把自身属性不断转化为特殊儿童的目的需要，以特殊儿童身心成长价值体现自身价值；另一方面又把特殊儿童等主体的目的需求不断转化为自身属性,以特殊儿童等主体价值理想射程度量自身价值。以实践形态认识价值、厘定价值,是特殊教育价值论确立的必要前提。

由此,本书认为,可以大致厘定"特殊儿童存在论价值论"这样一种理解特殊教育价值的认识论。**所谓特殊儿童存在论价值论,是指认识特殊教育价值要立足培养特殊儿童的实践活动本体,将对特殊儿童及其成长发挥影响的有关主体与客体统一在特殊教育实践基础上,通过特殊教育实践对特殊儿童身心成长的能动作用,把握主体与客体之间的价值关系,反映特殊教育价值的形成和存在,并以特殊儿童身心成长价值作为最根本的、最内在的价值,来认识、评判特殊教育价值**。特殊儿童存在论价值论,旨在"回到特殊教育本身",揭示特殊教育价值认识的根本性问题,奠定特殊教育合理性与合法性。特殊儿童存在论价值论,是本书所欲分析特殊教育价值的认识视野,是阐发特殊教育价值的基本原则,是改造特殊教育品性的原点,同时也为其他价值选择与判断提供依据。

(二)特殊儿童存在论价值论的结构要素

特殊儿童存在论价值论是一个涉及特殊教育本体、特殊儿童主体以及特殊教育实践等多种关系的价值认识体系。总体来说,它具有以下几个要素:

1. 特殊儿童存在论价值论立足"特殊教育是培养特殊儿童的社会活动"这一本体

价值论的认识必须首先厘清本体存在特性。本体存在的事实属性是确立价值的一个逻辑起点。特殊教育价值论的认识,必须回到特殊教育本体存在中认识。特殊教育,一方面作为一种专门的社会实践活动,在自身内部由教育者、特殊儿童及其他各种联系,而形成自身的内在规定属性,具有直接促进特殊儿童成长的内在价值。另一方面,特殊教育存在于社会中,又与外界发生着各种联系。如,与政治、经济、文化等发生联系,或者因内在价值映现到政治、经济、文化上,而具有间接的外在价值。在这里,前者是特殊教育本体的"本来面目"。特殊儿童存在论价值论,是立足特殊教育作为一项培养特殊儿童的活动来阐发的,从内在规定性来探讨特殊教育的价值。有什么样的价值,就会有什么样实践活动。只有这样,才能使特殊教育价值回到特殊教育的"事情本身",来解释和指导特殊教育活动,为特殊教育活动提供合理性辩护。

2. 特殊儿童存在论价值论以特殊教育实践为载体和机制

实践体现了人的自由自觉的类本质活动。没有实践,就没有人的价值和意义生成。特殊儿童存在论价值论是建立在特殊教育实践基础上的。特殊教育实践是一个统一特殊教育主体和客体及其关系与作用的平台或机制。正是由于特殊教育实践,生成了特殊教育活动中各种主体和客体的价值关系,并现实地改变着特殊儿童成长的有关环境,促进着各种矛盾解决。失去实践这一载体,也就失去了对特殊儿童身心成长的能动作用,失去了生成和判断特殊教育价值的机制,无从去把握特殊教育主体和客体及其价值关系。可以说,特殊教育实践使得有关主体与客体得以统一起来,价值存在得以显示出来。特殊教育价值就统一在培养特殊儿童的实践活动中。

3. 特殊儿童存在论价值论以特殊儿童身心成长为最根本的内在尺度和标准

特殊儿童存在论价值论立足特殊教育培养特殊儿童的本体,决定了特殊教育实践必须尊重特殊教育的客观事实和特殊教育主体目的性。即,既遵循特殊儿童的身心成长规律和缺陷特点,遵循知识和能力形成规律与特性;同时,又要符合特殊教育主体需要的目的性,这是特殊教育实践的理性要求(合乎规律与合乎目的)。但是,特殊教育实践本身有着多种结构矛盾。一方面,由于特殊儿童身心缺陷的差异是多样的,特殊教育实践的理性难以有一个统一的标准;另一方面,由于特殊教育主体构成是多元的,对特殊教育目的性的认识和把握并不是一致的。譬如,特殊教育者作为特殊教育价值的实施者,不可避免地以"特殊儿童代言人"的身份代替特殊儿童的理想愿望来认识特殊教育属性及其关系,并对其做出判断和评价;同时,还要作为"国家和社会代言人"来理解特殊教育,并以相应的国家意志和社会需求来改造或赋予特殊教育某些属性;另外,还要作为"特殊教育实践的主体本身",以自身的知识能力、情感意志,赋予特殊教育相应的结构特点。这使得特殊教育的客观事实和目的性的认识难以有一个稳定的、统一的客观尺度,特殊教育价值认识自然具有一定的主观性。从特殊教育本体出发,特殊儿童是特殊教育实践最绝对的价值主体,也是体现特殊教育价值的主体。所以,最终要以特殊儿童身心成长为价值标准,来认识、评判特殊教育实践。凡是对促进特殊儿童身心成长没有积极能动作用的,就没有价值。凡是对促进特殊儿童身心成长有积极能动作用的,就产生价值,确保特殊教育价值向特殊儿童本身的回归。

【问题与思考】

结合上述特殊儿童存在论价值论学习,思考什么是好的特殊教育。

要点提示:

根据特殊儿童存在论价值论,特殊儿童身心成长价值是最根本的、最内在的价值,是认识和评判特殊教育实践的基本尺度。

好的特殊教育,不断追求最大化地满足特殊儿童身心成长需要,促进特殊儿童价值实现。

好的特殊教育,既充分尊重特殊儿童的身心成长规律和缺陷特点,尊重知识和能力形成规律与特性;又要符合特殊教育主体(特殊儿童和社会)需要的目的性。

好的特殊教育,不仅以科学理性为手段,关注特殊儿童事实性存在的身心现状及其需要的满足,又人本性地关注他们的潜能发挥和价值意义的充分实现。

你有什么新认识呢?

第三节 特殊教育价值基本特点与范畴

从特殊儿童存在论价值论出发,特殊儿童"身心—教育"关系结构,在特殊教育价值中处于奠基性的核心地位,借此决定了特殊教育价值的内在性。本节主要阐述特殊教育价值的内在性,以及特殊教育人道主义抽象价值和具体实践价值。

一、特殊教育价值的内在性

从特殊儿童存在论价值论出发,特殊教育价值应以特殊儿童身心成长为基本尺度,认识和评判特殊教育价值。

身心是教育作用的生发地。特殊教育价值必须经由特殊儿童身心的能动性来实现。特殊教育要遵循特殊儿童身心的客观事实和成长规律。特殊教育唯有和他们身心特性及需要相适应,才能发挥特殊教育价值。当然,特殊儿童接受教育亦必接受这样一个逻辑前提,即否定身心,同意特殊教育改变自己身心的结构。不虚心诚意地把自己的身心交给教育,也就拒绝了改变自己身心结构的可能。而身心的改变是一个被设计的痛苦历程,是他们的需要和教育相互作用而内在生成的过程。其中,特殊教育价值之一就在于唤醒特殊儿童的身心自觉,让他们主动地、选择性地、自由地接受教育。任何胁迫身心、粗暴规制身心的教育,只能是程式化的技术体操或训练工具,而且造就的人也仅是"工具人""机器人",显然是对教育的异化。同时,任何脱离身心或违背身心规律的教育,任何追求身心改变以外的价值的教育,也都是对身心的异化。

特殊儿童"身心—教育"关系结构在特殊教育价值中处于奠基性的核心地位。任何特殊教育价值实现离不开特殊儿童身心这一基础。这也决定了特殊教育价值必然是内在的。也就是说,特殊教育价值最终体现为之于特殊儿童身心意义的关系之中,且只能通过特殊儿童身心来反映,通过特殊儿童身心来实现。通过特殊儿童"身心—教育"关系结构来认识特殊教育价值,揭示特殊教育的内在尺度,有助于厘定特殊教育价值的确切范畴。

从特殊儿童"身心—教育"关系结构看,特殊教育内在价值主要体现在特殊教育的人道主义抽象价值与具体实践价值维度。人道主义抽象价值关系到对特殊儿童身心结构具有人的类存特性的肯定,具体实践价值关系到对特殊儿童身心能动作用的尊重。需要指出的是,特殊教育与一般教育同源共有的普通内在价值。如,增强和提高学生身心主体认识能力、完善学生人格与道德品质,等等。尽管这些也是内在价值,但是本书作为特殊教育哲学,不做详谈。另外,特殊教育的外在价值(如,政治、经济、文化价值等),由于不符合特殊儿童存在论价值论立场,也不做详谈。

知识拓展

特殊儿童身与心

特殊儿童身心是一个重要的本体概念。在西方哲学传统里,身作为物的存在是有广延而无思想的,心的本质则是有思想而无广延的;身有形,可以外在观察,服从于机械规律;而心无形,无法服从机械规律,只能内省去认识。显然,上述认识割裂了身心的统一性和相互依存性。身与心作为一种客观与主观、存在与意识的关系是不可分割地统一于人之内的。

对特殊儿童而言,身与心的统一是一个尤为艰难的过程。一方面,心的机能不足限制了身的自由能动性,如智力落后儿童因心智机能不足而难以为自己的存在提供能动性,即身为心所蔽;或因身的机能局限和生存环境条件局限而失去了心对自由的无限向往,即心为身所蔽。另一方面,身受自然规律严重制约,总有所不能,无法为心的意识及其实现提供无限的支持和凭借,即身不及心所能,很难达致心的意识射程。可以说,特殊儿童终其一生就是身心不断分离又不断实现统一的过程。特殊教育价值实现就主要体现为对特殊儿童身心分离与统一的帮助和引导,促进他们趋向自由而无限发展的各种可能性。(王培峰《特殊教育哲学:本体论与价值论的研究》)

二、特殊教育的人道主义抽象价值与具体实践价值

从特殊儿童存在论价值论出发,特殊儿童"身心—教育"关系结构所给予的价值内在性,使得特殊教育价值的思考,要立足特殊儿童存在本身。特殊儿童存在是一个多维度结构,如,第三章马克思人学启示下,特殊儿童是类的同质人与群体、个体差异人存在的统一,人道主义抽象存在与具体实践存在的统一,自然存在与社会存在的统一,等等。本书认为,特殊儿童作为人道主义抽象存在与具体实践存在的统一,从这种存在结构和特性出发,有利于认识和揭示特殊教育价值,能从人道主义抽象价值和具体实践价值两个层面来为特殊教育活动做出辩护。

在此,需要指出的是,从应然看,特殊教育价值,无论在人道主义抽象价值层面,还是具体实践价值层面,都应该是人道主义的,也都应该是具体的。人道主义价值蕴含着实践价值特性;同时,具体实践价值也反映着人道主义价值。也就是说,都可以称为人道主义价值或者实践价值。但是,现实中人道主义价值和具体实践价值既有统一的可能,也有分离甚至对立的可能。事实中,在不同社会、不同历史时期、不同环境中,特殊教育的实践价值并不一定是人道主义价值;人道主义价值也并不一定具有实践价值特性。例如,特殊教育实践中对特殊儿童诊断评估分类,一旦缺少正确的价值观指导,就会成为歧视特殊儿童的工具,失去人道主义价值;特殊教育中体罚行为,也可能违背人道主义价值。同时,有的人把特殊教育仅仅作为社会文明象征符号,不

关心特殊儿童成长的具体实践，使得特殊教育失去具体实践价值，教育教学等被旁落。所以，本书认为，人道主义抽象价值和具体实践价值是特殊教育价值的一体两面。本书强调，从人道主义抽象价值和具体实践价值两个层面来分类，并坚持人道主义抽象价值和具体实践价值的统一观，有利于从现实揭示特殊教育价值认识和实践中存在的问题。这既可以避免对单纯人道主义价值的抽象和虚无，又可以借着实践价值，开发特殊教育活力源泉。

（一）特殊教育的人道主义抽象价值

特殊教育的人道主义抽象价值，根源于特殊儿童类存在属性，是特殊儿童作为平等的人的绝对价值在教育中的表现。它以绝对的目的性价值方式，确证和维护着特殊儿童绝对的尊严、自由和权利，也反映和确立着特殊教育在经济社会中绝对的人性价值和文明高度；同时也构成了特殊教育绝对的逻辑大前提。自西方文艺复兴以来，特殊儿童本身就被"天赋人权"，确立为"生而自由平等"，具有平等生命尊严、自由、权利的深切人道主义关怀。在西方，特殊教育正是基于此才确立了自身形成与发展的基础。平等、自由的人道思想是特殊教育存在的重要特征。特殊教育作为培养特殊儿童的社会活动本身，就是以教育的形式，而对特殊儿童作为人的资质（人的身心结构）、权利（特别是发展权利）、能力（特别是身心发展潜能）的承认、尊重和维护、提升。特殊教育在本体存在论上，已经赋予特殊儿童作为身心能动作用的、有发展潜能的主体，以及富有自由、尊严的受教育主体的资格的体认。这是特殊教育可能存在与发生的前提。只有人，才有教育的可能。可以说，特殊教育本身就是重要的人道主义活动、人道主义关怀，具有深刻的人道主义价值。且这种**人道主义抽象价值是绝对的存在，不会因特殊儿童身心机能情况、家庭背景情况和学习表现等情况的差异，而对他们的人道主义价值做出不同的规定。**

特殊教育的人道主义抽象价值，不但以抽象的形式为特殊教育设定了绝对的逻辑大前提，而且特殊教育以自己特有的教育形态和观点、行为体系，现实地增强了其人道主义价值的内涵，在抽象意义上具有绝对的至高无上性。一是，对特殊儿童而言，确立了特殊儿童具有绝对平等的主体价值地位，不依附于任何条件或他物而自成目的，是康德指出的不被任何工具价值欺凌和僭越的"绝对命令"，当然亦是特殊教育的绝对尺度。任何否定这一价值前提的特殊教育，无论其逻辑多么完美，结构多么严谨，个别结果多么辉煌，它都是恶的。二是，对特殊教育而言，特殊教育也因人道主义价值，而成为人类文明中最能绽放人性光辉的那一页，体现了教育乃至经济社会文明的高度。历史上，从自发的个体行为特殊教育，到特殊学校隔离制特殊教育，再到融合教育，甚至全纳教育，每一次进步，都反映了人性的进步、教育的进步，反映了人道主义价值的光辉。在每一个时代，特殊教育都是经济社会中最灿烂的花朵。当前，**融合教育、全纳教育已经充分显示了与经济社会文明的深度关联，反映着不同国度或地区经济社会文明水平、教育水平，成为经济社会文明的标志，成为教育之冠的明珠。**

【问题与思考】

请结合上述学习,思考我国开展融合教育,为什么要求特殊儿童在指定的优质学校就读;为什么越是经济社会发达地区,融合教育发展越好。

要点提示:

特殊教育的人道主义价值表明,特殊教育体现了教育乃至经济社会文明的高度。

融合教育发展涉及的不仅是经济、教育、技术支持,更需要人的文明素质等整个社会文明奠基。只有全面的文明进步,才可能实施好融合教育。

经济社会发达地区和教育水平高的优质学校,能为融合教育提供人道主义价值的丰富土壤和经济技术的坚实支撑。如,在人文关怀理解方面,建立支持性的环境;在教育支持方面,提供更有利的教育帮助;在经济支持方面,能提供更多的相关教育、康复资源条件;在社会合作方面,能有更多的社会力量参与特殊儿童教育,使得特殊儿童的特殊需要满足得到有效落实。

因此说,融合教育与经济社会发展水平正相关,是经济社会文明的标志,是教育发展高度的反映。甚至说,终极的教育就应该是特殊的、融合的、全纳的。

你有什么新认识呢?

(二)特殊教育的具体实践价值

特殊教育的具体实践价值,根源于特殊儿童实践存在属性,是特殊儿童作为有身心发展潜能主体的能动作用体现。 它以相对的可具体测量的价值实现方式,反映着特殊儿童的社会实践价值,也反映着特殊教育之于特殊儿童成长的促进作用。**即,包括特殊教育促进特殊儿童成长的价值和特殊儿童自身实践的价值**。这是特殊教育价值具体存在形态的重要体现。根据康德在《实践理性批判》的揭示,实践体现为自由意志特性,其指向的是"作为自由所导致的可能结果"。[①] 马克思的实践则确定为人的本体存在方式,是人的本质力量。实践作为一种主体的本质力量,无论是意志的活动结果,还是主体对象化活动,都蕴含着对人自由能动的肯定。特殊教育的教育属性决定了它对特殊儿童身心发展(特别是潜在优势能力)改变具有天然眷顾,同时,对特殊儿童缺陷补偿和康复具有一定支持作用,使得特殊教育具体实践价值毋庸置疑。特殊教育的具体实践主要是指特殊教育促进特殊儿童成长的实践,以及特殊儿童自身成长过程中的社会实践活动。这两者分别从实践过程和实践后果两个方面体现着特殊教育的能动性,他们所产生的价值关系和结果就是特殊教育的具体实践价值。

从促进特殊儿童身心成长的维度看,特殊教育具体实践价值主要包括特殊教育之于特殊儿童生命尊严、自由的价值,特殊教育之于特殊儿童生活的价值、特殊儿童缺陷补偿、社会适应的价值几个方面。(1)特殊教育对特殊儿童生命尊严的价值。这不仅仅是特殊教育人道主义抽象价值,更是特殊教育具体实践价值。它主要在于

---

① 康德.实践理性批判[M].北京:人民出版社,2003:78.

确认和维护人的价值主体地位。通过教育培养,唤醒特殊儿童作为人的主体意识与价值意识;通过教育制度和政策,捍卫特殊儿童学生身份及权利;通过教育与社会的作用,形成特殊儿童同样是平等的有权利的公民。康德说"人唯有凭借教育才能成为人"。通过教育,推进实现社会公平和人是目的的人道尊严,是最有效的方式。(2) 特殊教育对特殊儿童生活意义涵养的价值。主要在于通过教育引领,形成生活意义,提高生活品质,激发动力。通过道德与公民教育,培育健全人格,奠定社会公民基础。通过知识能力培养,增强主体支配自身和外界的能力,更好适应社会和生活。(3) 特殊教育对特殊儿童缺陷补偿的价值。主要在于通过教育,摆脱人自身机体先天"匮乏性"制约,及对机体自然属性的依赖,面向文化世界,加快文化人进程;通过教育和康复,增强身体机能,补偿机体缺陷(生物补偿或技术补偿),并使补偿更有计划、有目的性;通过教育,给予特殊儿童精神补偿,超越缺陷;通过教育,发掘潜能,实现自身个性发展。(4) 特殊教育对特殊儿童个体自由能力的价值。主要在于通过教育知识传授和实践能力培养、康复技术支持,增强特殊儿童理性自由、意志自由、身体自由;通过环境支持,促进特殊儿童个体自觉的自由发展,等等。特殊儿童以具体实践价值为国家、为社会、为他人创造价值,生成无限的超越性、能动性,也以此捍卫自己的目的性生存价值。(5) 特殊教育对特殊儿童社会适应的价值。主要是通过教育回归特殊儿童生活世界,创建全纳环境,并以文化视角,促进特殊儿童在社会实践中形成"自我—社会"意义关联互动的和谐关系与状态。

  特殊教育具体实践价值对特殊儿童成长及其品质具有一定的规定性、支持性,对确立和维护他们社会存在中价值地位具有重要作用。但是,由于特殊教育具体实践的能动性,也带来特殊教育具体实践价值的变化性、不确定性。一方面,特殊教育实践中主体(特别是教师)的教育思想理念、素质能力等因人而异,相关支持环境和条件也千差万别。另一方面,特殊儿童也因身心差异、环境差异等,而导致主体能动性普遍差异。所以,**特殊教育具体实践价值不同于人道主义抽象价值,不能对特殊儿童身心成长及其社会存在品质,做出任何统一的、平等的承诺。**

  特殊教育具体实践价值直接关涉到特殊教育实践品质,是我们改造特殊教育、追求特殊儿童身心成长的依据。一是,对特殊教育实践而言,特殊教育具体实践价值,要求我们坚持实践是价值的源泉,不断通过特殊教育主体及其相关资源、环境的互动,生成和丰富促进特殊儿童身心成长的能动因素,特别是通过特殊教育主体的理念素质和理想愿望等能动性因素,促进提高特殊儿童主体能力,提升自由意志,引领特殊儿童发展。同时,也凭借特殊教育,使整个社会共生共在、互为目的。这样,残疾人不再是人类文明进步付出的代价,[①]而是人类文明进步的贡献;关心残疾人不仅是社会文明进步的标志;而且是社会文明建设的需要。二是,对特殊儿童而言,无论特殊儿童实践价值大小,都会有价值。特殊儿童正是以实践价值,达成"环境的改变和人

[①] 朴永馨.特殊教育[M].长春:吉林教育出版社,2000:2.

的活动或自我改变的一致",①实现对自身缺陷及其环境制约的超越。这与人道主义价值不同,特殊儿童凭借实践否定自己、改变自己、发展自己、创造自己,实现了由抽象的人道主义价值向现实的实践价值的转变。当然,特殊儿童特别是重度残疾的特殊儿童由于身体机能孱弱,面临实践虚无、价值虚无的困境,这是对特殊教育的挑战。我们不但要坚持特殊教育的人道主义价值,而且还要坚信他们实践的可能,并以此进行价值反思与批判,时刻以自由超越的精神,引领特殊教育前行的动力,促进特殊儿童不断超越缺陷及环境条件的制约,在自身"不可能"中创造"可能",展现生命的精彩。

【案例与思考】

有人参观了刚刚落成的某地(东部发达地区)特殊教育学校,看到学校各种功能教室设施齐全,教师数量20余人,学生数量60余人。为此,他感叹道"太浪费"。请结合上述学习思考其蕴含的价值认识。

要点提示:

这种看法不正确。

特殊教育是经济社会文明高度的反映,具有人道主义价值和具体实践价值的统一。

这种观点,一是无视特殊教育人道主义价值,否定了特殊教育与经济社会发展的高度依赖性、关联性。此特殊学校恰好是本地经济社会发展水平的反映。二是忽视了特殊教育的具体实践价值,否定了特殊儿童作为能动的实践者,其身心成长对教师配置和各种专业设施的"高额需求"。三是,这种观点还暗含着把特殊教育人道主义价值作为唯一标准的片面认识,认为特殊教育是"形象事业",无需更多的具体支持。

这种观点的后果,可能导致特殊教育实践品性被掏空,特殊教育实践促进特殊儿童成长发展的价值被懈怠,无助于揭示特殊教育及特殊儿童具体的存在意义。

你有什么新认识呢?

本讲小结

特殊教育价值论是关于特殊教育价值认识、评价的哲学理论,是特殊教育哲学的核心内容。确立特殊教育价值论必须首先设定特殊教育价值论的认识论。本讲重点阐述了以下基本问题:(1)批判分析了关于特殊教育的价值认识,指出了当前特殊教育价值认识的主要观点及其问题:重视特殊教育外在价值,以外在价值遮蔽内在价值;重视特殊教育人道主义抽象价值,以人道主义抽象价值落空具体实践价值;重视特殊教育客体功能,以特殊教育客体功能替代特殊教育价值。同时,运用主体论、客体论、关系说价值论,分析了特殊教育价值认识的原因。(2)借鉴马克思实践理论,

---

① 中共中央马克思恩格斯列宁斯大林著作编译局.马克思恩格斯文集(第1卷)[M].北京:人民出版社,2018:500.

认识到实践成了价值的源泉,价值就统一在主体实践之中。借此,厘定特殊教育价值就恰在这样一种培养特殊儿童的实践活动中。特殊儿童身心成长是特殊教育价值最根本的、最内在的价值反映。由此,建立特殊儿童存在论价值论。所谓特殊儿童存在论价值论,是指认识特殊教育价值要立足培养特殊儿童的实践活动本体,将对特殊儿童及其成长发挥影响的有关主体与客体统一在特殊教育实践基础上,通过特殊教育实践对特殊儿童身心成长的能动作用,把握主体与客体之间的价值关系,反映特殊教育价值的形成和存在,并以特殊儿童身心成长价值作为最根本的、最内在的价值,来认识、评判特殊教育价值。特殊儿童存在论价值论立足"特殊教育是培养特殊儿童的社会活动"这一本体,以特殊教育实践为载体和机制,以特殊儿童身心成长为最根本的内在尺度和标准。(3) 从特殊儿童存在论价值论出发,特殊儿童"身心—教育"关系结构,在特殊教育价值中处于奠基性的核心地位,这也决定了特殊教育价值必然是内在性的。特殊教育内在价值主要是指特殊教育人道主义抽象价值和具体实践价值。这两者统一的存在于特殊教育之中,是认识特殊教育价值的重要维度。这既可以避免对单纯人道价值的抽象和虚无,又可以借着实践价值,开发特殊教育活力源泉。

推荐阅读书目

朴永馨著《特殊教育》(吉林教育出版社)

王仕民《简论马克思的实践范畴》(载《哲学研究》2008 年第 7 期)

葛新斌《关于特殊教育价值问题的再探讨》(载《中国特殊教育》2002 年第 6 期)

思考与练习

1. 概念理解:主体论价值说;客体论价值说;关系说价值论;特殊儿童存在论价值论;特殊教育人道主义抽象价值;特殊教育具体实践价值。

2. 简述马克思主义实践观及其对特殊教育价值认识的启示。

3. 简述特殊教育价值的基本特性与基本范畴。

第五讲　特殊儿童尊严、自由与特殊教育

【学习要点与目标】

1. 理解特殊儿童目的性生存的困境。
2. 理解教育与特殊儿童尊严的联系。
3. 理解特殊儿童的自由与知识的关系。
4. 理解特殊儿童的自由与环境的关系。

从特殊儿童存在论价值论出发，维护特殊儿童目的性生存及其价值，是特殊教育活动的首要价值。其中，生命尊严和自由是特殊儿童目的性生存的首要维度，是特殊儿童及其教育的绝对的人道主义价值。也许"尊严""自由"和"权利"这些已历经几千年的字眼，当今已变得如同广告一样意义贫乏，让人难以激动和沉思；但对特殊儿童而言，生命尊严、自由具有毋庸置疑的显明价值地位。特殊教育本是生命尊严、自由和权利回归特殊儿童自身的产物。尊严、自由就是教育的生发土壤；失去尊严、自由就堵塞了教育作用通达人身心的理路。特殊教育对特殊儿童生命尊严、自由的关怀是特殊教育绝对的内在价值。

本讲首先厘清特殊儿童目的性生存的教育困境，然后重点阐述特殊儿童生命尊严与特殊教育的关系，特殊儿童自由与知识、环境的关系。

第一节　特殊儿童的目的性生存

人是作为主体和客体双重存在的。人的双重存在特性给予人不同的价值地位。从人的双重存在审视特殊儿童，了解他们目的性生存的现状，把握特殊教育对他们目的性生存的影响，是认识特殊教育价值的重要组成部分。探讨特殊儿童的目的性生存和价值，能使我们在价值观层面确立合理的基本规范，促进我们更加理性地认识、把握和改造特殊教育活动。

一、目的性生存与特殊儿童

目的性生存是人主体的类存在属性。特殊儿童的目的性生存是其生命应有的类

存在特征。对特殊儿童目的性生存的认识,往往要从人主体的类存在属性出发。

(一) 什么是目的性生存

目的性生存是人作为主体的最本源的绝对性价值。自苏格拉底及其弟子们开始,经康德、黑格尔,再到叔本华、尼采、胡塞尔、海德格尔存在主义,人无论作为抽象的"万物的尺度"(普罗泰戈拉)、"人是目的",还是具体的"生存意志""权力""生命冲动",都把人作为独立于其他自然之外自成目的的存在,暗示着人的存在本身就是价值的源泉。在马克思看来,人的目的性生存是人的类本质。与动物本能且被动地适应自然活动不同,人的活动是一种有意识的生命活动,能按照任何一种尺度生存,而动物的生存仅仅是合乎本能的活动。正是人的目的性活动,"使自己的生命活动本身变成自己意志的和自己意识的对象"[①]的活动。综上所述,**人的目的性生存是人在社会实践中,基于自身主体意志的目的需要,使事物发展的各种关系和结果向人而存在,并满足人需要的过程。它作为一种价值判断与选择,体现了以人为目的的绝对性主体价值尺度**。这种价值判断,从人的类存在出发,不会因环境、条件的变化或限制而轻易地改变和放弃,具有决定性、无条件性的绝对至上地位。

人的目的性生存充满了矛盾性。主要表现在人的目的性会受到实践活动对象规律性制约,难以超越人的社会实践活动和人类发展历史的客观基础。同时,人的目的是具体的、复杂的,会面临自身多元选择的冲突。特别是在当前社会深刻变革的时代,面对资本、权力和科学对人精神家园的异化,人的目的性被殖民或缺失,工具性或功利性生存蔚然盛行。

工具性生存是人作为客体而受外在事物各种规律制约的必然结果。外在事物不会主动地满足人的需要,甚至外在事物固有不以人的意志为转移的规律,与人的需要相矛盾、相背离。人必须通过自己的劳动实践,既按照自己的需要,又尊重事物必然性,改变事物,使之满足人的需求。所以,人又是实现人自身目的的工具。工具原指主体实践目的和客体对象之间的一切中介。它作为一种手段或方式方法,具有价值无涉的特点。**人的工具性生存就是指人在实践活动中,作为价值客体而被非己的他者价值或必然性所驱使所制约,而被动生存的状态**。人的工具性生存主要表现为:为了人自身之外的需要所进行的活动,交往中人与人之间互为工具性。工具性生存和目的性生存是统一在人的生存之中的。人在工具性生存中为国家、为社会、为他人创造价值、贡献力量,同时,也以此捍卫自己的目的性生存价值。事实上,人的实践本身就是人类存在中独有的工具性生存活动,是人自由自觉的意识存在,使人的工具性实践与目的性实践统一起来,并以目的性实践价值为旨归。人就是在目的性与工具性生存的张力中得以生成无限的超越性、能动性,创造着人类文明,演绎着其他动物所不能的历史和传奇。

---

① 中共中央马克思恩格斯列宁斯大林著作编译局. 马克思恩格斯文集(第1卷)[M]. 北京:人民出版社, 2018:162.

(二) 特殊儿童的目的性生存

特殊儿童目的性生存及其价值首先是历史的积淀，是在漫长的人类文明发展过程不断积累和丰富的。自西方文艺复兴运动和思想启蒙运动以来，特殊儿童的人的权利、平等、自由、尊严、价值备受推崇。这为特殊儿童奠定了目的性生存的价值基础。从形成机理看，目的性生存是特殊儿童作为人类存在的主体必然要求。一方面，特殊儿童同样具有自觉的、有意识的实践活动，特别是对改变自己受制于缺陷和环境制约，向往更多尊严和自由的需要，使其对外在事物表现出一定的目的意向性。另一方面，他们对外在事物的认识也会做出以自我需要为目的的价值判断和选择。但是特殊儿童目的性生存受到自身能力和环境的多重制约，面临严重挑战。

与其他人群不同，很多时候，特殊儿童目的性生存和工具性生存严重失衡，常常被作为客体而工具性生存。首先，他们难以超越身心限制给实践能力带来的制约，尽管特殊儿童目的性的愿望没有消失，可很难通过实践活动而对象化为客观目的来实现。即使在他人的帮助下实现，也难以完全是出于自己的目的需要（可能会挟裹着他人或社会的价值设定，而使得自己依赖于外在价值，成为外在价值客体或工具）。其次，他们难以超越环境对自身的制约，甚至自身就是环境的产物。特殊儿童生存具有严重的环境依赖性，他们的目的性价值实现决定于环境的支持程度。当自身目的性的主观需求和外在环境给予的客观性需求不一致时，可能就会沦为环境的"产品"，只能被动适应环境。再次，在当今功利主义盛行，人的精神萎靡和价值迷失的时代，特殊儿童的目的性价值可能会因为追逐外在的利益（如财富等），而导致目的性生存价值的自我丧失或不足。特殊儿童不但不能作为实践主体，改变自我，改变环境，反而在外在利益的工具性生存中，被迫改变了人本身，失去了人的目的性，以及应有的目的性价值判断。特殊儿童作为主体特别是人的类存在主体，具有绝对的、不容置疑的目的性价值。特殊儿童作为客体，工具性生存是不可逃离的。

【案例与思考】

请结合上述学习，思考下面故事中海伦·凯勒的目的性生存的哲学蕴含。

海伦·凯勒，美国女作家，盲聋教育家。在19个月的时候因为一场高烧，夺去了视力和听力、语言表达能力。在导师安妮·莎莉文的帮助下，海伦学会用顽强的毅力克服生理缺陷所造成的精神痛苦。她热爱生活，最终以优异的成绩毕业于哈佛大学拉德克利夫女子学院，成了一位学识渊博，掌握英语、法语、德语、拉丁语、希腊语五种语言的著名的作家和教育家。她把自己的一生献给了盲人福利和教育事业。她获得了世界各国人民的赞扬。海伦·凯勒一生一共写了14部巨作。她说："我的身体虽然不自由，但我的心是自由的。就让我的心超脱我的躯体走向人群，沉浸在喜悦中，追求美好的人生吧！""有时我想，要是人们把活着的每一天都看作是生命的最后一天该有多好啊！这就可能显出生命的价值。"

要点提示：

海伦·凯勒的成长表明，她充满着向往尊严和自由的目的性生存，以这种目的性价值判断，激励自己克服了身心严重受限的客体存在状态，超越自身缺陷的制约，以自强不息的实践活动创造自己主体价值。

你有什么新认识呢？

二、特殊儿童目的性生存的教育困境

特殊儿童目的性生存，在当前的教育环境中正受到诸多因素的影响，使其具有一定的紧张性。这种紧张的背后具有深刻的渊源。具体来说，主要体现为：

（一）教育"工具性"对特殊儿童目的性生存的影响

自从特殊教育融入教育学而成为一个教育体系后，其在赢和教育属性的同时，也以严格的教育姿态顺承和演绎了教育的全部功能，把教育的功利特性、分层机制等异化特殊儿童目的性价值的东西一并融入自身，并通过国家立法和政策规定，工具性能被不断强化，造成工具性与人的目的性的分离，带来了特殊教育价值紧张的根源。

众所周知，教育自产生至今就具有明显的工具性色彩。柏拉图的"理想国"对善和正义的追求就寄托了教育的使命，他以理性知识作为教育的基础，强调教育的筛选功能，即筛选出"哲学王"。经夸美纽斯《大教学论》，至赫尔巴特《普通教育学》，在吸收心理学等经验科学方法论基础上，将工具性能推向了极致。如泰勒关于课程原理的"达到哪些目标""提供哪些经验实现目标"，斯宾塞"什么知识最有用""为未来生活作准备"等都设定了教育的工具特性，并成为人们绝对的信仰。至今天，教育的工具性被无限推广为政治功能、经济功能、文化功能等工具价值，为教育自身存在建筑了足够的合法性基础。

这种工具主义的教育，其最大问题是偏离了人生命的目的性生存原点。它一方面承担了对社会等外在价值的承诺，带来对人本身内在的目的性生存价值的遗忘。另一方面，因为工具是为效率而存在的，具有先天的效率趋向和轻视目的性价值的必然，导致教育在效率的追求中，失去对人身心成长的目的和教育公平的眷顾。特殊教育自从脱离宗教和医疗训练而融入教育体系中以后，随着工业大生产对人才需求的普遍加强，特殊教育也开始以普通教育的姿态，运用特殊学校、班级授课、统一课程、教学方法、统一管理，并通过国家立法和政策规定，不断强化这些实践做法和要求，助长了效率取向的工具性能，疏离了特殊儿童目的性生存价值。

知识拓展

顾明远：我国教育工具性太强了

目前在我国的教育中，教育的工具性太强了。过去是说教育为政治服务，教育为阶级斗争服务，后来又提出为经济服务等，不强调教育是为了人的发展。教

> 育本质应该是为了人的发展。教育成了一种工具,是家长为孩子追求幸福的工具,是学校追求名誉的工具等,没有把人看作第一位。教育当然不能脱离政治和经济,要为政治经济服务,但只有人得到发展了,才能更好地为政治经济服务。
> (顾明远《我国教育工具性太强了》)

(二)特殊教育外在价值对特殊儿童目的性生存的影响

近现代以来,特殊教育具有注重社会化的普遍外在价值的倾向。特别是融入教育体系后,重视以主流社会价值观为标准,而忽视特殊儿童自身目的性需求。

一是注重追求社会化的普遍外在价值。从后现代批判视野看,即以普遍价值的科学知识体系和标准,以社会适应能力培养的价值取向,促进特殊儿童适应社会、回归社会,加重了对特殊儿童本身的个性发展的压制。

二是注重制度理性和技术理性,以实证性的教育手段和教育目标,强调对他们知识经验的精确计算;以学校制度严格的科层制管理形式,重视效率至上;以借鉴普通教育课程体系和班级授课制实施模式,促进大面积快速培养,等等。这极大消解了特殊儿童的多样性、差异性,抹杀了他们的资质差异带来的特殊教育需要,使得特殊教育呈现出一种技术性过程,甚至是可重复的机械过程,对特殊儿童个性自由发展的抑制和对其目的意义的淡忘不可避免。

三是注重筛选功能,特别是在我国应试教育影响下,许多特殊学校(主要是盲校和聋校)把升入高校作为教育的重要衡量指标,带来了精英主义的人才培养观,按特殊儿童学习成绩进行差别对待教育,并以某些资源配置倾斜的做法,带来了教育的不平等。

四是注重经济功能,特别是20世纪80年代末至21世纪初的二十多年间,许多地区凭借残疾人就业政策的优惠和残疾人职业教育的经济效益,以举办各种形式的校办福利企业、出租校舍、开设职业教育班,甚至利用助残日、儿童节开展募捐活动等,强调特殊教育的经济功能,淡忘了特殊教育价值的本真。

五是注重福利慈善功能,以救济和帮困的形式怜悯特殊儿童,把特殊教育当成帮助解决社会问题、减轻家庭负担的手段,重视对特殊儿童的生活救济和经济帮扶,而忽视了对特殊儿童的教育价值属性。

六是注重政治功能,以宣传社会民主正义的人道"形象"符号看待特殊教育,或者把特殊教育作为某种爱心和善政的施舍,遗忘了特殊儿童权利的应得;某些地方甚至干脆把特殊教育学校作为干部人事安排的"调节器",以非专业的人员安置抹杀殆尽了特殊教育的专业特性。

(三)教育固有的社会分层机制对特殊儿童目的性生存的影响

法国著名社会学家皮埃尔·布尔迪厄认为,教育是现代社会中阶级再生产的一种重要机制。福柯在《规训与惩罚》也指出,"教育空间既像一个学习机器,又是一个监督、筛选和奖励机器。"①

特殊教育具有同样促进特殊儿童向上阶层流动的可能。但是,一方面,由于特殊儿童在资源竞争中的处于弱势地位,而使他们可能不断复制自己弱势的阶层地位。因为他们大多出生于贫困的农村,具有生理心理的自然弱势和经济贫困、阶层地位低等多重社会弱势特点,且由于他们身体器官机能缺陷存在的终身性和难以改变性,而使得他们较其他弱势群体而言,属于持续性、终身性的弱势群体,对利益诉求的表达能力和对教育资源的获取能力具有终身性的先天不足,往往由于教育水平的低下以及各种知识技能的匮乏,在竞争中处于不利地位。另一方面,由于竞争和筛选是教育实现社会分层的核心机制,特殊教育自身继承而来的考试选拔的筛选功能(突出表现在盲人和聋人教育方面),必然会加重大部分特殊儿童在低端的重复流动。

因此,特殊儿童的这种弱势的"复制"或"再生产"难以幸免,特别在教育不公平的境遇下,社会分化必然加剧,且教育不公平引起的社会阶层的分化会通过代际传递。特殊教育的社会分层作用固然不可避免,但如何降低特殊教育竞争、筛选功能,减少特殊儿童向分层低端的流动,是特殊教育价值实现必须面对的问题。

知识拓展

布尔迪厄教育社会学理论的三种形态与社会流动机制

布尔迪厄认为,社会形态的发展可以分为三个阶段:以人的依赖关系为基础的前工业社会;以物的依赖性为基础的工业社会;以知识和信息为基础的后工业社会。这三种社会形态中的社会分层与社会流动有着不同的准则。

在第一种社会形态中,血缘和人身关系决定着社会分层和流动。在第二个阶段,财产关系决定着社会分层和流动。在第三个阶段,能力以及作为能力表征的知识和技能,成为影响社会流动的主要因素,并至少产生两种社会效果。一种是社会日益凭借知识和能力来衡量个体在社会中所处的地位和关系,教育日益成为个体社会流动和晋升的"机会之乡"。第二种社会效果是,人们日益相信教育是实现社会平等和向上流动的伟大途径,开始坚信教育改变命运。对社会流动的寻求成为教育的首要目标。(王晨《权力再生产的教育机制——布尔迪厄教育社会学理论及其现实意义》)

(四)不良社会文化对特殊儿童目的性生存的影响

社会文化是影响特殊教育的潜在的总体性力量,它以看不见的概念、价值观、态度等无形之手规约人们对特殊教育的认识和行为。福柯认为,概念的教化使社会成员吸纳认同特定的价值观,产生自我规训的作用。卢梭指出,"我们的社会中,各阶层

---

① 福柯.规训与惩罚[M].北京:三联书店,2003:167.

是有自己的标记的,个体是为了相应的地位接受教育。"①

当前,许多特殊学校和随班就读学校的教师以"特殊教育不受重视""特殊儿童学习无用论""特殊儿童没有高质量学习可能""特殊教育不公平"等自觉或不自觉的意识和态度,甚至以"浑浑噩噩""敷衍塞责""不出事就行"等消极的教育教学行为,把特殊儿童定位在弱势阶层相对应的"弱势教育"中。即,接受了这种既有的对教育资源分配不公,并心安理得。这导致失去了对特殊儿童自身参与竞争、实现阶层流动的信心,也就失去了对特殊教育不公与偏见的反思意识与能力,使特殊儿童成为教育不公的牺牲者。这种牺牲不仅在于特殊儿童既得教育利益的损失,更在于对特殊儿童自由超越意识与能力的摧残和毁灭。

可以说,特殊儿童身心的差异并非仅仅是个人的心智条件的影响,而更多的是社会文化因素所导致。主要是:课程教学方面与特殊儿童需要的不相宜;贫困家庭及质量差异的学校构筑的不同的学习环境、教养方式、教学方式;教师看待教育结果的差异(如认为教育结果的差异非教育因素所致而是学生努力程度或心智因素造成的);对特殊儿童教育观的差异(如认为特殊儿童教育无需注重结果平等);社会环境的歧视(如认为特殊儿童低能或认为他们学习无用等);政府和社会低期望值(即认为特殊儿童之于经济社会和科技进步需求的低贡献率或无贡献率而缺少人才培养的"现实生产力"促动);社会的低关注度(即由于特殊儿童社会弱势地位而缺少一定社会吁求和政治诉求的促动)。

【问题与思考】

结合上述学习,用后现代思维来思考,特殊儿童目的性生存困境的社会根源是什么?

要点提示:

健残二分体制及其相应的健残二分思维,是特殊儿童目的性生存困境的根本原因。根据福柯揭示的惩戒权力机制,主流社会创造出来的科学、话语、知识、制度等,以惩戒与规训的方式制造着社会需要的主体,也排斥着不适应社会需要的主体。

特殊儿童现实生存困境就是这种权力机制的注脚。如,隔离制制度安排,盲文、手语及其他助听器、盲杖等辅助技术,等等,本身就是标识人的差异、扩大人的差异的规则符号权力机制,把特殊儿童圈禁在"另类"群体生存中。甚至,通过教育与医学合谋,特别是现代医疗手段(如基因疗法、器官移植等),试图以健全人的标准从肉体上消灭特殊儿童,把特殊儿童彻底消灭在与健全人的同构中。

后现代批判虽然无法建构特殊儿童的尊严、自由和权利,但使我们获得了一种新的认识视角和思维方式,我们得以重新审视特殊教育中存在的问题。如何把特殊儿童从这种异化存在中拯救出来,成为特殊教育价值思考的重要问题。

你有什么新认识呢?

---

① 卢梭.爱弥儿[M].北京:北京出版社,2008:6.

第二节 特殊儿童尊严与特殊教育

人的尊严来自类存在的需求和渴望。它蕴含在生命中,与生命同在,是人类一切活动固有的最普遍、最基本的价值,是人之为人的普遍属性。现代人权思想有力支持了人的尊严的绝对地位。特别是一些国际人权规约也明确了人的尊严的保护。如《世界人权宣言》第一条就首先声明了"人人生而自由,在尊严和权利上一律平等"。特殊儿童的生命尊严同样是他们类存在的绝对基础。对特殊儿童尊严的关注,是包括教育在内的一切活动应然的价值立场。确证和维护特殊儿童的生命尊严是特殊教育的核心内在价值。本节着重阐发特殊儿童生命尊严的根源及其与特殊教育的关系。

一、特殊儿童生命尊严的内在根源

生命尊严与人的身份、地位、财富、资质差异没有联系。特殊儿童生命尊严不仅仅是国际人权规约和法律所赋予的。根本上,它是生命伦理的本质特点。其有着以下几个根源:

(一)特殊儿童生命尊严是自然法赋予的绝对道义和终极价值

任何一个生命,无论是人、动物还是植物都是直接的大自然的产物,每一个生命都有生存的理由和其相应的生存地位。在西方自然法传统里,主张天赋人权,人人平等,公正至上。人的生命尊严是一种天经地义、不容置疑的价值诉求。它直接奠定了人权的重要哲学基础。至今,自然法把尊严确立为永恒的、绝对的、无条件的人权道义性。人的生命尊严"作为人的一种类存在本能的需要和渴望,是伴随着人类的产生而产生的……总是蕴含在生命中,与生命存在"。[①] 人的尊严是每个人固有的属性。从康德先验哲学看,人的尊严是人即目的的绝对命令,"要这样行动,使你的意志的准则任何时候都能同时被看作一个普遍立法的原则。"[②]按照生态学的观点,生命尊严就是人和环境等各生态系统之间相互联系和作用、和谐共存共生的价值论基础。

特殊儿童生命作为大自然的生命之一,特别是作为人生命的一种多样属性存在特征,始终具有大自然生命地位的合法性。历史上,无论在中国古代还是西方中世纪前,残疾人生命价值地位被扭曲和降低,曾一度被当作玩偶或罪恶的化身被歧视,甚至被随意杀害。当我们把残疾人从自然界特别是人的世界中逐出的那一刻起,当我们把人的差异的多样性从人类社会中抹平开始,我们的人性光辉就在人类文明史上留下最诟病的一页。如,古希腊古罗马对残疾儿童的"杀婴保种"政策,等等,无不从

[①] 齐延平. 社会弱势群体的权利保护[M]. 济南:山东人民出版社,2006:32-33.
[②] 康德. 实践理性批判[M]. 北京:人民出版社,2003:39.

反面反映了对生命多样性尊重就是对人们自身及其良好环境秩序的尊重。从自然法的绝对道义性抽象视角，特殊儿童籍借尊严，从"魔鬼""邪恶"等非人境遇得以返回到人的本来面目。从这个意义上，对特殊儿童生命尊严的捍卫，就是在推进人类文明，提升人类人性境界。

知识拓展

什么是自然法

自然法的观念，从古希腊哲学开始，在西方已有两千年的历史，始终是西方思想的一支主流，对政治、法律、哲学、宗教、伦理各个领域，有历久弥新的影响。

自然法，是在人定法或者说实在法之外设立的一个先在的、具有天然合理性的指导原则和评价标准。就一般意义而言，自然法超越于国度和各种实在法，指全人类所共同维护的一整套权利或正义，一种不以人的主观意志而改变的绝对道义和终极价值，一种超验的终极法官。自然法常常被指代为"自然规律""神法""理性"等概念。在中国文化里相当于"道"的蕴含。

（二）特殊儿童生命尊严是生命神圣的必然要求

生命神圣，具有至高无上的价值。在原始宗教中，"万物有灵论"认为每一个东西都有生命，都有超验的神秘力量。例如，在原始拜物教中，大象、狮子、大树、太阳、石头、河流等都可能成为人们对神秘力量不可知的一种图腾崇拜。即使在基督教中，也认为生命（感性生命）活着是一项神圣的责任，自杀者甚至都拒绝给予基督教葬礼。这反映了人们对生命的敬畏。在西方启蒙运动和文艺复兴后，"上帝死了"，人开始代替上帝成为一个不可用因果逻辑推理的绝对价值存在。正因为人像上帝那样成为超验的、不服从于逻辑的存在，所以人从此拥有了至高无上的绝对尊严，"生命乃最高的善"成为现代社会的一个基本原则。康德的"人是目的"就将人像上帝一样预设为拥有绝对价值的存在。根据马克思观点，人的生命是一个有意识的类存在物，具有无限的能动性、自由性，能够改变与生命活动的同一性。二战以后，随着对人的生命的尊重，特别是生态危机和医学的发展，从道德价值和原则重新思考生命（包括动物生命和植物生命），认识生命，热爱生命，尊重生命，开始备受关注，并诞生了生命伦理等一系列社会规范和思想。

特殊儿童尽管身心生命机能不足，但并不妨碍人们对他们生命的敬畏。在古代，这种敬畏一方面来自对他们缺陷的不可知，另一面来自以此反观自身而产生的恐惧。在当今，对特殊儿童生命的敬畏，一方面来自对哲学思想对人的生命多样性的认同和尊重；另一方面，对特殊儿童的生命伦理学思考，使得人们认识到特殊儿童生命不但独特，而且同样合理、神圣，应当按照生命伦理的有利原则、无伤原则、尊重原则、公正原则，给予充分保障。特殊儿童身心结构差异并没有改变他们类存在的生命特性，他们同样也是不可替代的、不可重复的、不可逆的绝对存在,具有生命尊严的至上价值、绝对价值。

> **知识拓展**
>
> *生命伦理四原则:有利原则、无伤原则、尊重原则、公正原则*
>
> 有利原则,断言了行动者维护或增进他人利益的义务。无伤原则,断言了行动者维护他人利益,保护此种利益不被减损的义务,这是最为基本的伦理底线。尊重原则,肯定了每个人都是具有自身目的的利益主体,即肯定了每个人都有追求自身幸福的权利,并享有为人的尊严,同时,尊重原则断言了行动者如此看待其行动相关者的义务。公正原则,断言了行动者平等分配权利与义务,权利与义务相等是公正的根本原则。

(三)特殊儿童生命尊严是人本主义思想的应有之义

人本主义关注人的价值和尊严。在西方哲学,自古希腊始就思考人本身的价值和意义,经文艺复兴时期"上帝死了"(尼采)而对人的主体地位确立,形成了浩浩荡荡的人本主义哲学思潮。特别是当今,以人为本的后现代思潮,反思现代理性(以科学、财富、权力为代表)对人的尊严的剥夺,审视给人的"精神家园失落"(胡塞尔),深刻揭露"人也死了"(福柯)的严重危机,关注个体的生存状态和人生价值、意义,人本主义思想历久弥新,引领着人们对自身人性尊严、个性关怀、自由意志的追求。19世纪末叔本华、尼采、柏格森等开创的生命哲学,反对实证主义和理性主义,由外在之物的关注转向人的具体生命本身,这改变了传统中把人的尊严作为理性抽象出来的理念,仅仅存在于理念世界中的弊端,直面抽象的尊严无法解决人被奴隶、被压迫甚至自相残杀的无尊严的现实,拯救出被抽象的尊严所遮蔽下的具体的人的价值。狄尔泰、柏格森认为生命是世界的本质、万物的根源,一切社会生活都是生命的客观化或外化。柏格森甚至夸张的认为,即使物种的变化也是由生命冲动造成的。他认为生命处于必然性之外,是绝对自由的,因此生命是非理性的,只能直觉把握、内在体认而不可因果推理和外在考察。

特殊儿童凭借抽象的人的尊严获得了抽象的平等和受教育的权利。虽然这种抽象的人的尊严价值认识开启了特殊儿童生命尊严的视野,但特殊儿童作为差异的、弱势的存在,他们的尊严也难免被抽象地设定,而逐出具体生命尊严的悲惨境遇。譬如,隔离特殊教育中对特殊儿童的排斥等问题。在当今后现代的生命哲学里,特殊儿童生命尊严获得了人本主义思想关怀新视野。尽管不同人本主义思想家及其流派的认识存有偏差,但他们对于拯救特殊儿童具体生命尊严的价值和意义奠定了认识论根源。特殊儿童生命尊严是其生命的应有之义。对特殊儿童具体生命尊严的体认和尊重,打开了人们沉思特殊儿童现实处境、反思特殊教育实践的思想空间。

知识拓展

人本主义简介

人本主义不是一个流派,而是一种声势浩大的思潮。哲学中的人本主义,泛指一切从人本身出发来研究人的本质以及人与自然的关系、人与人之间的关系的理论。人本主义与人道主义(有时译为人文主义)通常是一致的,但所指的范围略有差异。人道主义主要是指谈论人的价值和人的尊严的学说,偏重于道德伦理的含义。人本主义除了包含道德伦理的含义以外,往往还包括关于人的自然属性、人与自然的关系等方面的理论。

现代西方人本主义哲学流派都以尊重人的价值和尊严,提倡发扬人的个性为标榜。十九世纪中期,叔本华和克尔凯郭尔最早公开举起反理性主义的旗帜,维护人的价值,开启了现代西方人本主义哲学思潮。二十世纪上半期,随着西方国家的各种社会矛盾和危机发展,人本主义哲学思潮关注人的地位、作用、价值、前途。五十年代以来,随着科学技术新革命对人的生活、社会关系以及人类前途的深刻影响;带来了人本主义和科学主义的对立问题,人本主义哲学思潮关注科学技术和物质文明对人性的压抑和异化状态。(刘放桐《现代西方人本主义哲学思潮的来龙去脉》)

二、特殊儿童尊严与特殊教育的关系

特殊儿童生命尊严与特殊教育密切相关。对特殊儿童生命尊严的体认和尊重,打开了人们沉思特殊儿童存在的思想空间。特殊教育理论与实践创新无不是从特殊儿童生命价值和尊严开始的。

(一)对特殊儿童生命尊严的体认和尊重奠定了特殊教育人道主义价值的源泉

特殊儿童生命尊严是自然法赋予的绝对道义和终极价值,是生命神圣的必然要求,这也为特殊教育从自然法的绝对道义性和生命伦理视角奠定了价值基础,确立了特殊教育的逻辑大前提,使特殊儿童以绝对价值的形式获得了在特殊教育中的价值主体地位。以特殊儿童为中心,确立特殊儿童生命尊严在特殊教育中的绝对道义和终极价值,这是特殊教育最根本的内在价值。特殊儿童生命尊严在特殊教育中具有绝对的至高地位,特殊教育展开、变革就是遵循特殊儿童生命规律、特点和需要,从而更好地保障和提升他们生命尊严和价值。可以说,特殊教育本质上就是特殊儿童生命尊严存在的结果,是确证和提升他们生命尊严,遵循他们生命规律和特点,促进他们生命成长的伟大工具。现实中,世界残疾人教育的成功经验和《残疾人权利公约》等国际规约,已经肯定和确立了特殊儿童在社会活动中绝对的价值地位。

特殊儿童生命尊严的绝对道义性和终极性,也提醒我们时刻警醒特殊教育对特殊儿童生命尊严的捍卫,防止特殊教育的工具理性以任何借口对特殊儿童生命尊严

的僭越。无论特殊教育与康复中的工具手段多么科学、先进，无论特殊教育面临何种困境，都不能以任何借口否定特殊儿童生命尊严。同时，这也赋予和规定着特殊教育的价值属性。即，特殊教育首先就是一项确立和维护特殊儿童生命尊严的维权事业。从精神意义上，它通过对特殊儿童主体意识的唤醒，激发他们对有尊严的生活的向往，促进他们形成自尊自爱，自由发展，时刻以人的尊严审视自己的境遇。从物质意义上，特殊教育通过对他们主体能力和素质的提高、道德人格的塑造，帮助他们奠定捍卫尊严的物质基础，体现了"知识改变命运"的价值蕴涵。从环境方面看，特殊教育能产生尊重特殊儿童的社会风尚，唤起社会的理解和尊重。可以说，特殊教育就是人类文明一书中最能绽放人性光辉的那一页。

【问题与思考】

结合特殊教育工具理性与目的理性，分析为什么要"警惕特殊教育中诊断评估与分类给特殊儿童生命尊严的侵犯"，如何对待这种工具理性？

要点提示：

工具理性和目的理性是特殊教育一体两面的特性。不存在没有目的理性的特殊教育，也不存在没有工具理性的特殊教育，这两者辩证统一于特殊教育，相互依存。但是目的理性是依归，工具理性是手段。

特殊教育的诊断评估与分类是一种工具理性，具有工具价值。它不是价值无涉的独立存在，可能会依附于人的某种价值目的。当人的这种价值需要不端正时，就会导致特殊教育目的理性的偏离。如，把诊断作为区分人的能力的工具，可能导致扩大人的差别和歧视。但是，缺失工具理性的特殊教育，其本身就是虚幻的"乌托邦"，难以实现其目的理想。

可见，工具理性和目的理性的统一是特殊教育价值实现的必由之路。对于特殊教育工具理性只能是认识论的根据，而不能作为价值论对待。亦即我们只能以工具的科学理性作为对特殊儿童教育和康复的工具和方法，而不能作为对他们价值论发问的凭借，以此确保特殊教育工具的科学理性最终回归特殊儿童尊严，而不是异化或歧视他们的手段。

你有什么新认识呢？

（二）对特殊儿童生命尊严的体认和尊重打开了人们实践与创新特殊教育的思想空间

尊严来自于实践。这既是马克思主义实践论价值认识的要求，也是当今人本主义思想的价值诉求。特殊儿童生命尊严不只是抽象的道义，而且是具体的生命实践价值存在形式。人本主义思想，特别是后现代人本主义思想对特殊儿童具体价值和尊严的关怀，使特殊儿童生命尊严走出被抽象设定的"美丽花瓶"，拯救出被抽象的人道主义价值落空的具体生命实践。特殊教育凭借后现代思想对特殊儿童具体价值和尊严的关怀，来思考和度量特殊儿童的现实处境和境遇，为特殊教育如何通过现实具体的实践和创新,使人道主义抽象价值向具体实践价值转化,提升教育实践品质和能力,具体地增进特殊儿童生命尊严,提供了思想空间。同时,也为特殊儿童从人道主义抽象存在走向具体的实践存在提供了支持。譬如,在后现代思想影响下,特殊教育开始向全纳教育发展转向,关注特殊儿童具体生命尊严、价值实现、发展潜能,重视个体成长;关注社会环境对个体障碍的影响,重视教育公平和个体特殊需要满足;关注特殊儿童个体境遇,重视个别化教学等新方式。特别是尊重特殊儿童具体的多样化差异而实施的个别教育,深刻体现了对特殊儿童具体价值和尊严关怀的这样一种努力。

特殊教育必须转向特殊儿童的具体存在本身。可是,回到特殊儿童的具体存在就意味着必须面对他们身心机能不足和条件制约的客观现实,这是具体实践价值实现所必须的科学理性,是尊严回归具体人本身不能回避的。这样,特殊儿童生命尊严存在的矛盾必然转化为科学工具理性和目的理性的矛盾。生命尊严要求特殊教育抵制分类、测量、鉴定等实证科学理性对特殊儿童生命人道价值的减低和侵犯。因为分类、测量、鉴定等在于以科学求真的尺度或标准做出判断,也具有脱离应有的生命尊严价值的可能,可能会以科学实证的事实划定特殊儿童与其他儿童的不同,且以科学的庄严名义准确地标注了他们的边界,有以"鸿沟"而至歧视,甚至降低特殊儿童生命尊严的可能。但是,仅注重于维护特殊儿童生命尊严,而忽视或排斥分类、测量、鉴定等实证科学理性,又无法个别化地满足教育和康复的科学性、有效性,也无法实现特殊儿童的具体实践价值,且这本身就是反科学的。反过来,重视科学理性虽然使教育和康复具有科学性,却又会降低解特殊儿童的生命尊严。特别是当以科学理性的实证结果作为根据,进行"特殊儿童有什么用"的价值提问时,自然会以"低能"而区分了他们与他人的不同,造成歧视。如何既不降低解特殊儿童生命尊严,又能确保对他们教育和康复的科学理性,一直是特殊教育现代性诉求和后现代全纳教育理想之间争执不下的难题。

【问题与思考】

请举例说明,现代科学技术在特殊儿童医疗和康复中的运用,把特殊教育的"医教结合"推向了两难处境。

要点提示:

在科学技术日趋发达的今天,克隆技术、器官移植技术,甚至人工智能技术等应用于改变特殊儿童身心,备受推崇。它在极大改善特殊儿童身心机能的同时,也将极大地颠覆特殊儿童生命尊严和神圣性。

我们既要防止技术对特殊儿童生命尊严价值的僭越,又要保持技术对他们补偿缺陷、价值实现的有益作用;既要保持人们对特殊儿童生命敬畏,又要奋力追逐技术利益;既要捍卫特殊儿童"人是目的"价值的至上地位,又要强调他们生命实践价值实现。上述如此悖逆的价值追求把特殊教育推向了两难的处境,在"夹缝"中生存是当今特殊教育的现实写照。

为此,我们要坚持生命伦理四原则(有利原则、无伤原则、尊重原则、公正原则),既不舍弃现代科学技术,又要时刻警醒地捍卫特殊儿童生命尊严。确保科学技术仅仅是特殊教育价值得以实现的重要凭借,从而更好地促进特殊儿童生命价值和尊严的实现。

你有什么新认识呢?

第三节 特殊儿童自由与特殊教育

自由是人的本质,是人的高贵品质,追求自由是人的类存在特性。特殊儿童自由与特殊教育有着密切的联系。其中,知识与环境在特殊教育中处于核心要素,知识和环境是影响特殊儿童自由的两个重要维度。知识与环境既是对他们自由的促进,也是对他们自由的限制。实现知识与环境对特殊儿童自由的价值,是特殊教育价值的重要内容。

一、关于自由的基本认识

自由,即人不受外来的异己力量的规定和制约的特性。自由在不同领域的理解,有所差别。在政治学中,自由是核心概念,主要体现在权利自由,表达了人凭借自身意志而行动,并为自身的行为负责。在社会学中,自由表达了社会人在不侵害别人的前提下可以按照自己的意愿行为的权利,即有权做一切无害于他人的任何事情,主要体现为表达自由、信仰自由等。至今,学术上对自由概念有不同见解。下面,主要从哲学角度,选择几个颇具代表性的观点入手,做简单认识。

(一)哲学视野对自由的一般理解

从哲学角度看,自由一般是指意识自由、意志自由和理性自由。意识自由是说人的思想意识等内在世界不受外力支配的自主特性。意志自由是指人服从自己的意志,按照自己的意愿决定自己的行为。理性自由是指人摆脱蒙昧无知束缚而按照理性认识和改造自然的理性能力。上述自由观都指向人的内在向度,可称为内在自由或自由的内在性。20世纪后现代主义哲学家,特别是身体哲学家则把自由指向了人的外在向度,可称为外在自由或自由的外在性。

1. 内在自由或自由的内在性

从西方古希腊先哲们的认识传统来看,自由只存在于理性的人,在人的理念世界中才有自由,即**自由体现为意识特性**。近代以来,人们常常在理性、意志与必然性的联系中来理解自由。如:斯宾诺莎等认为,世界上只有上帝拥有完全自由。人只要受制于外在的影响,就是处于奴役状态,永远无法获得自由。但是,斯宾诺莎认为无知是一切罪恶的根源。人用理性认识自身和外部自然,并使外部自然服务于自身,能获得相对的自由。他认为自由是理性的本质规定,是人内在的、不受外物强制和奴役的自我决定、自我实现的能力。① "自由人,亦即纯依理性的指导而生活的人。"② 即**自由体现为理性的自由**。在康德那里,自由成为一个实践理性的范畴,认为自由是实践理性的本质。他强调自由是按照自己的意志或自己内心法则(或道德律),自我立法(自律),超越认识理性的必然性,而服从自己命令的意志自由。即**自由体现为意志自由或自律**。黑格尔则在批判康德实践理性自由的基础上,提出"内在的必然性就是自由"③,但是他仍然坚持把自由当作意志的本质规定,是意识的"自决力量","唯有具有这种自决的力量,并把它发挥在行为上,人才可以算是自由的。"④ 即**自由体现为"意志自由"特性**。

知识拓展

康德与黑格尔简介

伊曼努尔·康德(1724年4月22日—1804年2月12日),著名德意志哲学家,德国古典哲学创始人,其学说深深影响近代西方哲学。康德是启蒙运动时期最后一位主要哲学家,是德国思想界的代表人物,被认为是继苏格拉底、柏拉图和亚里士多德后,西方最具影响力的思想家之一。康德出版了一系列涉及领域广阔、有独创性的伟大著作,给当时的哲学思想带来了一场革命,它们包括《纯粹理性批判》(1781年)和《实践理性批判》(1788年)以及《判断力批判》(1790年)。"三大批判"的出版标志着康德哲学体系的完成。

《实践理性批判》是康德的前一部著作《纯粹理性批判》的归宿和目的。实践理性是指实践主体的意志,对于实践理性的"批判",就是要考察规定道德行为的"意志"的本质以及遵循的原则。该书强调了人格的尊严与崇高。

格奥尔格·威廉·弗里德里希·黑格尔(1770年8月27日—1831年11月14日),时代略晚于康德,是德国19世纪唯心论哲学的代表人物之一。黑格尔的思想标志着19世纪德国唯心主义哲学运动的顶峰,对后世哲学流派产生了深远的影响。主要作品有《精神现象学》(1806)、《逻辑学》(1812—1816)、《哲学科学全书纲要》(1817—1830;全书分三个部分:逻辑学、自然哲学、精神哲学;其中逻辑学部分被称为《小逻辑》)、《法哲学原理》(1819)等。

---

① 冯波. 自由与物役——从斯宾诺莎到马克思的启示[J]. 哲学研究, 2016(11):18.
② 斯宾诺莎. 伦理学[M]. 贺麟译. 北京:商务印书馆, 1958:222.
③ 黑格尔. 小逻辑[M]. 贺麟译. 上海:上海人民出版社 2018:115.
④ 黑格尔. 小逻辑[M]. 贺麟译. 上海:上海人民出版社 2018:147.

2. 外在自由或自由的外在性

20世纪初期,随着对现代性反思和理性主义的批判,人本主义思想家特别是萨特以自为、虚无来标识自由。萨特在《存在与虚无》中认为,"人的自由先于人的本质并且使人的本质成为可能,人的存在的本质悬置在人的自由之中"[①],他认为自由是不受必然性制约、不受本质预成、不受逻辑支配的绝对性存在。即,把**自由体现为人的存在的绝对性和非理性的特征**,主要包括人自为存在的意识自由、选择自由、行动自由。但他始终没有给出一个确切的定义。因为萨特认为自由不能被规定,一旦被规定了,就不自由了。萨特对自由的虚无特性的理解,类似于老子对"道"的"大象无形"的论述,对"道"的逻辑的规定会因为有"形"、有"条件"、有"必然性",而失去"道"。梅洛·庞蒂认为身体的存在是人所面对的最大问题,**自由应该从身体开始思考**。20世纪中叶以来,后现代思想家福柯则干脆认为人的自由是通过身体的解放来体验的,把身体作为自由的执行者和感受者。他认为疯人院、监狱、医院等就是通过身体而执行对自由的控制。他排除了意识和理性超越身体而体验自由的可能,把**自由标识为感性生命具身自由的身体现象学特征**。

马克思从历史唯物主义出发,认为人的自由存在于遵循"自然规律"和"人的目的"这两个尺度的自觉活动中(合目的性和合规律性相统一)。合规律性与合目的性相统一是唯物史观的根本方法。合规律性是指认识必须符合客观规律的真理性认识;合目的性是指必须符合主体自身的需要、利益等价值追求。两者的统一,即既尊重自然规律和事实,又按照人的主体需要和意志活动。一方面,马克思从现实的人出发,认为自由是人熟练驾驭自然规律的自我规定、自我实现能力,以此实现必然王国进入自由王国的飞跃。另一方面,从人的社会性和人的个性出发,从劳动分工、生产力、商品、货币、资本等人的活动产物反过来对人的支配的视野,来理解人的自由。马克思在《共产党宣言》中提出,通过消灭私有制、消灭阶级剥削和压迫,才能实现人类最高奋斗目标——共产主义社会,人才有可能有自由而全面的发展。他认为自由体现为摆脱物的依赖、不受物化力量支配和异化的人的全面发展。马克思的自由,即**自由体现为人的解放和人的全面发展的自觉活动和能力**。马克思的自由观,指出人类自由的终极目标,激励着人们的不断探索追求。

(二)特殊儿童自由的一般理解

根据本书作为特殊教育哲学的立意,对特殊儿童自由的认识,主要从教育的视野关注特殊儿童身心及其发展来把握的;同时,借鉴哲学上的自由的含义认为,**特殊儿童自由即特殊儿童身心发展自由,主要是指特殊儿童主体在身心发展过程中,关于生命体感性存在的自由能动性,以及在认识和意志上的自由能动性**。具体来说,可以分为:生命体的身体自由、认识和行为的理性自由、"自我立法"的意志自由。身体自由是借鉴梅洛·庞蒂、福柯感性生命具身自由观,表达特殊儿童与外界

---

① 萨特.存在与虚无[M].北京:生活 读书 新知 三联书店,2011:53.

交互中身体维度的主体自由能动性,这是特殊儿童自由的基础性维度;理性自由是借鉴西方近现代以来特别是笛卡尔、斯宾诺莎的自由观,表达特殊儿童身心在认识、思维、意识等方面所具有的理性自由能动性,这是特殊儿童自由的发展性维度;意志自由是借鉴康德自律自由观,表达特殊儿童身心自由能动发展服从自己命令的自我意志维度,意志自由在特殊儿童身心自由发展中具有绝对的支配地位和优先价值,是特殊儿童自由的终极性维度。这三者共同存在于特殊儿童身心发展成长中,体现了特殊儿童与自我、与外界关系,相互影响、相互制约的特性,能够从教育哲学立场反映特殊儿童身心成长在教育中的状况,为特殊教育活动促进特殊儿童身心自由提供基本解释和指导。

二、特殊儿童自由与知识的关系

知识是特殊教育活动的核心要素,是特殊教育价值实现的基础。知识对特殊儿童自由有着重要影响。

(一)什么是知识

知识是人类对物质世界以及精神世界探索的结果总和。根据波普尔观点,知识是主体、客体之外的第三世界。知识有多种类型。如,安德森分为陈述性知识和程序性知识。陈述性知识即关于世界或自我"是什么的知识"。程序性知识即"怎么做的知识"。波兰尼分为显性知识和隐性知识或缄默知识。显性知识即能够以一定符码系统表述出来的知识。隐性知识或缄默知识即高度个性化而且难于格式化、难以语言逻辑表述的知识,它具有个体性、情境性、非理性的特征。

在这里,根据特殊教育活动的特点并借鉴上述观点,**特殊教育中的知识是指对特殊儿童身心成长产生影响的一切认识成果,可以把特殊教育中的知识简单分为课程形态的知识和教育形态的知识**(亦可简单对应《特殊教育教师专业标准》,把前者称为"学科知识"与"通识性知识";后者称为"教育教学知识"与"学生发展知识")。前者包括人们教育教学中所传授的客观事实、信息、技能等人类文明成果,它是以课程媒介的方式,对特殊儿童身心发生影响,也内含着一定社会价值和规范的权力力量。后者是指教育实践中总结提升获得的关于特殊儿童教育的相关原则方法与技能的认识,它是以支持课程知识发挥影响和直接促进特殊儿童身心发展为目的,包括直接作用于特殊儿童身心的教育态度、情感、价值观等知识,也包括服务于课程教学的其他知识。特别是后者知识本身蕴含着教育者和受教育者意志、意义的终极解释,具有自足功能和巨大能动作用,构成了影响特殊儿童自由的主要因素。

知识拓展

波兰尼的缄默知识论——默会维度的优先性

缄默知识或称为默会知识,是由波兰尼于1958年在其代表作《个体知识》中首先提出的。这被公认为是他对哲学的最重要的贡献。

波兰尼认为"我们所认识的多于我们所能告诉的"。如果说一切知识总体是一座冰山的话,那么,显性知识只是冰山露出水面的一角,而缄默知识则是隐藏在冰山底部的大部分。波兰尼认为默会认识是人类获得和持有知识的终极能力。默会知识是自足的,它超越显性知识,比显性认识更基本、更深层,显性知识必须依赖于被默会地理解和运用。波兰尼默会知识揭露了实证主义知识的虚妄,证明了默会知识在人类知识中的决定性作用。

(二)特殊儿童自由的知识影响方式

知识就是力量(培根)。王道俊先生指出,知识的教育价值实质上以认知或智能的教育价值、知识的自我意识教育价值的形式,增进自由与力量。[①] 在求真探索的知识活动中,一方面,能让特殊儿童依靠知识的力量,超越各种制约,提升主体认识和改造世界的身体自由、意志自由和理性自由的能动性。另一方面,知识本身就是特殊教育价值的一个依归,即通过知识实践和创造的形式,促进社会关怀,丰富社会文明,并通过特殊儿童的自由推动创建一个自由的社会。在这里,前者是根据特殊儿童存在论价值论而予以重点关注的维度。根据它们对特殊儿童自由影响的侧重点不同,大致可以分为以下几个方面。

1. 课程形态的知识对特殊儿童理性自由和身体自由的影响

众所周知,自斯宾塞以科学知识确立为"最有价值的知识"以来,教育的目的之一就是通过知识给人认识自然、改造自然的能力。首先,特殊教育通过传递科学知识,增强特殊儿童自由把握自己和世界的理性自由能力。其主要是通过概念、范畴、命题、原理、因果关系与逻辑结构等知识的普适价值,促进特殊儿童超越个体经验,而形成理性认识自己和世界的工具性价值,使他们摆脱蒙昧无知和自身缺陷制约,获得认识和行动的理性自由、实践的意志自由;以及通过各种康复训练的课程形态知识及其康复活动,使特殊儿童减少自身缺陷制约导致的各种障碍,提高身体自由能动性。在这里,后者对提高特殊儿童身体自由的能力总是有限的。故,在此特别强调通过知识的理性力量,使特殊儿童具有更充分地改造外界和自我的理性自由(即康德"知性为自然立法"的蕴含),从而促进自己身心成长和价值实现。可以说,知识改变命运,就深刻体现了知识的工具性价值。

其次,特殊儿童通过掌握知识,获得知识所内含的社会权力,促进自己在社会中

---

① 王道俊.知识的教育价值及其实现方式问题初探[J].课程教材教法,2011(1):14-32.

阶层地位的自由流动和价值实现。特别是通过高水平高层次的知识获得,形成更自由充分地平等参与社会、更多更自由享有社会资源的能力,促进自己在更高水平上实现自我价值。福柯在《词与物》中通过历史知识的考察指出,"权力和知识正好是互相蕴含的……而任何知识都同时预设和构成了权力关系。"[①]以学历学位为主要标志的知识水平,就反映出人的成长、价值实现、社会阶层与知识密切正相关的特性,表达了知识的权力特性。

2. 教育形态的知识对特殊儿童意志自由和身体自由的影响

教育形态的知识是指向特殊儿童教育的知识,它无论在显性知识范畴上,还是隐性知识范畴上,都与主体(主要是教育者)"身体实践"的意义建构和意志紧密联系,具有天然的"身体实践"认识逻辑和自我意义建构的价值逻辑,深刻体现了波兰尼的默会知识特征,内含着主体关于特殊儿童观、教育观等直接的本体论、方法论和价值论,它对特殊儿童意志自由和身体自由具有先天的眷顾。如,以特殊儿童需要满足为中心的学生观,蕴含着对特殊儿童意志自由的尊重和培养;以康复与教育结合为主要特征的特殊教育合作观,蕴含着对特殊儿童身体自由能动的关注。在教育中,教育形态知识常常以直接的人格培育、精神养成、身心康复训练等形式对特殊儿童意志和身体产生影响,而且会以人文精神、科学精神拓展方式,促进特殊儿童自我理解人生意义,提升自身意志自由和身体自由度。

知识拓展

身体哲学与身体实践

身体哲学在20世纪欧洲大陆哲学中占主导地位。它关心物性与灵性在身体中的结合。它改变了意识哲学对灵与肉、身与心的二元分离论(如笛卡尔"我思故我在"对身体的轻视),而使身体成为哲学关注的中心。具体来说,自叔本华、尼采以来,身体逐渐成为哲学关注的核心。至海德格尔、萨特、梅洛庞蒂,再到福柯、德里达,都是身体哲学的代表,实现了从意识现象学向身体现象学的转换。如,海德格尔的"生存论",梅洛庞蒂的"我就是我的身体",福柯的"规训"所揭示的监狱、学校等施加于身体的权力惩戒,柏格森的"生命冲动"对身体的张扬等,都把身体作为研究对象,形成了一股泛身体哲学潮流,更新了哲学态度和方法。身体哲学把本己的身体作为主体,奠定了身体在认知和实践中的基础。在知识活动中,开启了"身体实践"为导向的认识论转向,重新定义了知识的身体之维(如波兰尼的缄默知识)。身体实践即强调身体在认知实践中的关键作用,具有具身性、体验性、情境性等特征。(杨大春《从身体现象学到泛身体哲学》)

---

① 阿兰·谢里登.求真意志:米歇尔·福柯的心路历程[M].上海:上海人民出版社,1997:181.

另外,需强调指出的是,教育形态的知识不仅包括教师主导的普遍意义上的教育形态知识,还包括特殊儿童身心需要的各种非理性的、个体化的、情境性的特殊性知识。如,他们的情感、态度、价值观、习惯、偏好、意义、认识方式以及其他特殊需要等。这些知识同样是教育形态知识的构成,且是教育形态知识构成的基础。它们具有特殊儿童"身体实践"认识逻辑和自我意义建构的价值逻辑,不但真正体现了特殊儿童自由意志,而且为尊重与提升特殊儿童身体自由提供了选择空间,帮助特殊儿童超越身心缺陷和环境条件制约,进而为他们自由选择课程形态的知识奠定了基础,能更加直接地促进特殊儿童身心自由发展。如,个别教育计划的实践形式,就蕴含着对特殊儿童个体化的"身体实践"认识逻辑和自我意义建构的价值逻辑的认同和尊重,从而更具有促进特殊儿童身心自由发展的价值。

根据康德《实践理性批判》确立的自由法则,"要这样行动,使得你的意志的准则任何时候都能同时被看作一个普遍立法的原则。"①即,"人为自身立法"。也就是说,**教育形态知识对特殊儿童意志自由的深刻关切,使其在层次上高于任何课程形态的知识**。可以说,失去了教育形态知识对特殊儿童意志自由的关注,妄谈任何自由的教育和教育的自由。

【问题与思考】

结合上述学习,从形而上到形而下,列举课程形态知识与教育形态知识分别对特殊儿童自由的影响。

要点提示:

如:数学课程的知识以系统的数学知识和逻辑,给予特殊儿童逻辑思维的理性自由。语文课程知识以系统语言运用和人文知识,增进特殊儿童对语言和社会的理解,形成主观世界的意识自由。教师对特殊儿童成长的教育期望和关怀,给予特殊儿童克服困难、超越缺陷、实现自我价值的意志自由,等等。其中,后者常常是默会知识,对前者和特殊儿童成长起到支配作用,是实现课程知识在特殊儿童认知中自我建构的深层次原因。因此,在我们特殊教育教师知识结构中、在特殊儿童成长中,教育形态的知识占据重要地位。

你有什么新认识呢?

(三)促进特殊儿童自由的知识影响路径

知识对特殊儿童自由的影响是通过特殊儿童身心来实现的。根据知识的特性及其对特殊儿童自由影响机制看,教育形态知识相对课程形态知识具有很强的自足性,具有增进特殊儿童意志自由的优先维度和主导地位。**促进特殊儿童自由的知识影响路径,就是以教育形态的知识为主导地位和优先维度,通过促进特殊儿童意志自由,进而实现特殊儿童身心自由全面发展**。即,由教育的自由而至自由的教育。

---

① 康德.实践理性批判[M].邓晓芒译.北京:人民出版社,2003:39.

1. 自觉提升教育形态知识的自由价值内涵

马克思指出,"每个人的自由发展是一切人的自由发展的条件",[①]社会公共认知是影响每一个特殊儿童自由的重要条件和因素。特殊儿童由于身心和社会的双重弱势等影响,他们的自由意志作用式微,使得社会公共价值不可避免地成为他们自由的设定者,规定着特殊儿童知识需求和身心发展,影响着他们自由。如,特殊儿童社会适应困难、心理障碍等,具有社会公共价值和规范制约的深刻原因。**当教育形态知识一旦失去对特殊儿童自由的价值关怀,其本身已变成了特殊儿童自由的枷锁**。因此,特殊教育要突出教育形态知识在教育活动中的支配作用,自觉地提升自由的价值内涵,给予特殊儿童自由的设定、保护和促进,关怀每一个特殊儿童身心自由成长。其中,要突出强调通过教育形态的知识,促进特殊儿童自觉地以自由人的精神和意志选择知识、建构知识,生成自我意义。特别是面对课程形态知识,要引导他们以自我意义的形式,自由建构符合自己需要的、适应自己认知方式和理解方式的知识。譬如,培智学校数学课程教学中,注意激发智障儿童认识和实践有关数学活动的兴趣,并使数学知识学习与生活与社会结合,使之形成学习数学的一定的意志自由,进而促进形成在生活和社会活动中认识和实践数学知识的理性自由。

2. 以教育形态的知识引导特殊儿童超越身心缺陷和环境制约

知识建构对特殊儿童自由的影响过程,实质就是特殊儿童不断自我否定和超越的过程。即,通过否定自我知识结构、否定自我认识局限和其他各种制约,而让知识进入自我心智结构的意义建构过程,一个不断地否定旧"我"和达至新"我"的变化过程。教育形态的知识就首先在于保证特殊儿童这种自由的自我否定能力。特殊教育的任何课程知识教学,都应当以教育形态知识引导特殊儿童从否定自我的自由态度和自由意志出发,面对并超越自我身心缺陷,选择和实施教育。**让知识因特殊儿童的自由之人而获得自由形态,也让特殊儿童因知识的自由形态而成为自由之人。任何强迫给予的知识,对特殊儿童都是自由的限制和灾难**。当前,特殊教育的课程知识有一些移植普通教育的内容和形式,而失去对特殊儿童特殊需要和意志的关切,成为外在于特殊儿童的负担,难以说明这些课程知识在促进特殊儿童自由中的作用。

3. 以自由的知识观与教育观宽容尊重教师和学生的各种非理性教育形态知识

波兰尼的缄默知识论启示我们,教育形态知识是一个巨大的宝库。其中,非理性知识打破宏大叙事的唯一合法性,获得了与理性平等的地位;且这些知识以师生强烈的"身体实践"逻辑,直接关涉特殊儿童意志自由和身体自由。如,顿悟、想象、直觉、体验等具体知识,真正体现了师生的本己特点,特别是对特殊儿童意志自由产生巨大影响。我们应以一种更自由的知识观、自由的教育观,宽容教师和学

---

① 中共中央马克思恩格斯列宁斯大林著作编译局. 马克思恩格斯文集(第2卷)[M]. 北京:人民出版社,2018:53.

生的各种非理性知识，接受这些知识的合理性，而不是恪守课程形态知识，以此促进特殊儿童更自由地发展。从他们"存在先于本质"的自由特性看，**非理性知识实质上是特殊儿童多样存在的具体个体价值诉求，更具有自我意义，更能促进特殊儿童自由发展，甚至比课程形态知识更具有合理性**。现实中，由于教育制度的刚性化等原因，教师宏大的普遍性教育形态知识，特别是课程形态的知识往往是以"课程知识体系""课程标准""教学原则"等所谓的规范知识以及其他价值偏好等，偏离了对特殊儿童身心差异的关照和本己意志的尊重，偏离了"身体实践"的认识逻辑和自我意义建构的价值逻辑，致使这些整齐规范的知识成为抑制特殊儿童自由的枷锁。因此，在教育实践中，特别是培智学校教师从不会完全按照那些规范知识来教学，而更多的是关注到智障儿童本己的具身认知、具身环境、具身知识在教育中的必要性和重要性，注重"身体实践"认识逻辑的具身教育。再如，在听障和视障教育中，聋人标准手语与自然手语的紧张，盲人认知和思维上的偏离等，反映了规范的课程知识对他们身心自由的抑制。

【问题与思考】

结合教育形态知识在促进特殊儿童身心自由中的优先性和主导性，阐释从分类教学到个别化教学是促进特殊儿童身心自由发展的极大进步。

要点提示：

意志自由在特殊儿童身心自由发展中具有绝对的支配地位和优先价值。教育形态的知识对特殊儿童意志自由的关切，使其在层次上高于课程形态的知识。

分类教学和个别化教学都是教育形态的知识。但是，分类教学的实践理性更多的是以教师"教学便利""管理便利""课程设置便利"为主导的教师意志。如，视障教育中的低视力班和全盲班教学形式，就是一个反映。个别化教学的实践理性则是以特殊儿童身心成长的特殊教育需要为核心和主导的学生意志。如，个别教育计划的实施。

分类教学，以教师和课程知识为主导，对特殊儿童意志自由具有相当程度的抑制，自然也难以担起促进特殊儿童身心全面自由发展的重任。个别化教学，以特殊儿童及其各种特殊需要为主导，选择性设置课程知识，并自主建构其他适应性的知识，使知识生成特殊儿童个体自我意义和价值，对特殊儿童意志自由有极大促进作用，从而有利于促进特殊儿童身心全面自由发展。即，让知识因特殊儿童的自由之人而获得自由形态，也让特殊儿童因知识的自由形态而成为自由之人。

因此，从分类教学到个别化教学是促进特殊儿童身心自由发展的极大进步。

你有什么新认识呢？

三、特殊儿童自由与环境的关系

人的生存与发展离不开环境，必然受到环境的影响。根据马克思观点，"人本身就是自然界的产物,是在自己所处的环境中并且和这个环境一起发展起来的。"① 同时,马克思在解释"革命的实践"指出,"环境的改变和人的活动自我改变的一致,只能被看作是并合理地理解为革命的实践。"② 这表达了人的环境特性和环境的人的主体特性。当然,环境对人的影响是通过身心两个方面来实现的。即通过物质的交换维持人的生命活动,通过意识活动改变或建构人的精神意识世界。洛克的"白板说"、巴甫洛夫条件反射理论、维果茨基文化历史理论、行为心理学家华生的环境决定论,就指出了环境对人身心影响的重要作用。特殊儿童自由与环境有着的深刻关系。环境是特殊儿童自由的重要影响因素。

(一) 什么是环境

环境是相对于某主体而言,在主体之外存在并对主体产生影响的所有客体的总和。环境作为外在于主体的公共存在,环境与主体之间的影响是动态的、多维度的综合影响。环境既以设计者的姿态影响主体,让主体置身其中而被迫适应,又以被设计的客体形式,被主体改造。

从环境对特殊儿童产生的作用来看,可以分为支持性环境和不支持性环境。支持性环境,即环境与他们身心缺陷导致的需求的相向性、协调性、一致性,能够从人文关怀和技术支持上,帮助和促进他们克服、避免或减少由于缺陷导致的障碍,使之能更好地融入环境并获得环境资源的支持,促进身心自由成长。不支持性环境,即环境与他们身心缺陷导致的需求的相悖逆性、不一致性,无论在人文关怀还是技术支持上,不但不能帮助他们克服或避免缺陷导致的障碍,而且还进一步扩大或增生了障碍,使特殊儿童无法获得环境资源支持,或者获得了恶的(非正价值)的环境资源,抑制了他们身心自由成长。

从环境本身性状来看,一般说来,可以分为自然环境和社会环境、物质环境和意识环境。但是,对特殊儿童而言,任何环境都往往先于特殊儿童而存在,且往往不以他们意志为转移地不可抗拒存在。在这里,特殊儿童所处的环境是指特殊儿童身心之外而给予特殊儿童身心影响的总和。其中,自然环境主要体现在地域的自然条件给特殊儿童身心成长的影响。但是,对特殊儿童教育所处的环境而言,他们很少或很难直接接受纯粹自然环境的影响。尽管区域地理等自然因素仍然存在,但是往往都具有一定人为性设计的人化环境。因此,根据特殊儿童教育的特性,以及自然环境人文化的特点,在这里,**特殊儿童所处的环境主要是指教育环境,对教育环境的考察不宜从自然环境和社会环境出发来分析,而是根据教育环境影响的特点,分为物质环境和社会意识环境**。物质环境包括空间形态的先天自然环境和人工环境。社会意识环境是指特殊儿童所处的社会关系中人与人的各种观点、态度、思维、文化、心理以及各

---

① 中共中央马克思恩格斯列宁斯大林著作编译局. 马克思恩格斯文集(第9卷)[M]. 北京:人民出版社,2018:38.
② 中共中央马克思恩格斯列宁斯大林著作编译局. 马克思恩格斯文集(第1卷)[M]. 北京:人民出版社,2018:500.

种制度、舆论等的总和。当然,物质环境和社会意识环境是难以截然分开的,物质环境中人为所致的技术、设计等物质环境,也内含着设计者等人的价值需要、审美观、意义、思维和其他精神意识;社会意识环境中的精神意识也需要依托一定的物质条件来发挥影响。在这里,仅仅做相对简单的区分。前者以物理形态对特殊儿童自由产生影响,包括自然界和人工形成的技术、设施、设备等环境条件因素。后者主要是指意识形态对特殊儿童自由的影响,包括前者物理形态环境所内涵的价值与思维等精神意识因素,也包括纯粹主观世界的价值、态度、文化等精神意识因素。这两个维度的环境分别从两个层面对特殊儿童自由发挥着影响。

【问题与思考】

请结合上述学习,举例说明当前特殊儿童物质环境所内含的意识因素及其对特殊儿童意识世界的影响。

要点提示:

如:盲文的六点制音素文字结构内含着盲人触觉感知的认知方式,对盲人信息获得、思维方式产生一定影响,形成了依赖触觉和善于抽象思维等特征。以盲文为主要媒介的图书,也给盲人带来认识世界的局限。如,对复杂平面图形、色彩等无法通过盲文书籍媒介呈现,不利于盲人完整概念的准确获得,甚至影响思维和人格特征(如自我中心意识等)。

再如:培智学校课堂教学环境中的设施器具、课程教材、教学方法等也内含着他们的认知和思维特点。如,生活化的教学环境设计和实施,直观、具体的教学方式,顺应某种认识和行为偏好的环境设计,等等,使学生形成了直观思维和依赖特定环境支持等学习心理与行为特点。而且,这可能影响到教师的意识世界的变化。根据建构主义理论,教师理解学生认知思维特点的过程,也是自己在意识世界建构这些认知思维特点的过程。在长期封闭隔离的环境下,自然具有形成学生类似的认知思维特点的可能。

你有什么新认识呢?

(二)特殊儿童自由的环境影响方式

特殊儿童的自由与环境是一个不可分割的共同体,环境对特殊儿童自由产生着促进或制约的影响作用。环境对特殊儿童自由的影响是基于交往关系的基础上的。其中,特殊儿童的需要与环境的满足关系是重要关系范畴,深刻影响特殊儿童自由发展。物质环境和意识环境对特殊儿童自由的影响是一个综合的过程,根据它们对特殊儿童自由影响的侧重点不同,大致可以分为以下几个方面。

1. 物质环境对特殊儿童身体自由和意志自由的影响

首先,从生物学机理上看,法国生物学家拉马克认为,生物对环境有巨大的适应能力;环境的多样化是生物多化的根本原因。环境的改变会引起动物习性的改变,习性的改变会使某些器官发生定向变异。对特殊儿童的身心成长而言,同样存在着这个机理。**特殊儿童尽管受到身心制约,但同样先天蕴含对环境的适应能力,环境改变直接影响其身心某些功能,以及自由能力的发展**。现实实践已经表明,在融合教育环境中的特殊儿童能自发改变某些身心功能障碍,促进自由发展。再如,感官性障碍儿童的听觉和视觉功能,会随着在生活学习环境中的运用,发生"用进废退"的变化。视障儿童的听觉和触觉较灵敏,听障儿童的视觉有优势等,都是在生活和学习环境中发生的功能积极变化。

其次,存在决定意识。物质环境首先为特殊儿童身心成长奠定了物质空间和意识环境。物质环境的变化也导致了特殊儿童身心自由特别是身体自由和理性自由的变化。特殊儿童通过与物质环境的交互,获得物质满足,促进生命体活动的自由。这突出表现在:生活资料的满足,保障生命活力;教育设备设施、课程教材及其条件满足,促进认知的理性自由和活动空间的身体自由;康复设施和技术的满足,促进特殊儿童身体自由,等等。当然,特殊儿童通过与物质环境的交互,也必然接受物质环境所携带的价值观、思维方式等相应精神意识,形成与之相应的意识活动,改变或建构着自己意志自由。由于特殊儿童对这些条件的依赖,往往会减低他们的意志自由,表现出特殊儿童依赖于环境而被环境同一化的顺应过程。

【问题与思考】

请结合上述学习,举例说明物质环境及其变化对特殊儿童身体自由带来的影响。

要点提示:

如:缺少盲人行道的公共环境,给盲人带来行走活动的局限;收音机广播给听障人士带来的信息获得障碍;台阶楼梯给下肢残疾人士带来的行走障碍,等等。

经过物理环境改变则可能减少他们的障碍。如,给盲人铺设盲人地砖的通道,辅助他们辨别方向和路线。给听障人士的手机添加语音与文字实时转换系统,实现信息沟通;通过增添垂直电梯或者轮椅通行的无障碍通道,完成攀爬楼梯活动等。

这也深刻表明,障碍来自环境,而不仅仅是残疾人本身,通过环境改变可以减少他们的障碍。

你有什么新认识呢?

2. 社会意识环境对特殊儿童意志自由和理性自由的影响

马克思说,"社会关系实际上决定了一个人能够发展到什么程",[①]"一个人的发展取决于和他直接或间接进行交往的一切人的发展",[②]"每个人的自由发展是一切人的自由发展的条件。"[③]也就是说,一个人的自由产生于他所在的共同体人与人之

---

① 苏联教育科学院. 马克思恩格斯论教育(上卷)[M]. 华东师范大学《马克斯恩格斯论教育》辑译小组,译. 北京:人民教育出版社,1985:116.

② 苏联教育科学院. 马克思恩格斯论教育(上卷)[M]. 华东师范大学《马克斯恩格斯论教育》辑译小组,译. 北京:人民教育出版社,1985:127.

③ 中共中央马克思恩格斯列宁斯大林著作编译局. 马克思恩格斯文集(第2卷)[M]. 北京:人民出版社,2018:53.

间各种关系及其所形成的制度、态度及其他各种精神意识等的制约。甚至说,这些社会形态的意识环境就是自由的社会、自由的人的源泉。社会意识环境中的制度环境、文化环境、社会心理、社会观念和态度等深刻影响到特殊儿童身心发展的意志自由和理性自由。

从作用机理看,特殊儿童与社会意识环境之间存在着一定的交往关系,这种交往关系是意识环境影响特殊儿童自由的重要机制。这种交往关系既表现为公共意识环境的无意识影响,也包括某种价值需要的有意识影响。前者是特殊儿童在社会公共空间生存不可抗拒的,他们自觉或不自觉地要接受社会公共空间意识影响,对特殊儿童自由常常产生着无意识的弥漫性的吞噬作用。后者是特殊儿童生存的环境依赖性,即必须依赖于特定环境获得理解、支持,以自身某种价值需要而主动与环境交往。**由于特殊儿童身心缺陷而导致的对外在条件环境的高度依赖性,这直接导致他们必然接受环境制约,使得他们的自由发展常常表现出与环境的被动一致性,即环境很大程度上决定他们的自由发展和存在状况。**

当然,社会意识环境与特殊儿童自由是一个辩证的矛盾运动过程。社会意识环境作为特殊儿童最大的公共性质的存在物,既吞噬他们的自由,也可能生成他们的自由。即,特殊儿童既作为环境的客体而被环境所改变,又能发挥主体能动性创造和改变环境。对特殊儿童而言,由于他们主体能力的弱势,常常面临被意识环境吞噬、被客体化的困境,特别是当意识环境对特殊儿童的价值需要不能做出反应或做出不利反应或不能被特殊儿童改造时,就会出现彼此不协调的矛盾,产生两种结果:(1)特殊儿童可能会顺应和受动于环境,在良好的支持性环境下因获得理解帮助而减少身心缺陷所致障碍,实现自我意志和理性自由的积极发展。在不支持性的环境下则因得不到帮助而无法减少身心缺陷的障碍,甚至放大或增生障碍,导致身心自由发展的极大制约。这不但会导致身体自由能力的式微,更严重的是导致意志信念的摧毁,丧失了抗争的自由意识和意志。(2)特殊儿童可能会抵抗环境的影响。如果在斗争的过程中自身能动性(特别是意志自由)最终摆脱环境所致的制约性,则特殊儿童超越于意识环境影响之上,以积极的心态将环境置于自身之外,并以主体意志自由的巨大能动力量,超越环境制约,实现充分发展。如果自身能动性最终被环境所阉割,那么特殊儿童只能被同化于环境之中。这时意识环境的特性直接规定了特殊儿童的身心发展能动性,特殊儿童的自由能力严重式微。在此意义上,**特殊儿童的自由发展恰在自我与环境的关系之中。特殊儿童身心障碍,与其说是自身缺陷所致,倒不如说是环境不支持的结果,是环境与特殊儿童身心特征及其需要不协调的产物。**

知识拓展

《残疾人权利公约》是国际社会在21世纪通过的第一个综合性人权公约。公约的宗旨是促进、保护和确保所有残疾人充分和平等地享有一切人权和基本自由。公约指出:"残疾是伤残者和阻碍他们在与其他人平等的基础上充分和切实地参与社会的各种态度和环境障碍相互作用所产生的结果。"同时,确认无障碍的物质、社会、经济和文化环境、医疗卫生和教育以及信息和交流,对残疾人能够充分享有一切人权和基本自由至关重要。公约标志着人们对待残疾人的态度和方法发生了"示范性转变"。特别是深刻阐发了障碍与环境的关系,启示人们多从环境的角度思考残疾人的处境和发展。

(三)促进特殊儿童自由的环境影响路径

根据环境对特殊儿童自由的影响机理,**促进特殊儿童自由的环境影响路径,就是要从环境视角出发,通过构建支持性的物质环境和社会意识环境,以促进特殊儿童意志自由为先导,进而实现特殊儿童身心自由全面发展**。即,由环境的自由而至特殊儿童身心自由发展。

1. 自觉以环境视角思考特殊儿童教育问题

2006年《残疾人权利公约》提出,"残疾是伤残者和阻碍他们在与其他人平等的基础上充分和切实地参与社会的各种态度和环境障碍相互作用所产生的结果。"这深刻表明,特殊儿童身心自由成长与环境密不可分。环境对他们认知和行为的不支持、不协调,是造成他们障碍的主要原因。我们要尊重特殊儿童认识与行为的多样性,重视通过环境的改变,减少他们的障碍,促进他们自由发展。可以设想,在未来人工智能技术支持下,我们将会从关注特殊儿童的残疾本身,转移到对适应性的支持环境的设计方面来。因为,生物科技和医疗技术的进步,使残疾人可能只有障碍,没有残疾。为特殊儿童提供专业的、良好的支持性环境,将成为重要使命。

缺陷存在于特殊儿童身体,特殊儿童的障碍却是环境导致的"公有之物",是社会文明的代价。因为,从历史角度看,在人类历史长河中,人们追求强健体魄、征服能力、科技能力、效率价值、社会贡献,重视了具有这些素质能力的健全人群,忽视了残疾人群,而且还以倾向于健全人群的社会制度、政策等社会建制工具,形成了对残疾人身心发展的抑制。在这种崇尚意识下,自然就以社会舆论和文化心理等,形成对残疾人的歧视等意识。目前,从环境视野思考特殊儿童教育存在的问题,有助于发现和优化促进特殊儿童身心自由发展的路径。特殊教育将以支持性的环境建设为中心,无限勾连获取各种相关专业支持和广泛社会合作,缔造一个宽阔的特殊教育环境空间,帮助特殊儿童改变或超越缺陷,促进特殊儿童自由发展。所以说,环境支持是特殊教育应有之义。全社会合作参与的特殊教育环境是应有的正义之举。社会政策设计和制度安排,以及教育活动本身,都应重视环境与特殊儿童身心发展的支持关系。从国际范围看,《残疾人权利公约》提出的"通用设计"原则,以及美国《所有残障儿童教育法》对"最少受限制环境"的强调等,所体现的人本主义关怀、道义论正义,无不具有环境视角思考的鲜明特点。

2. 以支持性的意识环境引导特殊儿童生成意志自由,自觉超越环境制约

意志自由在特殊儿童身心自由发展中具有绝对的支配地位和优先价值,社会意识环境对促进特殊儿童意志自由具有先天优势。这决定了社会意识环境在整个教育环境中的重要地位。特殊儿童的自由归根到底是要以特殊儿童自我意识的形式,引发他们自我反思,以价值理解的方式形成意志自由。这是一种以理解自我为内容的本体意识,是一个由自发到自觉的认同过程。在苏格拉底看来,未经省察的生活是不值得过的生活,教育的目的在于"认识你自己",在于灵魂的生长。**特殊教育要为特殊儿童成长提供支持性意识环境,引导特殊儿童以价值理解的方式关注自身的存在,审视自身及外界的制约,在特殊儿童固着的"残疾""缺陷""低等"等前结构意识中植入"平等""无差异""超越"等意识,帮助特殊儿童来理解自己的生存和意义,从意识层面搭建一个无缺陷的意志自由**。特别是在当今特殊儿童生存物质化、技术化、制度化、理性化和各种有意无意的歧视中,通过良好的意识环境的支持,帮助特殊儿童找回自由的"我",化育完整的人格,促进他们形成超越精神和自由意志,展现出一个丰盈的、充满张力的人生。这是特殊教育最本己的重要价值使命。

良好的支持性意识环境对特殊儿童而言是一种益品,而且是社会良知、社会正义和美德的孵化器,对促进特殊儿童自由发展和推动社会融合具有重要意义。不友好的意识环境则对特殊儿童自由具有极大的抑制作用。例如,歧视的社会态度和文化心理,直接导致特殊儿童意志消沉、自卑畏缩、社会适应困难等障碍。

当前,我们要审慎关注教育制度中隔离安置制度、教育资源分配制度、学校封闭式管理制度、教育态度、专有辅助技术等差异对待,可能因制度理性、技术理性而导致歧视及其对特殊儿童身心自由的抑制。在此,需要特别指出的是,要关注意识环境中对特殊儿童自由的无意识伤害。如,特殊儿童被道德之善标识为施善对象、同情的对象,可能内含着对他们平等主体和自由能力的剥夺。根据玛格丽特观点,同情不仅是一个道德过程,还是心理活动过程。同情特殊儿童的过程必然伴随着对特殊儿童的不平等主体的认识以及对他们能动性的怀疑和否定,即同情可能蕴含着歧视。也即是说,当把特殊儿童作为施善对象、同情的对象的那一刻起,主体平等已不可能。

【案例与思考】

"康康说话了"

康康,男,7岁,患有自闭症。刚来校时,整天呆坐在位置上,不和小朋友交流。即使集体活动,也总是漠然地待在一边,不会主动参与。老师想了很多办法,还教他一些简单的礼貌用语,让他每天问候老师和学生,但康康还是不说话。

后来,老师不再专注于康康本人,而是鼓励班级其他孩子们,通过分享食品、小玩

具等,创建乐于交流的环境氛围,主动吸引康康参与交流沟通。渐渐地,康康从机械重复"你好",到有抢夺玩具的意识,开始参与孩子们的活动了,能说:"我要……"

仔细阅读上述案例,分析环境改变对特殊儿童自由能动性的影响。

要点提示:

这个案例揭示了环境与特殊儿童自由发展的关系。特殊儿童身心障碍是环境不支持他们认识与行为特征和需要的结果。通过环境的改变可能影响特殊儿童认识与行为的改变。

康康具有生物学意义上的适应环境的先天能力。老师把对康康本人行为改变的关注,转移到为康康创建利于交流的融合环境。康康在富有交流活力的意识环境中,促进了他的意识行为产生了潜移默化的改变。

你有什么新认识呢?

3. 以通用设计的物质环境支持特殊儿童的认识与行为特点,促进他们身体自由

物质环境中无论自然环境,还是人工环境,大多不是残疾人创造也不是为他们存在所设置的,不可避免地对他们先天具有排斥或遗忘特殊儿童使用的特点。对特殊儿童具有明显的局限性,自觉不自觉制造了他们自身存在和外在物质环境的矛盾。即使当前无障碍环境建设已有相当大的突破。但是对特殊儿童而言,环境多是健全人创造并主宰的;物品也多是由健全人生产、使用和分配的。即使各种技术也多是内含了健全人价值、利益等特殊目的和偏见。根据沃尔泽物品理论,物品的社会意义决定物品的社会分配。在此环境下,也决定了绝大多数环境、物品、技术,大多仅仅适用于健全人。这必然限制了他们对外部世界的自由认识和把握。

《残疾人权利公约》提出"通用设计"的原则,要求"尽最大可能让所有人可以使用,无需做出调整或特别设计的产品、环境、方案和服务设计。"同样,这也为特殊教育提出要求,为特殊儿童提供通用设计的专业环境支持成为重要使命。譬如,特殊儿童社会适应之所以在特殊儿童成长及其教育中具有优先地位和重要意义,就内含着对特殊儿童在社会环境中生存障碍的体认。根据福柯在《疯癫与文明》《规训与惩罚》揭示的道理,其根源就是主流社会环境划定和制造了特殊儿童的社会适应障碍。特殊教育(特别是学校教育)作为一种优化了的环境,一方面,以意识环境帮助特殊儿童改变或超越缺陷;另一方面,要以物质环境支持,帮助特殊儿童提升摆脱环境制约和改造环境的能力,实现意志自由和理性自由。任何不支持的环境都可能导致成长限制。例如,缺少相应的教育教学设施设备和康复补偿技术支持,给特殊儿童带来的身心成长的条件性限制之恶,等等。同时,特殊教育环境的支持必须面向并激发特殊儿童的能动性、自由性进行相关创设,任何看不到或蔑视特殊儿童能动性、自由性的教育,其实不会有任何结果,甚至不会有教育发生的可能。

【案例与思考】

"蹲下来,抱一抱"

张老师刚到培智学校上班。她来到孩子们住宿的二楼。

孩子们看见张老师,纷纷笨拙地摆着手和她打招呼。唯独嵩嵩是个例外,她是一个中度智障的孩子,也不善交流和表达。

张老师走过来,把自己佩戴的耳机摘下,轮流戴在每一个孩子们的耳边,让他们听……

张老师走到嵩嵩旁边,给她戴上耳机,让她听了片刻。张老师刚要取下耳机离开,嵩嵩突然一下子抱住了张老师,含糊不清地说道:"你坐这儿,你坐着。"张老师蹲下来,回应着拥抱着她。嵩嵩用央求的口气说:"别走了。"她不住地亲吻着张老师的脸……

其实,在培智学校,老师们经常遇到被学生拥抱或者乞求老师抱抱情况。请根据环境与特殊儿童自由的关系的揭示,分析其中蕴含的教育思想或理论。

要点提示:

对智障儿童而言,"抱抱"既是情感表达和交往的方式,也是一种康复手段。"抱抱"朴素直观具体,适应智障儿童的认知、情感和行为表达特点。同时,"抱抱"也对他们身心愉悦和促进交流具有重要康复作用。

尊重学生,接受他们认知行为的多样性;并创建与学生相适应的支持性环境,能促进学生减少障碍和实现更多社会参与。教师创设安全、平等、适宜、全纳的学习环境,以适应他们的支持性方式开展教育,能减少障碍,支持和促进学生的学习和发展。

你有什么新认识呢?

本讲小结

从特殊儿童存在论价值论出发,维护特殊儿童目的性生存及其价值,是特殊教育活动的首要价值。其中,生命尊严和自由是特殊儿童目的性生存的重要维度,是特殊儿童及其教育的绝对的人道主义价值。本讲重点阐述了以下基本问题:(1)首先厘清特殊儿童目的性生存的教育困境。指出,人的目的性的生存是人在社会实践中,基于自身主体意志的目的需要,使事物发展的各种关系和结果向人而存在,并满足人需要的过程。它作为一种价值判断与选择,体现了以人为目的的绝对性主体价值尺度。特殊儿童的目的性生存是他们作为人类存在的主体必然要求。但是面临着教育"工具性"、特殊教育外在价值、教育固有的社会分层机制以及不良社会文化的影响。(2)重点阐述特殊儿童生命尊严与特殊教育的关系。指出,人的尊严来自类存在的需求和渴望。特殊儿童生命尊严是自然法赋予的绝对道义和终极价值,是生命神圣的必然要求,是人本主义思想的应有之义。特殊儿童生命尊严与特殊教育密切相关。对特殊儿童生命尊严的体认和尊重,奠定了特殊教育人道主义价值的源泉,打开了人们实践与创新特殊教育的思想空间。(3) 阐释了特殊儿童自由与特殊教育的关系。指出，自由是人的本质，是人的高贵品质，追求自由是人的类存在特性。特殊儿童自由是指特殊儿童主体在身心发展过程中，关于生命体感性存在的自由能动性，以及在认识、行动和意志(人格)上的自由能动性。可以分为：生命体的身体自由、认识和行动的理性自由、"自我立法"的意志自由。首先，知识是特殊教育活动的核心要素，是特殊教育价值实现的基础。特殊教育中的知识分为课程形态的知识和教育形态的知识。课程形态的知识影响特殊儿童理性自由和身体自由，教育形态的知识影响特殊儿童意志自由和身体自由。促进特殊儿童自由的知识影响路径，要以教育形态的知识为主导地位和优先维度，通过促进特殊儿童意志自由，进而实现特殊儿童身心自由全面发展。一是自觉提升教育形态知识的自由价值内涵；二是教育形态的知识引导特殊儿童超越身心缺陷和环境制约；三是以自由的知识观与教育观宽容尊重教师和学生的各种非理性教育形态知识。其次，环境是特殊儿童自由的重要影响因素。特殊儿童所处的环境分为物质环境和社会意识环境。物质环境影响特殊儿童身体自由和意志自由。社会意识环境影响特殊儿童意志自由和理性自由。促进特殊儿童自由的环境影响路径，就是要从环境视角出发，通过构建支持性的物质环境和社会意识环境，以促进特殊儿童意志自由为先导，进而实现特殊儿童身心自由全面发展。一是自觉以环境视角思考特殊儿童教育问题；二是以支持性的意识环境引导特殊儿童生成意志自由，自觉超越环境制约；三是以通用设计的物质环境支持特殊儿童的认识与行为特点，促进他们身体自由。

推荐阅读书目

迈克尔.波拉尼著《个人知识》(徐陶译，上海人民出版社)

康德著《实践理性批判》(邓晓芒译，人民出版社)

《残疾人权利公约》https://www.un.org/zh/documents/treaty/files/A-RES-61-106.shtml

思考与练习

1. 概念理解：目的性生存；工具性生存；自由；特殊儿童自由。
2. 简述什么是环境。
3. 简述什么是知识。
4. 结合布尔迪厄的教育社会学理论，分析特殊教育对特殊儿童目的性生存的影响。
5. 从自然法视角分析特殊儿童生命尊严的绝对道义根源。
6. 论述特殊儿童自由和知识的关系。
7. 论述特殊儿童自由和环境的关系。

第六讲　特殊儿童生活与特殊教育

【学习要点与目标】

1. 理解特殊儿童生活及其意义，形成对特殊儿童生活的基本认识。
2. 理解特殊儿童生活的窘境，深刻体会特殊儿童生活之难。
3. 理解特殊教育关涉特殊儿童生活的逻辑关系。
4. 理解特殊儿童生活在特殊教育中实现的机制和逻辑。

特殊儿童生活关涉特殊儿童总体性目的性生存，是特殊教育的具体实践价值。特殊教育价值之一就源于对特殊儿童生活能力的提升和意义的引领。

石中英教授指出，"教育作为一项人道主义的事业，其价值不仅仅在于维持个体直接的生命活动，也在于使个体生活得更有意义、更高尚。"[1]特殊儿童没有教育，生活本身依然会存在，但没有教育的生活可能会出问题，最大的问题就是不能增强主体能力，不能超越缺陷，使得指向可能生活的理想和能力式微，因无法改变自身现实生活命运而最终失去生活。

本讲对特殊儿童生活与特殊教育的哲学思考，以思想理论的方式，阐明特殊儿童生活的基本结构，把握特殊儿童生活的困境，厘清特殊儿童生活和特殊教育的关系，并提出教育影响特殊儿童生活的原则或路径。

第一节　特殊儿童生活及其审思

对特殊儿童生活的认识有着多视角的体察。从教育的视角看，特殊教育作为一种培养人的社会实践活动安排，它对特殊儿童生活的影响，应该从特殊儿童身心成长及其需要出发来考察，为特殊教育发展变革和特殊儿童的成长提供思想资源。

一、关于生活的基本认识

生活是关涉人的目的性生存的基本概念，是人的具体实践价值的反映。对生活

---

[1] 石中英.教育哲学导论[M].北京:北京师范大学出版社,2002:113.

的追问,是千百年来的一个亘古话题。荀子指出"水火有气而无生,草木有生而无知,禽兽有知而无义,人有气有生有知,亦且有义,故最为天下贵也"(《荀子·王制》)。在这里,荀子在肯定人的价值的同时,也以人的生命的物质存在和道德意识存在指明了人的存在方式,体现了生活与伦理道德的密切关系。苏格拉底认为,"未经反思的生活是不值得过的生活。"他强调人的理性和美德,要人努力"认识你自己",体现了生活与理性的密切关系。马克思指出,"人们的存在就是他们的现实生活过程",①所谓生活过程实质是指"人们从事活动的、进行物质生产的,因而是在一定物质的、不受他们任意支配的界限、前提和条件下活动着的"过程,②体现了生活与人的主体实践的关系。人本主义哲学家叔本华的"生存意志"、尼采的"权力意志"、柏格森的"生命冲动"、弗洛伊德的"潜意识",以及马斯洛的"需要层次论",则强调了生活向人本身的回归,体现了生活与人权力意志和需要满足的关系。我国学者赵汀阳指出,"生活事实是一种特殊的事实,它是由人的意志所影响的行为",③体现了生活的自我规划性或设计性。

上述认识,从不同角度揭示了生活的特点。生活不是狭义上,与工作相对应的私人空间活动。概括来说,**生活是人的生命中各种自然性生存活动和社会性发展的本质活动的总和**。它既包括一般的本能活动,更包括在本能活动基础上的人类社会活动,具有人的伦理道德、认识理性、自我意志和实践等人的主体特性,特别是后者是生活最本质的蕴含。可见,生活不只是自在事实的生存活动,更是自为性的自觉实践活动,是人价值意义的实践过程、赋予过程。也就是说,**生存并不必然拥有生活,也不必然揭示生活本质。生活意义是生活区别于生存的重要本质。生活因富含价值意义而使其在层次上高于生存**。生活是意义问题,是之于人的"灵",生存是人的生命问题,是之于人的"肉"。生存可能通过利益获得来满足,生活则必须依赖于意义获得解释。尽管生存是生活的必要条件,但生活的意义价值才是本质。生活意义的内在性也决定了生活只能通过主体自觉的意义理解和实践来实现。失去生活意义关照的物质利益,哪怕再美丽、再丰富,也无法解释生活意义,反而会伤害生活意义。

【问题与思考】

以"有的人死了,他却活着;有的人活着,他却死了"(臧克家),来分析生存与生活的区别。

要点提示:

生存并不必然拥有生活,也不必然揭示生活本质。生活意义是生活区别于生存的重要本质。生活因富含价值意义而使其在层次上高于生存。必要的时候,为着生

---

① 中共中央马克思恩格斯列宁斯大林著作编译局. 马克思恩格斯文集(第1卷)[M]. 北京:人民出版社,2018:525.

② 中共中央马克思恩格斯列宁斯大林著作编译局. 马克思恩格斯文集(第1卷)[M]. 北京:人民出版社,2018:524.

③ 赵汀阳. 论可能生活——一种幸福和公正的理论[M]. 北京:中国人民大学出版社,2004:8.

活的意义和理想而放弃生存仍是一种生活行为。

革命先烈为理想献身,虽死犹荣,虽死犹活。因为这是一种对现实生活意义的否定形式,表达了对另一种可能生活的向往和肯定。亦即"有的人死了,他却活着"。反之,背叛了生活意义和理想,虽然肉体生存着,但否定了生活意义和理想。亦即"有的人活着,他却死了"。

你有什么新认识呢?

二、关于特殊儿童生活的认识

上述对生活的揭示是基于人的生活一般意义上的普遍认识。它固然深刻,但它清空了人的生活的具体差异。根据上述逻辑直接演绎特殊儿童生活,没法说明作为少数者的特殊儿童生活的独特存在,甚至可能把特殊儿童生活引向了某个欲望的无限追求。如,按照"需要层次论",特殊儿童身心机能式微带来对基本需要满足的无限未完成性,必然阻断他们对更高层级的需要。这样,显然看不到他们内在的自我超越性,无法解释张海迪等诸多成功者在艰难境遇下走向自我实现的事实。所以,本书选择现象学直观方法而拒绝逻辑推理,来分析揭示特殊儿童生活。

沿着现象学直观追寻特殊儿童生活,发现这样一个明证性的存在:无论特殊儿童身心缺陷程度如何,因需要不同,他们也表现出不同的生活。他们的需要并不必然受缺陷的影响,且不是"需要层次论"那样等级排列和不可逾越的。如,重度身心残疾者可能反而取得比轻度身心残疾者更多的生活意义,严重恶劣的成长环境中的残疾者可能取得比优越成长环境残疾者更多的生活价值。这表明,**特殊儿童生活来自他们生命活动特别是社会实践活动中,需要这种意识结构对生命的自觉意义理解、意义赋予、意义构造和实践。需要的意识结构规定了特殊儿童生活的特性**。需要作为人的一种意识构成,对特殊儿童来说,具有特殊的含义。一方面,需要来自特殊儿童一般意义上的生存需要,另一方面更来自他们严重的有限性、受动性。就特殊儿童需要的性状和方式来说,可分为一般需要和特殊需要、外在需要和内在需要。

(一)特殊儿童生活的一般需要和特殊需要

特殊儿童生活的一般需要,是指特殊儿童在人的类存在上,同源共有的生活需求和特点。它规定了其类存在意义上人的生活共通性。特殊儿童生活的特殊需要,是特殊儿童生命体缺陷而致的独特需求向度,是他们为实现完整生活而表现出的独特依赖性。它使特殊儿童体验到生活不同于他者的艰难、不易。从某种意义上,特殊需要规定了特殊儿童生活的特殊性。甚至说,特殊需要是特殊儿童差异存在的另一种标志和表达方式。

(二)特殊儿童生活的外在需要和内在需要

特殊儿童生活的外在需要,即指向自身之外的客体对象,通过摄取外在客体的支持帮助,满足自己生活。外在需要的显著特点是,特殊儿童依赖外在需要获得支持的过程,也必然会使自己服从和顺应外在客体的制约和规定。特殊儿童生活往往以降低自我主体性为代价,自我主体被客体化,外在客体却主体化。特殊儿童生活中自我价值意义受到削弱,自由意志受到抑制。甚至不能说明自身生活的意义和合理性,而仅仅是生存。但是,外在需要是"天性使然",是"自然界的规律"。[①] 对特殊儿童而言,外在需要是他们减少身心缺陷制约的必然要求,在特殊儿童生活中占据极大合理性,这也导致特殊儿童生活表现出对外高度依赖性。

特殊儿童生活的内在需要,即超越于所欲对象,以自我反思的方式批判性思考外在需要并确立自我在生活中的主导性,转而依赖自我。内在需要的显著特点是,提升自我主体性,以内在向度的自我觉解、自我内省和自我实现,服从自我意志,做生活的"主人"。**特殊儿童内在需要是他们超越身心缺陷、超越外在客体制约,以及创造生活意义和实现可能生活的支配性力量,使他们的生活表现出一种不断否定的、自由的意志特性。**

在这里,特殊儿童内在需要不可能先于外在需要而独立存在,但是,它的存在是特殊儿童生活可能性的来源和条件,正是它的存在包含着生活的本质。内在需要尽管受制于外在需要,但并不必然以外在需要的满足为条件,而可能以对外在需要反思的方式,而独立或超越于外在需要,使特殊儿童在生活之中按照自己的自由意志,不断更改"自然规律",真正成为一个不受命运安排的人、幸福的人。外在需要和内在需要的协调统一,在特殊儿童生活中占据核心地位。前者是特殊儿童生活的基础,后者则以超越的精神意义的方式构筑了他们生活的"高地",体现着特殊儿童生活的本质,成为特殊儿童意义和迈向可能生活的源泉。

【问题与思考】

举例说明,内在需要和外在需要的协调统一,对残疾人生活产生的作用。

要点提示:

外在需要和内在需要的协调统一,在残疾人生活中占据核心地位。前者是残疾人生活的基础,后者则以超越的精神意义的方式构筑了他们生活的"高地"。

伟大的物理学家霍金,通过外在需要,获取了从事科研的有力支持条件;但这仅仅是必要的支持条件,更重要的是,他通过内在需要,超越于身心残疾的制约,以顽强意志,创造了不朽的科学成就,极大提高了自己生活意义和价值。

你有什么新认识呢?

三、特殊儿童生活的审思

需要意识结构直接决定特殊儿童生活的特性。它们在特殊儿童生活中分别发挥着不同的作用。同时,这也对特殊儿童生活产生深刻影响。

(一)需要意识结构对特殊儿童生活的影响

一般需求奠定特殊儿童生活的类本质。特殊儿童作为人的类存在的生命本身,

---

① 卢梭.爱弥儿[M].北京:北京出版社,2008:84.

决定了他们对生活的一般需要的同质性、同构性。尽管他们存有生理、心理某些方面的缺陷或不足,以及由于他们群体及其个体在生活背景、缺陷程度与原因的广泛差异性、多样性,带来了生活形态的明显差异,但这些并没有否定他们生活的类本质。

外在需要奠定特殊儿童生命生存发展的必要基础。特殊儿童通过外在需要,客体化自我本身,获得外在物质、技术、制度等支持,满足生命生存发展的必要保证。如,特殊儿童获得康复、社会保障等支持,获得生活所需的身心功能条件和生活物质条件。

内在需要奠定特殊儿童生命生活及其意义高度。特殊儿童通过内在需要,生成自我意志,超越对外在客体的依赖,使得他们生活本身不仅仅是生命的"活着"过程,而是一个不断发展的、创造的、具有无限可能性的生活过程,把生命生存变成了生命生活。特殊儿童生命生存,只是土壤,而种植什么、生成什么就是生活的意义,且正是**生活意义的存在使特殊儿童贫瘠、苦涩的生命土地变得绚烂多彩、富有生机**。如果说生活是人区别于动物的类本质,那么生活意义是此人只为此人而区别于他人的个体本质。特殊儿童生活的内在需要,是他们生活意义的源泉,构成了特殊儿童发展和价值实现的内在动力要素。一定意义上,特殊儿童独特的生活意义就是在超越缺陷、趋向可能生活的内在需要之中,生成自我、完善和创造自我生活的无限意义。特殊儿童可能窘迫于生命缺陷和现实生存压力而降低对生活意义的诉求,但从没有丧失。

【案例与思考】

阅读下面案例,分析内在需要在特殊儿童生活中的重要作用。

路易·布莱尔1809年出生在法国一个贫苦的马具匠家里,他3岁时因意外,导致双目失明。那时,盲生的课本是用放大的凸版普通字母印刷而成,又重又笨,摸起来很慢,书写更困难,而且课本的数量很少,大部分课程还得依靠口授。1821年的一天,年仅12岁的布莱尔受军官查尔斯·巴比埃"夜文"符号启发,创造六点制盲文。其间,布莱尔的六点制盲文遭到校领导的坚决反对。布莱尔与保守势力进行顽强斗争。终于1837年正式定稿,次年,出版了世界上第一本布莱尔盲文读物。1887年,布莱尔的六点制盲文被国际公认为正式盲文。

要点提示:

内在需要奠定特殊儿童生命生活及其意义的高度。特殊儿童生活的内在需要,是他们生活意义的源泉,构成了特殊儿童发展和价值实现的内在动力要素。

布莱尔以发明适合盲人需要的文字为内在需要,并以此为生活的执着动力,不惧外在保守势力的反对,不断超越各种困难的制约,创造了国际公认的正式盲文,实现了自己的理想。

你有什么新认识呢?

(二)特殊儿童生活窘境

特殊儿童生活是受各种需要及其现实条件制约的复杂结构。他们的生活具有对外在需要的严重依赖性。当前,他们的生活大多具有以下窘态。

1. 特殊儿童生活的被设计性

特殊儿童身心缺陷及其环境的各种制约,导致其对外在需要的严重依赖性,使他们既需要依赖于"周围世界"获得生存,又一定程度地依赖于"周围世界"而获得意义的解释,具有生活的外在需要支配性。外在需要在奠定他们生命生存的同时,也导致他们对生活的自我设计、自我选择的主体意志和能力严重不足,甚至因抑制内在需要,而渐失对生活意义的反思。即,以外在需求的满足遮蔽了对生活内在需要的激发,以外在需要的依赖疏于自身生活价值意义实现的渴望。特殊儿童的生活就可能成为外在力量既定的。

现实中,政治经济制度、伦理道德、法律法规、风俗人情以及其他"知识""技术""适应能力"等,常常自觉不自觉地以道德之善的合法性,掩盖了对特殊儿童生活"非我设计"遭遇的实质不合理性,使他们的生活表现出一种被规定、被制约的生活特点。即一种被设计的"非我"生活。譬如,聋哑人自然生活的手语和普通话标准手语的矛盾而产生的交流障碍;残疾人被歧视而产生的自卑、畏缩生活倾向问题;隔离制的学校教育带来平等充分的社会生活不足问题,就是对他们生活非我化的真实反映。

2. 特殊儿童生活的意义稀缺性

"无反思的生活是不值得过的生活。"这是对生活的一种超越态度,表达了人的理性精神。特殊儿童对生活的反思,虽然不能改变身心缺陷,但能超越身心缺陷以及现实生活的制约,防止自身存在价值的没落,抵制各种工具性生存对人的尊严和权利的侵蚀和僭越。通过反思,激发他们潜能,促进他们超越缺陷、趋向可能生活,有着十分重要的意义。

但是,在现实生活空间资源总是有限的历史时期内,特殊儿童面对生活资源的有限、匮乏,凸显了外在需要的严重依赖性。特别是当特殊儿童对外在需要的倚重而遗忘了对内在需要的反思意识,遗忘了对可能生活的向往和追求,使其可能以生存的形式掩盖生活的本质。对特殊儿童而言,回避反思,尽管庸俗,却是保证生活稳定的最好办法。但是,这可能导致特殊儿童生活沦为"活着"。因为,特殊儿童外在需要所指向的很多时候并不是生活意义,而是对物质利益等功利的追求。根据马克思异化劳动观点,这些物质利益可能是有别于"我"的异己存在物,即如同宗教中的神一样,是主宰和统治人的异己的东西。对这些物质利益追求亦可能是异己的、被迫的活动。这自然使得特殊儿童与自己的产品(即物质利益)、与自己的生命活动、自己的类本质相异化,类本质的生活目的变成了维持肉体生存的手段。[①]

生活意义的内在性决定了它不可能通过外在需要的满足来实现。特殊儿童生活

---

① 中共中央马克思恩格斯列宁斯大林著作编译局. 马克思恩格斯文集(第1卷)[M]. 北京:人民出版社, 2018:162-164.

的意义就在于通过内在需要,超越现实生活,面向未来敞开着各种生活的可能性。可以说,特殊儿童生活最主要的不幸,就是以现实生存的外在需要阻断了对可能生活的目的意义的追求。特殊儿童缺少内在需要对现实生活的超越态度,难以抵制工具性生存对人的尊严的侵蚀和生活意义的抹杀。当前,就特殊教育而言,相当程度的窘迫于特殊儿童现实生存,以"谋生""利益""就业"等目标的外在需要,忽视了特殊儿童内在需要的激发和提升。物质利益等虽然为生活提供不可或缺的支持,但必须警惕对生活意义的侵蚀,对生活目的的背离,防止严肃高尚的生活目的终止于对生活工具的追求,把生活结局看成是生活目的。①

【问题与思考】

结合外在需要对特殊儿童生活的影响,以社会救济为例,批判性分析救济给残疾人生活意义带来的消极影响。

要点提示:

外在需要给予特殊儿童生活必要支持,但极易形成对外在需要的严重依赖,而遮蔽他们对生活内在需要的激发,疏于自身生活价值实现的渴望。

社会救济,因其道德之善,常常被人们抬到至高道德地位。但是,对残疾人而言,仅仅是外在需要的一种满足方式。如果残疾人对这种外在需要形成依赖,则使他们因外在需要而被客体化,他们的生活成为被设计的、缺乏意义的生活。现实中,社会救济导致某些残疾人特惠要求的人格缺陷等,就表达了"好心办坏事"的道德之殇。

你有什么新认识呢?

第二节 特殊儿童生活与特殊教育的关系及其影响

特殊教育对特殊儿童主体身心成长需要的满足,使其与特殊儿童生活有着密切联系。这奠定了特殊教育涵养他们生活的重要意义和方式路径。特殊教育对特殊儿童生活的价值是特殊教育价值的重要维度。

一、特殊教育与特殊儿童生活的关系

厘清特殊教育与特殊儿童生活的逻辑关系,是进一步认识和把握特殊教育对特殊儿童生活意义价值的前提。

特殊儿童生活特性的揭示与特殊教育本体的认识,启示我们:特殊教育和特殊儿童生活是工具性与目的性的关系。特殊儿童生活作为特殊教育的目的之一,固然是特殊教育价值使命。但因为工具和目的是相互依存的,不存在没有工具的目的,也不

---

① 赵汀阳.论可能生活——一种幸福和公正的理论[M].北京:中国人民大学出版社,2004:15.

存在没有目的的工具。所以，特殊儿童生活和特殊教育互为目的又互为工具，是相互建构的关系。特殊儿童生活的目的性本身也蕴含着特殊教育工具性，特殊教育的工具性本身也蕴含着特殊儿童生活目的性。因此，特殊儿童生活与特殊教育可以相互契合为：**特殊教育要回归特殊儿童生活，为完善特殊儿童生活服务；特殊儿童生活也要被纳入特殊教育视野，来建构与完善特殊教育自身**。即，特殊教育可以成为改善特殊儿童生活的一种方式；同时，特殊儿童生活也可以成为完善特殊教育的依据之一。

其中，前者"特殊教育回归特殊儿童生活，为完善特殊儿童生活服务"，也就是以特殊儿童生活的目的性与教育的工具性相契合为手段，凸显**特殊儿童因"接受教育，故能过更好生活"**的价值内涵，把特殊教育作为建构和提升特殊儿童生活的方式，彰显特殊教育对特殊儿童生活的价值和意义。在这里，根据本书的立意，本书把前者作为重点，阐述特殊教育对特殊儿童生活的影响。后者"特殊儿童生活也要被纳入特殊教育视野，来建构与完善特殊教育自身"，也就是以特殊教育的目的性与特殊儿童生活的工具性相契合为手段，凸显**特殊教育因"有特殊儿童生活，故能有更好的教育"**的价值内涵，把特殊儿童生活作为特殊教育建构的基础和依据，彰显特殊儿童生活对特殊教育的价值意义。譬如，当前特殊教育的内容、目的和过程都具有对特殊儿童生活特性及其需要的深刻理解与尊重，影响到特殊教育变革。

【问题与思考】

举例说明，特殊教育内容、目的和过程中有哪些体现了"特殊教育立足特殊儿童生活，以此建构与完善自身"的现象。

要点提示：

一是，特殊儿童的生活需要、意义、情感、知识、技能等，构成了特殊教育的内容和目的。如，生活适应课程、劳动课程，缺陷补偿与教育结合的原则，等等，就体现了这一点。

二是，特殊儿童生活的自我内在生成性、意义建构性和高度个体性的特点，也决定特殊教育过程必然遵循特殊儿童生活的逻辑，注重教育过程的内在生成性、意义性和个体性。如，建构学习理论、个别化教育方式等，就说明了这个道理。

你有什么新认识呢？

二、特殊教育影响特殊儿童生活的方式

特殊教育具有特殊儿童生活特性。这奠定了特殊教育影响特殊儿童生活的重要基础。具体说来，主要体现在以下几个方面：

（一）特殊教育以直面当下现实生活的生活态度和方式，为特殊儿童满足外在需要、改善现实生活提供了具体支持

特殊教育是充满着特殊儿童生活特性的活动。甚至可以说，特殊教育是特殊儿童的一种生活方式，一种以教育活动促进他们身心变化而提高他们生活能力的生活

方式。(1)从特殊教育产生历史源头看,特殊教育本源于对特殊儿童现实生存状态的改变,具有直接改善特殊儿童生活的价值蕴含。如,传教士教习聋哑儿童口语、学习交流,医生对特殊儿童医疗训练、提高器官机能,等等,就是为了满足残疾人生存和交流的生活需要。其后,特殊教育被学校制度形式化,注重以专业的手段满足他们因缺陷带来的特殊需要。(2)随着特殊教育对象更多地向重度等多类型特殊儿童教育的转向,当前特殊教育更加突出了面向特殊儿童现实生活实施教育的特性。特殊教育以特殊儿童身心规律和现实生活及其需要为基础,设计教育活动,提供教育支持。如,培智学校的功能性课程观,无论生活语文、生活数学,还是其他课程,都鲜明体现了面向特殊儿童现实生活的特点。康复训练则更加直接面对特殊儿童身心实际,来改变、替代或提高他们身心机能水平,促进他们身心机能发展,提高适应生活的能力。

(二)特殊教育以生物性补偿和文化性补偿的个体化方式,为满足特殊儿童特殊需要、提升其生活的能力提供了具体支持

特殊教育具有对特殊儿童身心康复功能和教育属性。同时,特殊儿童身心巨大差异的特点也决定了特殊教育更加重视个体化的方式,实施对特殊儿童身心缺陷的生物性补偿和文化性补偿。(1)特殊教育具有医学的本源性内涵,通过医学训练的手段及其他医疗技术能改变特殊儿童的缺陷,使身心机能尽可能得到一定水平的恢复或补偿。这一方面为特殊儿童生活直接提供身心机能的支持,让特殊儿童能更好地适应生活。另一方面,通过身心康复活动,能为特殊儿童知识学习和实践,提供身体机能支持,具有间接支持特殊儿童生活能力提升,以及提高他们生活意义的价值。(2)特殊教育的教育本质属性,使得特殊教育具有文化补偿特殊儿童主体能力不足的功能。特殊教育活动是有计划、有目的、有组织的理性活动过程。特殊教育通过知识教育的文化传承创造、能力培养,能夯实特殊儿童生活所需要的知识、能力基础,提升特殊儿童生活的理性能力。

(三)特殊教育以"为未来生活做准备"的关怀方式,为特殊儿童满足内在需要、超越现实生活提供了具体支持

教育是改变人的命运的伟大工具。特殊教育面向特殊儿童当下身心状况和生活,又面向未来关怀他们身心成长和生活品质,同样具有对特殊儿童现实生活的改变功能和对可能生活的引领价值。(1)特殊教育具有对特殊儿童现实生活的超越精神和批判气质,特别是通过理想培育、人格养成,提防外在需要的感官化、享乐化、消费化等片面化的物质追求,促进特殊儿童以意义觉解的方式,面向未来、面向生活的真实意义;并通过"教育促进阶层流动"等理论和事实,激发特殊儿童"知识改变命运"的动力。(2)特殊教育重视特殊儿童潜能开发与缺陷补偿的结合,把它作为教育的重要力量源泉,有利于促进他们趋向可能生活,真正实现把自己的生活变成"自己意志和意识的对象",摆脱先天自然的命定支配。

（四）特殊教育以"博爱""平等""自强""人权"为主要精神内涵的文化方式，为激发特殊儿童生活内在需要提供具体支持

特殊教育产生就具有本源性的"博爱""平等""人权""自强"等人性内涵和精神品质，且随着特殊教育的发展变革，特别是全纳教育以广袤的人性内涵和深沉的人文关切，提倡全纳、参与、平等、共享，使得特殊教育精神品质已经进一步发扬，而成为特殊教育独具的深刻文化内涵。这对特殊儿童生活及其意义，具有重要的涵养作用。（1）特殊教育通过引导特殊儿童树立正确的残疾观、自我观、成长观等教育，特别是对特殊儿童自尊自信自强自立的人格教育，唤醒特殊儿童自我意识，引导特殊儿童对自身残疾及其生活的思考，在特殊儿童内在需要与外在需要的矛盾冲突中形成生命活力。特别是通过内在需要对外在需要的扬弃与否定，直接构成了他们生活自觉的力量源泉，促进他们形成生活的自我意志的理性能力。特殊儿童可能凭着对生活意义的理解与把握，走向了对自身存在意义的思悟，引向了对人生理想的追求。（2）特殊教育通过外在社会价值的承担，促进社会文明进步，使社会环境的主动改变与特殊儿童生活的改变和谐起来，让特殊儿童在认识世界与认识自我、变革世界与变革自我的统一中，实现自身生活的社会化建构。

【问题与思考】

长期以来，我国特殊教育具有以残疾人生存就业为导向的特点。请结合学习，思考其对特殊儿童生活意义关照不足的隐忧。

要点提示：

生活具有明显的自我生成性、个体性等特点，这决定了特殊教育对特殊儿童生活的影响要遵循意义世界的内在生成逻辑。

过于关注就业，关注物质利益获得，极易导致他们把物质、地位、权力等作为生活本身，忘却生活意义。因此，教育还是应重视以意义建构的方式引导特殊儿童自我生成生活意义，而不是某种外在的非自我意义的诱导。

你有什么新认识呢？

三、特殊教育影响特殊儿童生活的路径

特殊儿童生活具有明显的人本性、生成性、不可分享的个体性等特点，决定了特殊教育对特殊儿童生活的影响主要是基于教育主体间生活意义的关怀关系，遵循意义世界内在生成逻辑，通过对特殊儿童需要的引导和满足，促进他们自我选择和设计，创造自己的生活。

（一）满足特殊儿童特殊需要和激发其内在需要是特殊教育影响特殊儿童生活的逻辑前提

首先，特殊需要是特殊儿童现实生活匮乏对外在资源摄取的内在必然，引导和满足特殊儿童的特殊需要是特殊教育本体论承诺的价值基础。同时，特殊教育促进特

殊儿童生活由外在需要向内在需要转向，唤醒特殊儿童自我意识和生活意义，这是特殊教育的重要价值使命。既要尊重特殊儿童生活形态的多样性，尊重他们内在的资质、潜能、兴趣、爱好等差异性；又要看到他们超越缺陷、趋向可能生活的可能性，重视教育活动的选择性、建构性。将他们的成长之于现实生活的"现实需要"与可能生活的"发展需要""内在需要"与"外在需要"结合起来，提升他们生活的自觉性、能动性。当前，特殊儿童生活之于特殊教育的特殊需要主要是：补偿身体机能不足的缺陷补偿需要、提高知识能力与素质的文化补偿需要、参与并丰富自身生活特别是社会生活的需要、超越自身缺陷制约和实现潜在价值的需要等。这些特殊需要是从现实生活向可能生活、从感性存在向理性存在、从必然存在向自由存在、从当下生存意义向终极"家园"意义，依次递进的，具有明显的层次性。

（二）关怀是特殊教育影响特殊儿童生活的基本原则

关怀是一种主动的、优化了的关系。诺丁斯特别强调关怀的情境性和关系性，认为关怀是处于关系中的一种生命状态，是一种人与人之间的积极生活关系生发点，具有接纳、"融人于己"的双向建构的关系特点。[①] 生活的意义就在于有意义的生活。关怀特殊儿童生活意义是特殊教育的一个基本原则。

特殊教育对特殊儿童生活的影响，往往被他们身体的不幸和痛苦所遮蔽。伊壁鸠鲁认为痛苦或快乐主要依赖于心灵的贡献。他认为心灵的痛苦与快乐远远大于身体的痛苦与快乐，因为身体感受到的只是当下这一刻的感觉，而心灵还要透过回忆和预期感觉到过去和未来。[②] 亚当·斯密也指出，"没有什么比身体的痛苦更容易被遗忘。"[③]特殊儿童心灵的创伤，远大于身体本身的不幸；且这种创伤在主流社会的同情或歧视的态度里被不断加重。因为，无论同情还是歧视，本身就是把身体缺陷这一差异作为了群体存在的区分机制，而产生的不同反应。其实质上都是将特殊儿童身体缺陷视为异常而区别于健全人。现实生活中，特殊儿童对身体缺陷的厌恶是无可避免的。通常他们对心灵的痛苦会有两种情况：一是通过对可能生活的期待变得温和；二是遗忘可能生活，只注重了当下的身体痛苦，而感到生活破灭。这揭示出，特殊教育影响特殊儿童生活的基本方式应是心灵的精神关怀的方式。同时，特殊教育的教育属性，决定了它对特殊儿童生活的影响，不可能是直接增进个人经济福利或仅仅局限于身体痛苦和不幸的帮助。特殊教育要特别重视引导特殊儿童，通过心灵对未来可能生活的向往和期待，增进和提升他们可能生活的价值和意义。特殊儿童在被接纳、承认、融入他人及教育的回应中，生活的意义就会"绽放"出来。

---

① 诺丁斯.始于家庭：关怀与社会政策[M].北京：教育科学出版社，2006：25.
② 黄玮琍.论伊壁鸠鲁的快乐主义[J].中国集体经济，2008(7)：48.
③ 亚当·斯密.道德情操论[M].北京：中央编译出版社，2008：29.

知识拓展

诺丁斯与关怀理论

关怀理论兴起于20世纪80年代的美国,内尔·诺丁斯(Nel Noddings)是标志性代表人物之一。诺丁斯对关怀理论进行了系统论述,并将其成功应用于学校教育和社会生活领域,为关怀理论的发展起到了重要的推动作用。

诺丁斯对关怀理论的阐述最早见于《关怀:女性主义的伦理学和道德教育》(1984),诺丁斯在该书中首次将关怀界定为一种关系行为。《学会关心——教育的另一种模式》(1992)是诺丁斯将关怀理论应用于学校道德教育实践的一次探索,诺丁斯在书中勾勒了一种全新的教育模式,指出为实现"培养懂得关怀的儿童"的教育目标,教育者应引导学生学会关心自我、关心身边的人、关心陌生人和远离自己的人、关心动植物和地球、关心物质世界、关心知识和思想等。《始于家庭:关怀与社会政策》(2002)则是诺丁斯将关怀理论延伸至家庭和社会生活的又一次探索,也是其对关怀理论的全面总结和思考。在该书中,诺丁斯不仅论述了关怀理论的诸多核心问题,还探讨了关怀理论如何作为指导人们道德生活和制定社会政策的理论基础。(王迎迎《从诺丁斯对关怀理论的基础性描述中汲取教育智慧》)

(三)体验是特殊教育影响特殊儿童生活的基本方法

特殊儿童现实生活是多变的、多样性的,可能生活是不确定的、生成性的。这决定了特殊儿童生活的问题不是逻辑推理问题,生活的意义不可能是科学态度和方法可推理计算的知识形式和逻辑形式;而最能表达和感受生活存在的直接方式就是体验。体验是特殊教育对特殊儿童生活关怀的基本方法。生命哲学认为直觉高于理性,情意高于认知,因为直觉可获得理性之外的体验。柏格森就认为,只有直觉才是把握或认识宇宙的本质及生命或绝对真理的唯一工具。他所说的直觉指用自我的生命深入到对象的内在生命之中,以达到生命之流的交融。他说:所谓直觉,就是一种理智的交融,这种交融使人们自己置身于对象之内,以便与其中独特的、从而是无法表达的东西相符合。这种方法绝对地掌握实在,而不是相对地认知实在,它使人置身于实在之内,而不是从外部的观点观察实在,它借助于直觉,而非进行分析。胡塞尔指出,"意义的一种体验方式是'直观的'方式,按此方式'被意指的对象本身'是被直观地意识到的。"[①]可见,体验与直觉是生命的基本存在形式,生命只有通过内心体验和直觉去把握。

生活事件是关怀体验的基本内容。生活事件就是一系列的人与人、人与自然、人与社会的交往关系。怀特海甚至认为"自然界的终极事实就是偶然的事件,宇宙就是

---

① 胡塞尔.现象学通论[M].北京:中国人民大学出版社,2004:283.

事件之流"。① 事件具有不规则性、个性化、未经设计的特点；同时，又具有具体性、变化性、历史性的特点。特殊儿童都生活于各种各样的生活事件之流中，每个事件都是个性化的独特境遇，都是人与人之间点对点的教育关系，是最为生动、最为稳定、最为常见、最为重要的教育载体。生活事件承载着生活意义。特殊儿童在生活事件中，感受个体独特存在，感受自我价值，感受自我力量，感受自我意志。特殊教育必须充分关注并体认特殊儿童在生活事件的境遇中成长，重视境遇的独特性。教育关怀就是从这样一系列事件的体验出发，选择与设计课程、教学，让特殊儿童在生活的具体实在中掌握技能，建构知识，生成能力。为此，特殊教育应自觉植根于特殊儿童生活世界。一方面重视他们在学校教育活动中的参与性、过程性、情景性、现场性，从课堂教学、集会、文化活动等学校教育整体的每一个空间，关注特殊儿童生活过程周遭世界的实践、经历和感悟，关注他们的情绪、意志。另一方面，积极面向社会丰富与扩大他们的生活世界，充分发掘和利用他们自身生活经验的资源，以及社会生活网络的教育资源，让特殊儿童在真实的生活情境与经验中，深刻体验其中的人生意义与乐趣。当然，体验不是形式上的具体、直观，而是对现实生活的理性反思，对生活意义的关怀。

知识拓展

宏大理论与教育事件

　　宏大理论主要体现为试图安排人类精神与生活的思辨形式。从某种意义上看，宏大理论似乎在寻求一种普遍意义的、精确制导的真理，寻求一种广泛的理性技术、工具，以求得能以快捷的方式为教育实践开出有效的处方。在这种宏大的理论叙述中，个性鲜明、多样差异的师生及其鲜活丰富的实践经验不知不觉中被掏空和抽干；直接关注现实和实践细节的变化也往往有意无意地被忽略或过滤掉。

　　教育事件是教育教学的血肉之躯。教育事件是教育教学事实真相的表达，它能超越时间和概念体系，说明教育实际中的真实情况。从本体上看，教育事件就是教育经验和现象，也称为教育故事、课程事件、课程故事。教育事件以叙事的方式描述教师的教育教学经验、行为。其叙事形式有故事、口述、日记、访谈、总结报告，等等。但教育教学事件强调的不是形式，而是经验的意义。教育教学事件作为意义存在的载体，用故事来说明教育教学的意义和实质。相对科学理论和逻辑证明，教育教学事件最可能近的逼近经验和实践本身。（王培峰《教育事件：理论与实践的"动感地带"》）

---

① 转引扈中平. 教育人学论纲[J]. 华东师范大学学报（教育科学版），2003(9): 1.

（四）发现和开发特殊儿童潜能是特殊教育影响特殊儿童生活最重要的内容

特殊教育满足特殊儿童内在需要、超越现实生活而追寻可能生活的关怀品性，决定了其对特殊儿童生活的关切具有终极价值。其中，发现和开发特殊儿童潜能是实现他们可能生活的重要途径。

潜能，是人通过生物遗传和社会遗传的方式获得的，具有还未发展、尚待发展、必然要发展的内在可能性。现代科学研究表明，潜能是人们所具有的正常的，但尚未被开发的能量。1964年，美国的玛格丽特·米德出版《人类潜在能力探索》认为，人的身上存在着巨大的尚待开发的潜能，一个正常健康的人只运用了其能力的6%。[①] 另一位美国学者奥托在《人的潜能》一书中明确提出："愈来愈多的行为科学家认为，人只发挥了十分之一，或者较十分之一更少的潜能。"[②]美国著名的哲学家、心理学家威廉·詹姆斯曾经指出，"世界上最有作为、最杰出的人物也只开发了自身潜能的10%左右，与应当取得的成就相比较，我们不过是半醒着的。"人本心理学家马斯洛认为，人具有大量的尚待加以利用的潜能，"在现实社会中真正能够实现自己的潜能、达到自我实现的人很少。"[③]美国心理学家霍华德·加纳德提出了多元智能结构理论，认为人的智能结构是由数理、语言、音乐、空间、运动、人际关系、个人内省、自然等八种智能因素构成的。由于先天禀赋的不同和后天环境的影响与塑造，每个人的智能结构是不一样的。精英们不过是充分发挥了其智能结构中的优势项目。也就是说每个人都具有实现自己潜能的可能性。我国著名教育家陶行知先生曾说："处处是创造之地"，"天天是创造之时"，"人人是创造之人"。

特殊儿童潜能的发现与开发是特殊教育最重要和最艰难的使命，而特殊教育的崇高就恰在特殊儿童潜能的发现和开发。方俊明教授曾指出特殊教育应"最大限度地发挥受教育者的潜能"。[④] 可以说，潜能是特殊儿童可能生活得以实现的本体依据。**是否发现和开发特殊儿童潜能，既决定了特殊教育品质的优劣，又决定了特殊儿童可能生活实现的程度；同时，也决定了教师水平的高低。好的特殊教育教师看到的不只是特殊儿童的残疾与障碍，而是特殊儿童的发展潜能。**

【问题与思考】

有的人说，对特殊儿童的教育诊断与评估只关注其健康状况、感觉功能、认知能力、学业水平和情绪行为等现有状况的评估。请结合学习分析，这种说法完整吗？为什么？

要点提示：

上述说法，关注了特殊儿童现有身心发展的评估，却忽视了对特殊儿童身心发展

[①] 陈雪敏.科学记忆，每个人都有好记性[N].羊城晚报，2008-11-24.
[②] 奥托.人的潜能[M].北京：世界图书出版公司，1988.
[③] 马斯洛.马斯洛人本哲学[M].北京：九州出版社，2003：155-156.
[④] 方俊明.特殊教育学[M].北京：人民教育出版社，2005：3.

优势潜能评估。这虽然对认识和指导特殊儿童现实生活具有意义,但是不利于他们面向可能生活,实现自我成功成长和价值意义。

从特殊教育与特殊儿童生活的关系看,特殊教育不仅要面向特殊儿童现实生活,还要关怀其未来可能生活。发现和开发特殊儿童潜能是实现他们可能生活的重要途径。因此,还要关注特殊儿童身心发展的潜能评估。

你有什么新认识呢?

四、特殊教育对特殊儿童生活影响的局限

特殊教育对特殊儿童生活的影响,既有着一定的逻辑合理性,同时也存在着诸多局限。具体说来,受到两大方面的制约:

(一)特殊儿童自身因素导致特殊教育对其生活影响不足

这主要体现在:(1)由于特殊儿童的生活受自身机能不足和社会现实的制约,生活意义空间被严重挤压,有局促不安、窘迫无奈等特点。尽管这也是一种生活,有着生活意义发生的可能,但极大制约了生活意义的生成与提升。(2)他们理解生活的内容和境遇充满着自己"悲剧色彩"。特殊儿童儿童心理学已经揭示出他们这一特点,如盲童焦虑、自卑、孤僻等异常个性特点[①],使得他们常常阻断了对可能生活的向往。(3)在课程与教学中,特殊儿童的身心机能和感官认识手段的限制,使得他们认知出现偏差,影响他们生活能力。譬如,视障人在现实生活中对宏观和微观世界的认识的困难;听障人由于沟通障碍对人际交流和交往的羁绊等,影响着他们生活意义的完整向好的积极发展。特殊教育难以为他们的生活提供所有知识和能力。(4)特殊教育实施受到特殊儿童生活体验匮乏影响,缺少特殊儿童生活体验,使得教育中知识获得缺少意义建构。如失去生活经验的支撑,特殊儿童所得的知识与知识过程的情感、态度、价值观的分裂,甚至造成"知识成为特殊儿童的负担"和"厌学",难以生活意义和知识体验的方式,完善他们的生活。

【问题与思考】

结合特殊教育与特殊儿童生活的关系,分析有的聋校学生"厌学"的原因及其对策。

要点提示:

"厌学"表面看是对学校教育的厌弃,实质上是对特殊教育远离听障学生生活意义的批判。当教育缺少学生生活形态、生活体验和生活意义,便使得教育成为学生生活之外的负担。反过来,如果特殊教育充满着学生生活意义,听障学生无论学习多累,都会身心愉快。

为此,特殊教育要把听障学生生活特性、逻辑及其需要作为重要基础,回归听障

---

① 陈云英.中国特殊教育学基础[M].北京:教育科学出版社,2004:247-248.

学生生活，以生活的方式和态度、意义呈现知识过程，展开教育活动，让听障学生以生活的态度和方式、意义建构知识。

生活意义是人的可能生活及其他各种意义行为发生的基础，具有无限的超越性和能动性。特殊教育回归生活，重在回归生活意义的体验。充分发挥和利用生活意义的这种超越性，在有自我生活意义的知识学习中，促进特殊儿童对生活的热爱、对知识的渴望、对可能生活的追求，展现自己的生活理想。

你有什么新认识呢？

(二) 特殊教育学校组织管理与教学对特殊儿童生活的制约

特殊教育活动是一种理性活动过程，往往以理性至上的方式脱离特殊儿童生活，造成特殊教育与特殊儿童生活的紧张。特别是隔离的特殊学校教育，以带有隔离的伦理、秩序、规则和技术特性的管理制度与教学，异化了他们生活的特性，遮蔽了生活的意义，规约着特殊儿童生活特性。(1) 高度隔离化组织化的教育管理体制，以隔离的专门教育场所、管理制度和专业教育技术等，带来了特殊儿童与自然和社会的分离，使得特殊儿童的生活与主流世界的人的生活隔离开来，压抑了特殊儿童多样化的生活活力，阻断了对主流社会的融合参与，特殊儿童生活陷入单一性、僵化的困境。(2) 高度理性化、抽象化、普遍化的课程知识，替代了特殊儿童鲜活的具体生活，阻断了特殊儿童生活体验，带来知识学习与广泛时空的生活经历、经验等独特的生活境遇相分离，知识本身与特殊儿童生活意义相分离，造成特殊儿童生活被预定课程知识殖民而僵化。(3) 教师为主导的教学实施，缺少对特殊儿童生活及其意义的关照，导致特殊儿童学习的自我生活意义的匮乏。这非但带来了知识与特殊儿童生活意义的分离，还带来特殊儿童知识内部的分裂，即知识本身与知识过程的情感、态度、价值观隔离开来，全然不见特殊儿童的生活意识和意义。由于生活意识和意义是富含个体的经验、认识、情感、态度、价值观、愿望和意志的，具有内在生成性、自主建构性的极大能动性。缺少与生活意识、生活意义的联系，知识仅仅是被教师灌输的僵化的"死知识"，特殊儿童生活失去知识灵性的涵养，失去了生活活力。(4) 教师对特殊教育回归特殊儿童生活的把握有偏差，阻碍了特殊儿童生活体验与生活意义形成。如，教育教学方法途径悬离于特殊儿童生活之上，以抽象知识和规则替代了生活的技能和规则，以抽象概念替代了特殊儿童具体多样复杂的生活。再如，将教育内容等同于特殊儿童生活，完全泥陷于特殊儿童生活的具体需要，缺乏教育的超越性(培智学校的课程具有类似特点)。特殊教育中的知识能力不再与特殊儿童未来生活联系，导致特殊儿童很难面向和适应未来可能生活。

【问题与思考】

美国哲学家、教育家杜威提出的"教育即生活"的论断。结合本节学习思考，如何促进特殊教育回归特殊儿童生活。

要点提示：

杜威从本体论和价值论上揭示了教育与生活的内在本质的一致性。特殊教育是特殊儿童提升生活及其意义的重要方式。

首先，特殊教育要引导特殊儿童生成对可能生活的关切的内在需要，以生活需要教育，激发特殊儿童生活自觉性。其次，对教师而言，要以生活的态度，去教育影响学生的生活，特别是重视教育中情感、态度、价值观等对特殊儿童人格及生活的影响。再次，要重视特殊儿童生活体验、意义在特殊教育中的作用，正视对特殊儿童生活认识中的偏差，在尽可能矫正认知偏差和丰富认知基础上，打通特殊儿童生活走向特殊教育的壁垒。

你有什么新认识呢？

本讲小结

特殊儿童生活是特殊教育的具体实践价值。特殊教育价值就源于对特殊儿童生活能力的提升和意义的引领。本讲主要阐述了：(1)关于生活和特殊儿童生活的认识。指出生活是人自为性的自觉实践活动，是人价值意义的实践过程、赋予过程。与生存相比，生存并不必然拥有生活，也不必然揭示生活本质。生活意义是生活区别于生存的重要本质。生活因富含价值意义而使其在层次上高于生存。特殊儿童生活的差别不在于残疾或者缺陷，而在于需要这种意识结构对特殊儿童生活的意义赋予和构造，需要的意识结构规定了特殊儿童生活的特性。就特殊儿童需要的性状和方式来说，可分为一般需要和特殊需要、外在需要和内在需要。其中，一般需要体现特殊儿童类的存在的生活共同性，特殊需要体现了特殊儿童生活的差异，外在需要降低了特殊儿童的主体性，内在需要提升了特殊儿童主体性，构筑了生活的意义、本质和高度。内在需要是他们超越内在身心缺陷、超越外在客体制约，以及创造生活意义和实现对可能生活向往的支配性力量。通过不同需要对特殊儿童生活影响的分析发现，特殊儿童生活大多具有被设计性、生活的意义稀缺性。(2)阐述了特殊教育与特殊儿童的关系及其影响。提出，特殊教育和特殊儿童生活是工具性与目的性的关系；同时，也是相互依存相互建构的关系。特殊教育要回归特殊儿童生活，为完善特殊儿童生活服务；特殊儿童生活也要被纳入特殊教育视野，来建构与完善特殊教育自身。特殊教育影响特殊儿童生活：一是以直面当下现实生活的生活态度和方式，为特殊儿童满足外在需要、改善现实生活提供了具体支持；二是以生物性补偿和文化性补偿的个体化方式，为满足特殊儿童特殊需要、提升其生活的理性能力提供了具体支持；三是以"为未来生活做准备"的关怀方式，为特殊儿童满足内在需要、超越现实生活提供了具体支持；四是以"博爱""平等""自强""人权"为主要精神内涵的文化方式，为激发特殊儿童生活内在需要提供具体支持。特殊教育影响特殊儿童生活的路径，主要是：满足特殊儿童特殊需要和激发其内在需要是特殊教育影响特殊儿童生活的逻辑前提；关怀是特殊教育影响特殊儿童生活的基本原则；体验是特殊教育影响特殊儿童生活的基本方法;发现和开发特殊儿童潜能是特殊教育影响特殊儿童生活最重要的内容。当然,特殊教育对特殊儿童生活的影响也有一定的局限性。

推荐阅读书目

赵汀阳著《论可能生活:一种幸福和公正的理论》(中国人民大学出版社)

杜威著《民主主义与教育》(人民教育出版社)

诺丁斯著,于天龙译《学会关心:教育的另一种模式(第2版)》(教育科学出版社)

思考与练习

1. 简述特殊儿童生存与生活的关系。
2. 简述特殊儿童生活的外在需要和内在需要及其特点。
3. 简述特殊教育与特殊儿童生活的关系。
4. 论述特殊教育影响特殊儿童生活的方式、路径及其局限。

第七讲　特殊儿童缺陷补偿、社会适应与特殊教育

【学习要点与目标】

1. 理解特殊儿童缺陷及缺陷补偿，重点掌握哲学视野的缺陷与缺陷补偿。
2. 理解特殊儿童缺陷补偿的困境及其实现路径。
3. 理解特殊儿童社会适应的特点，形成对特殊儿童社会适应的基本认识。
4. 理解特殊儿童社会适应的困境及其实现路径。

缺陷是表征特殊儿童身心差异的一个主要方面。缺陷补偿是特殊教育对特殊儿童身心健康成长的具体实践价值。社会适应关系到特殊儿童"自我—社会"的意义关联，是特殊儿童社会实践中的重要能力，促进特殊儿童社会应同样构成了特殊教育的重要实践价值。当前，在全纳教育语境中，尽管缺陷及缺陷补偿有冲撞人的尊严的嫌疑，而多以"潜能开发"来言说，但是在具体实践中，缺陷及缺陷补偿是无法回避的。缺陷补偿、社会适应命题是特殊教育理论与实践的一个核心命题。

本讲一是在厘定特殊儿童缺陷问题的基础上，通过批判分析缺陷补偿的技术补偿，确立以精神补偿为核心，以教育方式来补偿的路径。二是在厘定特殊儿童社会适应的基础上，通过批判性分析他们社会适应的特点和问题，提出促进特殊儿童社会适应的方式路径。

第一节　关于特殊儿童缺陷的基本认识

缺陷是表征特殊儿童身心差异的一个主要方面。关于缺陷问题是认识特殊儿童的一个核心问题。古希腊和古罗马，缺陷被作为一种异质于人的"报应""魔鬼"等而进入人们的认识视野。18世纪后，缺陷又被视为"身体病态"，而导致医学思想的隔离教育。20世纪中后期全纳教育又以"差异（缺陷）是正常的"，表达了对人的缺陷的普遍存在的认同。可以说，对缺陷的认识直接关涉特殊教育的理论与实践。

对缺陷的认识有着多层面、多视角的理解，体现了缺陷的丰富含义和人们认识的多元化。当前，人们对缺陷的认识主要从科学视野（主要是心理学、医学）和哲学两个

视角来分析。

一、科学视角的缺陷

从医学、心理学的科学视角看,对缺陷的关注,更多的是人的生物机体事实,多以身体机能结构水平等身心性状特征来反映,多表达为身心状态的"失常""不完整""病态"。认为**缺陷是人在进化或发育过程中表现出来的某一方面的一种未完成性或不完善性,通常被标识为"残疾、功能亏损,机能不足"等。这是当今我们筛查鉴定特殊儿童的主要依据和视角**。如,在生物学家看来,身心机能不足的缺陷被视为进化主旋律中的变异,或被当代生物学家称为"遗传错误"。在科学视角下,缺陷是通过实证的方式来认识,指向的是缺陷的客观事实。如,能通过调查、实验、测量等,为缺陷建立精确的数据模型结构。再如,智力测量、适应能力测量等,建立智力缺陷的标准。从科学视角看,缺陷构成特殊儿童与其他儿童的主要区别,特殊儿童主要是指在"身心发展上有各种缺陷的儿童",并根据程度不同划分了若干等级。当前,特殊教育就主要是从这一科学认识视角看待特殊儿童,将缺陷作为特殊儿童与其他儿童比较的"相对物",是特殊儿童不可回避的事实存在之物。

知识拓展

维果茨基的缺陷理论

维果茨基是20世纪苏联最有影响的心理学家、文化历史学派创始人。他提出缺陷儿童发展中第一性缺陷、第二性缺陷,以及派生性缺陷理论。他认为身体的某一缺陷不是孤立的。第一性缺陷受疾病直接影响,主要靠医学来解决。第二性缺陷是第一性缺陷引起的发展损害的结果,主要靠社会教育矫治。派生性缺陷与第一性缺陷没有直接关系,但与第二性缺陷有关。(李娟、麻彦坤《维果茨基缺陷学思想解析及其当代启示》)

这种科学视域的认识视角,对缺陷予以精确测量、分类并建立各种准则,为认识特殊儿童奠定了科学依据,为特殊教育提供了专门性针对性教育的科学理性;同时,也以科学理性的名义给予特殊儿童"标贴效应",导致缺陷成为标志人的差异的相对之物,使得残疾人成为人的缺陷的主要承载者和体现者,扩大了缺陷的存在,也扩大了人的差异,拉大了特殊儿童的社会不公平。

【问题与思考】
科学视角对残疾的诊断可以直接用作对特殊儿童教育安排的依据吗?
要点提示:
对特殊儿童纯粹医学的诊断评估不能直接用于特殊教育。一是,因为纯粹医学诊断评估所鉴定的特殊儿童不一定需要特殊教育,而非特殊儿童不见得不需要特殊教育。二是，特殊教育与医学的不同视野也决定了诊断结果具有不同的适用范围。医学诊断的缺陷及其特殊需要，是以医学手段侧重面向个体当下的身心改善；特殊教育则需要以教育的手段，面向个体身心未来发展性的需要。因此，医学诊断及其结果是特殊教育的必要基础，但用于特殊教育时，还需要在此基础上进行特殊教育目的手段的进一步转化（即教育诊断评估）。

你有什么新认识呢？

二、哲学视野的缺陷

哲学视野独特的价值理性思维，更关注人独有的实践活动及其价值意义问题。从哲学视域看，对缺陷的认识主要是以反思和批判的方式，关注缺陷存在与人存在的整体上的本质的联系，而不是关注缺陷这一具体对象的本然或客观事实。

（一）缺陷的广义理解

站在哲学视野，缺陷其实是人共同的特性，是人本源存在的有限性。人之所以有缺陷，是因为人作为自然界的存在物，注定了人只能依赖于自然界。人的有限性表明了，缺陷实质上是人的一种始源性的普遍存在。人的有限性不仅体现在肉体生命在时间和空间维度的有限性，还体现在人的精神意识的有限性。马克思关于人的对象性存在与活动，就表达了人的受动这一有限性。人需要工具、食物等说明了人是一个不完满的存在。从这个意义上，人的缺陷具有始源性、必然性、普遍性的特点。正是由于缺陷的这一特点，使得人发生厌弃人本身而崇尚神灵、放弃自身完善的努力而转向对身外之物的追逐等现象。现实中，人的宗教情结，甚至人对科技的依赖性（如，依靠医药弥补自身免疫力不足），等等，就深刻反映了这一点。这使得人的缺陷被进一步增生放大。即，**有缺陷的人成为人永恒的缺陷**。但缺陷同时也是人奔向无限性的动力基点。正是缺陷的存在使人超越自身缺陷而趋向无限发展、完满发展，并在无限发展的追寻中不断释放自己的本质力量，改造自然、改变自己，为提升人的主体自由能力奠定了前提性基础。

可见，**缺陷是人作为大自然的存在物，而始源于人的有限性所具有的始源性、必然性、普遍性的结果和特性，同时也是生成人的本质力量、提升人的主体自由能力的基础，与人的本质力量是统一的**。这是人不同于"神"而有限性存在的绝对性。这是对缺陷的广义上的理解，为人们正确认识特殊儿童的缺陷奠定了逻辑起点，敞亮了视野。

（二）狭义上的特殊儿童缺陷

站在哲学视野，特殊儿童缺陷既有普遍意义的始源性存在特征，与人普遍意义上的一般缺陷并没有本质的不同，只有缺陷量的多寡、程度的高低之分；又有相对于他人的相对独特性，即"一定范围、一定程度上的稳定差异性或不相似性"。前者表达了始源性的绝对缺陷特征，是特殊儿童类存在的普遍意义的必然特性。后者表达了相对独特性的缺陷特征，是特殊儿童之所以"特殊"的基础。但是，在现实中，人们对特殊儿童的认识,往往仅片面关注了后者相对独特性的缺陷特征,而忽视了前者。特殊儿童之所以被歧视,就在于把人缺陷的绝对性普遍存在,而误解为专属特殊儿童的相对性特殊存在。即,把缺陷的绝对性相对化了,扩大特殊儿童与其他儿童的差异。例如,把人普遍意义的缺陷视为人进化不可或缺的、宝贵而可爱的,而特殊儿童的缺陷是上帝惩罚、是可憎的,且绝对影响身心成长发展。由此看来,对特殊儿童缺陷的认识,既要看到特殊儿童缺陷存在的独特性,又要看到他们与其他人普遍意义上的缺陷的一致性。**特殊儿童的缺陷,至多可以视为人的缺陷绝对性和普遍性存在的一种相对形式或独特风格。它表达了人的多样性的一个特征。**

（三）缺陷形成的现象学分析

运用胡塞尔现象学还原方法,"回到事情本身",便可发现:特殊儿童无论残疾程度的高低,缺陷都指向人的精神、态度、思维等主观世界的意向性构造。例如,有的人身心残疾程度较重,但对外界的依赖性不大,主体能动性受到的制约和障碍也不大,个体发展成就有高度;有的人身心残疾程度较轻,却对外界依赖性很大,主体能动性不够,甚至漠视生命。又如,同样的视觉缺陷,先天失明的盲人,视觉缺陷生成于思维、意识产生之前;后天性致盲的盲人,特别是思维、意识活跃的青春期失明的盲人,视觉缺陷生成于思维、意识产生之后。前者内心世界的缺陷程度要比后者小得多,前者可能无所畏惧,后者可能痛不欲生。

这表明**缺陷具有内在生成性、意向性构造的特征,而不完全等同于外显的残疾本身**。也就是说,**缺陷既有肌体的外在性（外显性缺陷）,也有意识的内在性（内在性缺陷）**。这两者构成了特殊儿童缺陷的基本特征。其中,内在意识性的缺陷更为重要和根本,是本书哲学立场意欲阐述的重点。可见,哲学视野的缺陷,不仅关注肌体"残疾",而且重在关注肌体背后人的实践意义和精神意识世界,侧重于身心两个方面"缺失或不完美",并把这种"缺失或不完美"在特定环境中给特殊儿童身心发展导致的制约性结果称为"障碍"。在这里,哲学视野的缺陷含义明显比科学视野的残疾更为丰富复杂,其具有以下两个深刻蕴含。

（1）内在性缺陷的生成。从哲学视野看,**特殊儿童内在性缺陷的生成与残疾本身是复杂的相关性关系,而不是必然性的因果关系;缺陷可能源于残疾本身,但并不必然正相关;其根本上是自身残疾与内在意识以及环境相互联系相互作用的构造物**。内在性缺陷包括"**具身性缺陷**"和"**离身性缺陷**"。其中,"**具身性缺陷**"是指由身体残疾的生理属性直接决定和给予的、必然性的身心缺失或不完美。它与身体残疾的生理属性及体验有着密切的必然联系,反映了缺陷与身体之间具身作用的同构过程。甚至说,有什么样的身体残疾就会有什么样的缺陷。如,视力残疾人因视力残疾导致的对色彩、宏大物体、微观物体及运动等相关的概念思维缺陷,它是由视力残疾在认知活动中必然导致的具身认知结果。① "离身性缺陷"是指与身体残疾的生理属性及其体验并无必然性联系,间接地、增生性地,甚至残疾无涉地生成的身心缺失或不完美。如,有的视力残疾人具有特惠要求、过度自尊、自我中心等意识,它与视力残疾并无因果性联系,至多是具有相关性关系。

(2) 关于缺陷与障碍的关系。广义上看,障碍也是人的一种缺陷。在这里,本书从狭义理解,认为障碍与缺陷不是等同的关系,这两者是不同的概念。无论外在性还是内在性的缺陷,强调的是特殊儿童实在性的身心特征,即实体性思维的命题。而障碍强调的是特殊儿童在特定环境中缺陷与环境相互作用而给身心发展导致的制约性结果,是缺陷与环境之间关系性的反映,即关系性思维的命题。也就是说,当特殊儿童自己真空般存在时,有实在无疑的缺陷,但无所谓障碍。当特殊儿童在与他人与社会与自然的环境中发生各种关系时,障碍就可能产生。譬如,听力缺陷儿童,当与人交流时会有沟通障碍,在社会活动中会有社会适应障碍;但当他独处时,有听力缺陷,却无所谓障碍。可见,**障碍是特殊儿童身心缺陷与其所在环境相互作用,而给身心发展带来的制约性结果。环境对特殊儿童身心缺陷的不支持不适应,是障碍的一个重要根源**。缺陷是可能导致障碍的一个诱因、一个条件,却并不必然导致障碍。如,下肢体残疾人,有肢体缺陷,但是通过配备轮椅、设置垂直电梯等物理环境的支持,他们并没有行走障碍。另外,缺陷程度与障碍的程度也并不必然成正比。残疾程度重的人所具有的障碍并不必然比残疾程度轻的人的障碍严重。现实中,就有全盲学生身心障碍远小于低视力学生身心障碍的案例。**缺陷不等同于障碍,这是本书厘清的一个基本概念**(第二讲亦有相关阐述)。

对这两个概念的使用,本书认为,在表达特殊儿童实在性的一般身心特征的语境中,用缺陷更合适。如,上述所指出的外显性缺陷、内在性缺陷的"具身性缺陷"和"离身性缺陷",就是对特殊儿童实在性一般身心特征的描述。在缺陷与特定环境的关系语境中,表达特殊儿童在特定环境中所具有的制约性身心特征时,使用障碍更为合适。如,特殊儿童在社会活动中的沟通障碍、社会适应障碍等,就是在"社会活动"特定环境中对特殊儿童制约性身心特征的描述,一旦失去"社会活动"这一环境中人的交往、实践,也就无从判断或确定他们的障碍。进言之,特殊儿童社会存在的身心差异本质上并不是用残疾或缺陷来表达,而关键在于障碍。这是在客观肌体残疾之外,自觉或不自觉地划定特殊儿童是否为障碍儿童的绝对性力量,是特殊儿童之所以"特殊"的本质所在。

一般说来,在下面两种情况下较易形成内在性缺陷,并在特定环境中导致障碍。一是,当特殊儿童的能动意识被自身的残疾(即外在性缺陷,下同)所遮蔽,生成了与残疾一致的"同构意识",意识和行为能动性为残疾客观性所抑制,生成内在性缺陷,

---

① 具身认知(Embodied cognition),是心理学中一个新兴的研究领域,主要指生理体验与心理状态之间有着强烈的联系。但是笔者认为翻译为"据身认知"更合适。

进而成为特定环境中的一种障碍。二是,当特殊儿童身心残疾受到环境(特别是社会环境)制约,他们不足以超越或抗拒环境制约时,其残疾就不断生成一种不适应或对立紧张的意识,这种意识于残疾本身之外延续、放大或生成着他们在这种环境中的内在性缺陷,进而成为特定环境中的新障碍。正是由于自我的、社会的意识性构成的加入,特殊儿童内在性缺陷远比残疾本身丰富、复杂、严重。特别是后者环境的影响是特殊儿童难以抗拒的。社会环境中的物理环境和社会伦理、态度、文化和思维方式、认知方式方法以及行为规则、价值标准等,常常以主流社会形态的公共特性,构成了特殊儿童内在性缺陷生成的重要源泉,特殊儿童的内在性缺陷及其障碍也被赋予了更多更新的社会特征,即社会建构的特征。

【问题与思考】

结合上述学习分析,为什么说听力残疾学生的缺陷远比"听不到""不能说"更为复杂严重。

缺陷既有肌体的外在性,也有意识的内在性,不完全等同于外显的残疾本身。内在性缺陷的生成是自身残疾与内在意识以及环境相互作用的结果。

听力残疾学生,一方面会有听觉认知和语言与言语不足。另一方面他们在社会主流环境中遇到非通用的物理环境设计和社会伦理、态度、文化和思维方式、认知方式方法以及行为规则、价值标准等的影响,会增生诸多新缺陷和障碍。如,文化心理不适、社会交往障碍、人格缺损,社会适应障碍,等等。其缺陷远比听力残疾本身丰富、复杂、严重。譬如,"不愿说"远比"不能说"更为严重。"不愿说"是离身性缺陷,属于心理意识问题,难以替代或改变;"不能说"是具身性缺陷,属于生理机能问题,可以通过手语来替代补偿。

你有什么新认识呢?

第二节 特殊儿童缺陷补偿与特殊教育

特殊儿童缺陷与缺陷补偿是两个紧密相连的概念。缺陷补偿来自特殊儿童生命自觉的能动性。下面从哲学视角阐述缺陷补偿的基本观点,揭示特殊儿童缺陷补偿的技术补偿与精神补偿及其弊端,并阐述特殊儿童精神补偿的教育实现路径。

一、关于特殊儿童缺陷补偿的认识

缺陷补偿是特殊儿童成长发展的必然方式,与特殊儿童的成长具有一致性。从不同立场,缺陷补偿有着不同的方式。下面从哲学视角阐述缺陷补偿的基本观点。

(一)什么是缺陷补偿

从人的缺陷的普遍意义上看,缺陷补偿实质上就是人的生命活力的一种表现,是对人不完满存在的否定与改变，体现了人的能动性对有限性的解蔽，反映了人生命自由自觉特性。对特殊儿童而言，**缺陷补偿是通过自身能动作用及外在力量支持，自觉或不自觉地改变自身缺陷制约，而实现自身生命体和意识世界更加完满、协调发展的活动过程。**

从补偿主体看，可分为外在补偿和内在补偿两个向度。外在补偿，即依赖于外在力量，改变与支持特殊儿童身心发展的活动过程。如通过相关技术、设备及其他条件支持等，嵌入增补式的提供正向身心发展的有关支持，或者阻断式地改变负向的身心状态，或者替代式地满足身心发展需要，或者康复式地恢复改善高身心机能。内在补偿，即特殊儿童在生命自由自觉基础上，通过自身主体能动性，内在性地、生成式地改变或超越缺陷制约的身心发展特性，包括生物性的自发补偿和精神意识的自觉补偿。前者主要体现为对外显性缺陷及其内在性的具身性缺陷的补偿，后者主要是对离身性缺陷的补偿。

从补偿媒介看，可以简单分为生物性补偿和文化性补偿。**生物性补偿**，即狭义上的特殊儿童生物体机能的缺陷补偿，包括机体本能性的自发补偿，也包括外在支持的自觉补偿。本书特指后者，即通过外在力量的支持，对特殊儿童某些身心机能的替代、增补、变通或改善，嵌入式或内在生成性地帮助提高身体机能水平。生物性补偿指向的是特殊儿童生物体肌体能力和结构，体现了特殊儿童肌体的能动性、自组织性，也反映了技术支持的工具性。**文化性补偿**，即以提高特殊儿童社会存在的知识水平、能力素质、价值意义等属性为目的，而面向广阔的文化世界，运用知识经验等人类文化成果及其活动，内在生成式地补偿特殊儿童生物意义的机体结构和功能的不足，使之摆脱或超越对自然存在属性的依赖，加快"文化人"进程。德国生物人类学家格伦研究揭示，人是一种在生物学意义上未完成、未确定的动物。人的组织和器官先天具有生物学上的"非专门化""匮乏性"特点。尽管人的某一器官不能像动物一样强大，也不会像动物那样只适应于某一种特定生活条件或某一个特定的对象与活动。但是，正因为如此才不会像动物那样完全凭借着本能生存，而是使人可能面向更开放的文化世界，补偿自己器官先天本能的不足，即文化性补偿。它以文化参与特殊儿童缺陷补偿，提升人的本质力量。

从补偿方式看，缺陷补偿亦可有科学视野的技术补偿和哲学视野的精神补偿等。**技术补偿，即通过技术，嵌入式地阻断缺陷对特殊儿童身心发展的制约，或帮助提升他们身心发展机能水平，支持特殊儿童身心成长需要，实现特殊儿童某些身心机能在学习、交往、生产、生活等方面的积极改变。**如，身心功能康复技术、电子辅助技术、医疗技术等。技术补偿面向的是特殊儿童生命机体的功能性维度。对特殊儿童来说，技术补偿是一种增补性生成的、弥补先天机能不足的一种可信赖的手段。特别是当今技术主义至上的年代，技术补偿对特殊儿童缺陷补偿具有极大的吸引力。**精神补偿，即以激发特殊儿童精神意志为主要手段，通过精神和自由意志对缺陷的超越作用，帮助特殊儿童避免或减少缺陷给身心成长带来的制约。**精神是内在的、自由生成性的，精神的优势特性在于具有极大的超越性。精神补偿的核心价值就是给特殊儿童以精神的能动超越性，以自由意志的形态支配身心成长。特殊儿童缺陷的内生性、意识性，决定了其缺陷补偿根本上还是接受精神和自由意志的支配。可以说，精神补偿是对特殊儿童缺陷补偿的根本方式，是对他们生命成长最深切关怀，在特殊儿童身心发展中占据灵魂高度，具有统摄其他补偿的价值理性。

（二）哲学视野的缺陷补偿基础

首先，特殊儿童缺陷补偿，是建立在自身生命自由自觉的能动性基础上的。借鉴萨特观点，缺陷补偿就是对缺陷"恶心"和"畏惧"而否定缺陷的自为过程。按照马克思主义观点，是人自由的生命自觉特性。即，不是被动地适应于特定身心及其发展的局限，而无限能动地"伸展身心"。在这里，生命自觉体现为自我觉解、自我选择的意识和能力。生命自觉之人，时刻"将自身置于特定的生境中去考量自我生命与所处生境的关系……在现实的环境中寻找和拓展自己的发展空间。"①可以说，生命自觉给人以无限的生存发展空间、自由创造空间，使生命不断生成、永葆常新。正是生命自觉，给特殊儿童的缺陷补偿奠定了基础和可能，为特殊儿童缺陷补偿提供了内在动力，使特殊儿童处于不停的动态生成之中，需要以不断的缺陷补偿趋向完满。生命自觉，虽然很难改变特殊儿童具身性的缺陷，但是对补偿特殊儿童离身性缺陷的内在意识不足，具有主导作用，支配着特殊儿童成长发展。现实中，特殊儿童身残志坚就是生命自觉的反映。缺陷补偿更深层的重要意义在于促进生命实现自身价值。马斯洛已经证明，人人具有对自身价值实现的需求。特别是在当前文明发达的社会里，已完全保证特殊儿童初级需要（生理和安全需要）和基本满足中级需要（归属和尊重的需要），特殊儿童对于自我实现的价值需要，比任何时期都强烈。全纳教育已经提出让每一个人充分发挥潜能。实现自身价值，成为特殊儿童补偿缺陷、超越性发展的内在动因。

其次，缺陷补偿有着特殊儿童潜能的具体支持。特殊儿童潜能已经从理论和实践中得到极大肯定。前面第六讲已经阐明指出的玛格丽特·米德、奥托、心理学家威廉·詹姆斯、马斯洛的研究，特别是霍华德·加纳德的多元智能结构理论，已经从理论上充分论证和支持了特殊儿童在不同智能方面，可能具有潜能。现实中，方舟舟等诸多成功案例已经表明了特殊儿童具有他人不具备的超常智能。潜能是特殊儿童缺陷补偿得以实现的重要本体依据。至今，我国特殊教育政策设计中，都把潜能开发和缺陷补偿结合起来，作为指导教育教学的重要原则。

【案例与思考】

多元智能的特殊儿童

电影《雨人》的原型金·匹克出生时因巨头畸形导致小脑受损。他运动技能有困

---

① 李政涛. 生命自觉与教育学自觉[J]. 教育研究，2010(4):4.

难,直到四岁时匹克不会走路,不会系扣子。在心理学测验中匹克的智商低于平均值。然而,他这一生一字不漏地记住了12 000本书,具有摄影式记忆力。他读书时每页只需要约10秒钟,而且可以将读到的东西记下来。

史蒂芬维尔特患有自闭症,导致他对学习和处理信息有困难。但维尔特却有特殊的超能力——靠记忆画画。他瞄一眼整个城市的风景,然后仅靠记忆力把它画下来。维尔特画的画跟城市一模一样,每幢楼所在的位置和比例都与现实世界完美相符。楼房、窗户、拱桥、门廊——几乎每个细节的尺寸和位置都精确无误。

被称为"中国雨人"的周玮,从小多病,智商处于中度智障水平(通过韦氏智力测验结果显示:言语智商为49,操作智商为46以下)。然而他速算能力超常,不借助任何工具,两眼一瞅题便心中有数。等差数列、循环小数化分数、高次幂、多位数相乘……答案信手拈来,均正确无误。如,"72057594037927936开14次方",他不借助任何工具,两眼一瞅,便心中有数:16。记者即兴出的每一道题,周玮都能在很短的时间内给出正确答案。

你有什么感想呢?

二、特殊儿童缺陷补偿的审视

技术补偿和精神补偿是当前特殊儿童缺陷补偿所依赖的两大方面。这两大补偿对特殊儿童的作用是不一样的。技术补偿关注的是特殊儿童生物体机能,精神补偿关注的特殊儿童精神意识世界。在当前技术主义至上的时代,技术补偿体现出对精神意识的僭越趋势。

(一)特殊儿童对技术补偿的过度依赖性

技术的优势特性在于能使人的主观精神意识变成客观的物质存在。技术补偿就是试图把主观的东西客观化,它对特殊儿童缺陷补偿具有极大的吸引力。但是,技术不是价值无涉的,每一种技术都蕴含着相应的目的需求、价值取向、操作规范、思维方式和行为方式等技术逻辑。譬如,汽车蕴含着对视觉需求而适应明眼人使用的价值特征,计算机蕴含着逻辑运算思维以及对相应运算逻辑的数字产品的适应,等等。也就是说,技术是人创造的,自然具有属人性的特征。技术与人的生成具有一致性。从技术与人的存在看,技术起源于人类本身的有限性。人依赖于技术,获得更多利益。同时,人在不断创造技术、运用技术的过程中,技术的变革又推动着人的发展变迁。从宏观看,关于史前旧石器时代、新石器时代、青铜器时代、黑铁时代,以及近代的蒸汽时代、电气时代、信息时代,就是以工具标志历史,彰显人类变迁。马克思指出,人首先是以制造和使用工具为标志,把人同动物区别开来。从工具技术理解人,从人的角度理解技术,具有高度一致性。有什么样技术理念,就会有什么样的人性理想,反过来也是一样。因此说,工具创造历史,创造人类,与人的生存密切相关。甚至说,技术就是人的存在方式。法国著名哲学家贝尔纳·斯蒂格勒指出,"人类历史是作为外延过程的技术的历史。"①技术自其产生应用起,就超越了生产的意义而成为塑造人们交往方式、思维方式、生活方式的强势力量,显示了人在技术中生成的一面。特殊儿童接受一种技术对缺陷的补偿,就必须接受技术所内含的相应技术逻辑的制约。而任何一种技术都表现为一种天然的单面的效率至上、程序至上的工具理性,使得技术补偿缺陷在打开了特殊儿童的一些可能性的同时,又遮蔽特殊儿童的一些无限性,限制了他们的另一些可能性,②身心发展受到抑制和分裂,具有忽视主体性,悬置精神意义的可能。同时,技术最大的特性就是可重复性,技术补偿所面向的毫无差异的"一个人",它撇开了特殊儿童主体的差异性、多样性,具有吞噬特殊儿童自由的必然。由此,技术补偿给特殊儿童带来身心改善的技术支持的同时,也带来严重的技术依赖。特殊儿童对技术补偿具有依赖性与排斥性的双重特性。但技术总是领先于特殊儿童而存在,这注定了特殊儿童接受技术补偿必然接受技术支配的命运。

(二)技术补偿对特殊儿童精神意识的蒙蔽性

当前,随着技术理性的现代化狂飙,精神补偿陷入理性化、技术化、组织化的牢笼之中,造成了新的精神困境。如,各种教育技术、辅助技术、康复技术等对特殊教育补偿特殊儿童缺陷的支持,虽然对促进提高他们身心机能具有极大的优势;但也带来特殊儿童生存的技术化,精神的超越性难以生成,精神补偿甚至成为技术补偿的附庸。特别是随着技术的制度化和制度的技术化,使技术生存成为特殊儿童缺陷补偿不可逃避的生存境遇。技术正从肉体上改变着特殊儿童,特别是基因技术,甚至芯片移植等参与缺陷补偿,使特殊儿童成为可以随心所欲地重组的"人造综合体",缩小甚至抹平着缺陷及其差别。例如,基因技术补偿正在抹杀传统意义上的特殊儿童的身份和边界,甚至可能彻底消灭传统意义上的特殊儿童。技术补偿的诱惑是无法抵御的,特别是基因治疗技术在促进特殊儿童在摆脱先天性不足制约、提升生物能力等方面彰显出巨大的能量。但它也为遗忘精神的超越性埋下了祸端。也许,有一天,当把特殊儿童缺陷补偿彻底交给技术补偿时,技术补偿在抹平特殊儿童缺陷、提升其生物体机能的同时;也可能彻底遗弃了特殊儿童自由意志和超越精神,抹杀了其主体本质力量的能动性,造就了不会思考的"芦苇"。③

【问题与思考】

结合上述学习思考,视障学生依赖盲人有声读物蕴含的技术逻辑及其带来的消极影响。

要点提示:

盲人有声读物是通过听觉感知的,以语音为载体的文字信息系统,主要是电子技

---

① 贝尔纳·斯蒂格勒.技术与时间:2.迷失的方向[M].南京:译林出版社,2010:2.
② 张桂芳,陈凡.技术与生活世界[J].哲学研究,2010(3):110.
③ 此处借鉴法国著名哲学家帕斯卡的比喻。他在《人是一根会思考的芦苇》指出:人不过是一根芦苇,是自然界最脆弱的东西,但他是一根会思考的芦苇。人的所有尊严就在于思想。

术系统和传统的录音机设备。它与触觉感知的盲文点字相比,一是要求收听者只需具备相适应的听觉器官即可,无需触觉介入。二是有声读物的语音会具有一定的直观的情感表达,无需对盲文点字进行抽象的语言理解。视障学生对盲人读物的依赖,一方面,可能降低他们感知盲文的触觉感知度和阅读速度;另一方面,会丧失对文字的抽象理解能力。

你有什么新认识呢?

三、特殊儿童缺陷精神补偿的教育实现路径

缺陷的内在生成性、意识性,决定了缺陷补偿面向的不仅是残疾本身,也不可能完全由经验科学来解决,而需要哲学思维方式的省察。譬如,听力残疾的补偿远不是佩戴助听器这么简单,而更重要的是面向意识世界。从哲学视野,特殊教育对特殊儿童的缺陷补偿,主要是通过教育方式,以精神补偿为主,促进特殊儿童改变或超越缺陷。

(一)丰富与提升特殊教育的超越功能

教育方式的精神补偿,补偿的不是残疾本身,而是残疾所致的具身性缺陷和离身性缺陷的意识性存在。教育方式实现精神补偿是最革命性的因素。

教育是当今人生存发展的必要条件。特殊教育以知识能力培养、身心功能康复提高和健康人格培育,增强特殊儿童主体理性能力、自由能力。它无论在知识经验的认知维度上,还是人格培养、价值观生成、人生理想引领等维度上,都蕴含着对特殊儿童身心成长未来关怀的教育本性。特殊教育也许没法根本改变特殊儿童的残疾,但能减少他们的障碍。把残疾人变成无障碍的人,就在于特殊教育自身具有的强大超越功能。以教育的超越性,促进特殊儿童超越缺陷,敞开无限发展可能,是特殊教育的崇高使命。在这里,超越缺陷是教育方式促进精神补偿的核心。黑格尔认为"通过自我否定实现内在的超越,是精神活动的固有功能和特性。"[1]**特殊儿童超越缺陷就是用高度自觉的精神和意志,否定缺陷给予的预定事实,挣脱缺陷对自身生命的宰制,摧毁缺陷对生命创造、价值实现的制约,努力缩小甚至抹平缺陷导致的"成长鸿沟"**。不能超越缺陷,是指缺陷主宰了特殊儿童成长发展,抑制了人的自主性、自为性、创造性,带来他们身心成长的限制和障碍。特殊教育的深刻价值正体现在对缺陷的超越和否定之中。这是教育方式的精神补偿有别于技术补偿的本质所在,蕴含着教育对人自由自觉特性的深沉体认。

精神补偿的核心是培养特殊儿童主体自由意志的超越能力。特殊儿童是否生成缺陷、是否需要补偿、是否能够超越缺陷,都取决于特殊儿童自由意志的超越能力。然而,当前现实中,无论在特殊学校还是随班就读学校,一是大多注重技术补偿特别是康复技术的运用,忽视特殊儿童主体自由意志的超越能力培养。二是重视信息技

---

[1] 贺来."内在超越"与哲学的批判本性[J].学术研究,2010(9):14.

术在教育中的运用,导致对教育方式手段多样性的垄断,使得教育补偿日趋简单化,淡化了教育本有的精神关怀向度。这样,缺少精神生命的关怀,可能带来特殊儿童肌体功能康复有提高,却难以促进他们生成自由意志的能动性和超越性。因此,特殊教育一方面要重视以培养特殊儿童主体自由意志的超越能力,作为重要价值维度,充分尊重和捍卫特殊教育的超越性,关注特殊儿童的价值、理想、意义;另一方面,重视丰富与提升特殊教育自身的超越功能,防止教育成为一种单纯的技术化的实践活动,或过分注重对特殊儿童当下生活的关怀,而丧失批判和超越的精神能动性。

(二)以超越缺陷的理想引导特殊儿童自我反思

特殊教育促进特殊儿童精神补偿,本质上是特殊儿童生命自由自觉的意志活动。让他们以意义理解的方式树立超越缺陷的理想,是一项重要任务。树立超越缺陷的理想,就是要特殊儿童认识到自己是"自由的我",以理想生成的意义觉解方式,自觉反思认识自身存在状况和价值意义,生成超越缺陷的自由意志能动力量。现实中,特殊儿童受制于身心缺陷和现实生活的困境,超越缺陷的理想往往自觉不自觉地被淹没在自身"意义淡失"中。他们的自由意志也往往被消解在匆匆碌碌的生活困境。苏格拉底相信,一个未经省察的生活是不值得过的。这种"省察"就是反思。古希腊人的哲学智慧箴言"认识你自己",就内含着"对认识者的认识","认识者对自己的认识"。[①] 这种反思性认识具有经由反思而至"爱智慧"的价值承诺和理想引导。"人没有反思就没有理性,反思表达了人的理性精神。"[②] 自我反思,就是要自己把自己放在有别于自己、又观照与追问自己的他者位置上,自己返回自己,自己满足自己。

"教育作为一项人道主义的事业,其价值不仅仅在于维持个体直接的生命活动,也在于使个体生活的更有意义、更高尚。"[③] 当前,通过反思认识自己的意义,促进自己更好地成长,已被广泛运用。特殊教育引导特殊儿童自我反思,就是要让特殊儿童正确认识和对待自身残疾,思考自身价值意义。通过反思自身存在的意义,从价值之维获得超越缺陷和实现自身价值的理想,建立起把握自己存在意义与缺陷统一的自我成长概念,形成超越缺陷的内驱力,并以自己的自由意志的实践活动实现对自身缺陷的超越。这是特殊儿童的一种生活态度和生活哲学,是自由自觉的意志特征和学习生活的理性特征。现实中,但凡超越缺陷走向成功的残疾人无不是以这样一种自我反思为前提。

(三)以责任承担的方式增强特殊儿童超越意识和能力

生命自觉是特殊儿童精神补偿的基础,但是特殊儿童生命自觉受到身心极大制约,难以自觉生成,除了以超越缺陷的意义理解方式外,还要重视以责任承担的方式,现实地增强特殊儿童实现精神补偿、超越缺陷的自觉意识。责任承担,就是要特殊儿

---

① 胡潇.哲学的反思与超验[J].现代哲学,2006(4):113.
② 胡潇.哲学的反思与超验[J].现代哲学,2006(4):114.
③ 石中英.教育哲学导论[M].北京:北京师范大学出版社,2002:113.

童认识到自己是"社会的我",以责任者、合作者、参与者的方式,认识自我,积极参与社会实践,自觉调控自身缺陷与环境的关系,主动改造环境和超越缺陷,增强超越意识和现实实践能力。责任是补偿人自为性存在的一个前提依据和动力源泉。奥地利精神病学家、心理学家阿德勒(Alfred Adler),从心理学的立场以"自卑情结"为线索提出,超越自卑关键在于正确对待职业、社会和性,在于正确理解生活。他特别强调爱心和社会兴趣之于生活的意义,认为"人在生活中的真正价值(是)——个人对社会的贡献"。[①] 可见,教育方式补偿特殊儿童缺陷,应重视培养特殊儿童对别人、对社会的责任和兴趣,使他们真正认识对社会的责任和奉献乃生活的真正价值和意义。杜威提出的"民主生活方式对教育的构造","民主教育对民主社会的实现",都以责任之维提出了教育的价值规范和标准。通过责任唤起特殊儿童的生命自觉、生活自觉,并产生相应的意志和行为,让特殊儿童在改造环境中也改造了自己,在超越自身缺陷中形成自身意义。

【问题与思考】

现实中,有的残疾人有劳动能力,却不参加劳动,而是等待国家社会的救济。请结合本节缺陷补偿的学习,思考这种做法给残疾人身心带来的消极影响。

要点提示:

缺陷的生成具有内在意识性,是身心残疾和内在意识相互作用的结果。在不利的特定环境中会生成更多障碍。

参加社会劳动,一方面能以意义理解方式,让他们树立超越缺陷的理想,正确认识自己缺陷,反思自身存在的意义,生成自由意志的能动性。另一方面,能以责任承担的方式,让他们认识自我,积极参与社会实践,生成改造环境和超越缺陷的现实能力。另外,阿德勒告诉我们,参加劳动和交往,保持对社会的责任和兴趣本身就是一种走出自卑的康复活动、一种补偿活动。

不参加劳动,依赖国家社会救济,回避社会交往和实践。显而易见,无法生成自由意志对缺陷的超越作用,也不能减少缺陷给他们身心成长带来的制约。不但不利于自主独立地自由成长,反而生成了特惠的、依赖性的人格障碍。

你有什么新认识呢?

第三节 关于特殊儿童社会适应的基本认识

社会适应是特殊教育理论与实践的一个核心命题,促进特殊儿童社会适应是特殊教育重要内在价值。不同类型身心缺陷的特殊儿童在社会适应方面也具有不同的

---

① 阿德勒.阿德勒的人格哲学[M].内蒙古文化出版社,2006:89.

特点、需求和表现。下面从胡塞尔生活世界理论视角，探讨一下对社会适应的认识，阐述特殊儿童社会适应的逻辑及其特征。

一、什么是社会适应

社会适应是对特殊儿童教育的重要能力目标要求，同时也表明这是特殊儿童普遍存在的问题。厘清社会适应的认识，是做好特殊儿童教育的首要前提。

从人生存的生物性根源看，适应是生物体的一种能动性。法国生物学家拉马克认为：生物对环境有巨大的适应能力；环境的多样化是生物多化的根本原因。环境的变化会使生物改进其适应，即通过环境的改变引起动物习性的改变，习性改变引起器官定向变异（后天获得的性状），使生物发生了进化。如，用进废退和获得性遗传。可见，适应是生命体环境生存的一种关系特性，它来自生命的局限性、受动性基础上，与置身其中的环境交互作用的能动生存特性。

人具有其他动物无法比拟的先天适应能力。特殊儿童尽管受到身心制约，但同样先天蕴含对环境的适应能力。譬如，融合教育的融合环境创立，其目的之一就是建立在特殊儿童适应能力的基础上，通过融合环境的创建能够自发促进其适应环境，改变与减少身心某些功能的障碍。当前，美国《残障儿童教育法》中规定的"最少受限制环境"，就是从制度上为特殊儿童建立环境适应的平等机会。社会适应是人在社会实践活动的一种适应特性。**特殊儿童的社会适应是指他们在社会实践中与社会的一种互动关系与过程，最终使特殊儿童与社会达致和谐的状态。它体现了一种类规定性，一种社会存在中"自我—社会"的关系特性**。即，成为"社会的人"与成为"自己的人"的统一。从"自我-社会"的互动关系看，社会适应既蕴含着特殊儿童作为客体的被迫的预成性适应，也蕴含着特殊儿童作为主体主动改造社会的生成性适应。

社会适应不等同于社会化的概念，它们虽然具有一定的重叠性，即都强调个体在社会环境中的情感、态度、观念和行为方式，乃至文化心理与社会的一致性，但它们不是一个层面的概念。社会化是以"自然人（生物人）"与"社会人"的区别，指向人社会性的存在与发展，最终使人成为合格的"社会成员"，[1]对儿童而言主要是形成"自我概念"。[2] 社会适应既可能与社会化共时性存在，又可能独立存在于特定时空中。即使是社会化的人也可能因自身或社会环境的改变，而导致人与社会的关系紧张，产生社会适应的必要。因此，社会适应一定是人社会存在中的一种互动的关系特性。它既蕴含着人作为客体的被迫的预成性适应，也蕴含着人作为主体主动改造社会的生成性适应。

二、特殊儿童社会适应的逻辑和特征

从胡塞尔生活世界的哲学视野，特殊儿童社会适应是从意义世界揭示自身社会

---

[1] 俞国良. 社会心理学[M]. 北京：北京师范大学出版社，2007：123.
[2] 章志光. 社会心理学[M]. 北京：人民教育出版社，2008：91.

存在而提出的生存命题；同时基于他们身心及社会存在的现实，也有自己的鲜明特征。

（一）特殊儿童社会适应的逻辑

生活世界是胡塞尔晚期著作《欧洲科学危机与超越论的现象学》中提出的重要理论。下面在厘清生活世界理论基础上，以生活世界理论为依据，阐述特殊儿童社会适应的逻辑机理。

1. 生活世界理论

19世纪以来，西方人开始感到科学主义的苍白和虚假，它远离人性和真正的生活。许多人却将这一方面引向了非理性主义。胡塞尔认为没有理性便没有整个西方文化。问题是理性要突破科学的狭隘视野，在非理性和科学理性两方面都重新获得理性的自我意识。这就要求对科学主义和非理性主义进行一种彻底的反思，也就是胡塞尔现象学还原的"回到事情本身"的批判。

胡塞尔反对唯科学主义，但并不反对科学。他认为，欧洲科学的危机在于科学忘记了它与生活世界的联系，不能面对人生价值与意义的问题。在这里，胡塞尔认为存在着两个世界：一个是生活世界，一个是科学世界。生活世界存在于科学世界之外，先于科学世界存在（故，胡塞尔也称生活世界为"前科学"的世界），给科学世界奠定意义的基础，是科学世界的根基与源泉。任何科学都必须以生活世界为前提，否则科学就不能解释为什么存在，会反过来主宰人、异化人、殖民人。即，他所说的欧洲科学的危机。

从形成理路看，胡塞尔着眼于科学世界挤压下的人的意义问题，关注对主体间性的生活世界。胡塞尔根据现象学开辟的认识论和方法论，认为搁置一切理论、观点、经验等外在影响，经过还原，"回到事情本身"的，就是生活世界。生活世界才能为科学世界找到意义的说明。生活世界就是"前科学"的意义世界，它既是科学世界的出发点，也是终点。唯有立足生活世界中才能解释科学世界。

生活世界中，有着人的价值、需要等意向性，具有意义构造的功能，是"存在着的对象的普遍的地平线"，胡塞尔认为任何真理"只有通过回溯到这种自明性，才能具有真正的真理。"[1]当科学世界忘记了与生活世界的联系，就会产生人的精神家园的失落。

【案例与思考】

面对课业学习，有的同学说，学习是快乐的；有的同学说，学习是痛苦的。请结合胡塞尔生活世界理论分析其中的道理。

要点提示：

快乐与痛苦，反映了不同同学的生活世界与学习之间的联系情况。认为学习快

---

[1] 胡塞尔.欧洲科学危机与超越论的现象学[M].王炳文译.北京：商务印书馆，2001.129-155.

乐的同学,其生活世界中蕴含着关于学习的意义理解,且能关照、解释和慰藉学习行为,因此,学习充满着意义感,虽苦犹乐。认为学习痛苦的同学,其生活世界中关于学习的意义理解缺失,或者不能解释和慰藉学习行为,不能为学习行为提供意义前提和说明,因此,学习有一种被奴役的痛苦。

你有什么新认识呢?

2. 特殊儿童社会适应的生活世界逻辑

胡塞尔生活世界理论启示,理解人自身的生活世界是人们一切活动的意义之源和"绝对明证性"。特殊儿童社会适应就生发在生活世界的地平线上,且只有在生活世界的地平线上才可能被生成、提出、体认、观察和评价。探寻特殊儿童社会适应问题也就是关注其生活世界,提出生活意义问题。

为什么能提出特殊儿童社会适应这个问题?或特殊儿童为什么会有社会适应的问题?根据胡塞尔观点,是因为人们都有一个"匿名的主观显现之域"[1]生活世界,它以"匿名状态"的方式在人的一切社会存在意识与活动中发挥着基础作用,引导人们提问特殊儿童学习的"最终目的是什么""终极价值体现在哪里""怎样才有意义"。

在生活世界理论启示下,特殊儿童的社会适应尽管有着自身缺陷和社会需求的"既定"事实,但是这些事实本身并不能对社会适应决定什么。它只有在特殊儿童生活世界中经过主体目的和价值的意义构造,才给予这些事实某种意义,进而生成、提出和参与到社会适应问题中来。也就是说,社会适应是主体价值意义的"给予"或"给定"。**特殊儿童社会适应深层的内在根源,既不是仅仅由于身心缺陷而导致的后置性社会生存需要,也不仅仅是社会需求对特殊儿童提出的前置性预先规定,而是按照生活世界的意义逻辑,在身心和社会既定事实基础上,并经由特殊儿童意义认同的一种"自我—社会"的关系产物,一种关于特殊儿童社会存在的意义构成。它只能在自我生活世界中按照意义的逻辑并由自我意义来确认和生成。**

可见,社会适应与社会需求以及特殊儿童的身心缺陷程度并不是完全一致的、完全对应的。事实中,诸多成功视障人士的实践历程和结果表明,他们对唤起社会积极认同和实现自我价值的创造,使得其社会适应具有独立于社会现实的超越特性;同时个别视障人士"畏惧、厌世"等消极社会存在,也表现出他们社会适应异于社会、悖逆社会的不一致性。从不同视力障碍程度看,诸多实例表明,视障学生的社会适应状况与其残疾缺陷的程度并没有必然的线性的直接联系。譬如,先天全盲的学生可能因自我与社会的积极意义构造,而自为自主地适应社会并创造价值;后天致盲的或低视力的学生则可能因自我与社会的意义构造能力不足而失去社会适应的渴望,最终因隔离于社会之外而失去创造价值。

所以,社会适应只能发生在生活世界的地平线上,且依赖于生活世界获得解释和

---

[1] 胡塞尔.欧洲科学危机与超越论的现象学[M].王炳文译.北京:商务印书馆,2001.122.

建构。它是一种具有"自我—社会"的意义构造关系，一个"自我—社会"的价值意义的展开过程。同时，这也决定了特殊儿童社会适应所需的知识、观念、行为、技术等，如果失去了生活世界的意义关照，失去了对"自我—社会"关系的意义构造，就可能导致社会适应障碍或危机。

（二）特殊儿童社会适应的特征

根据社会适应形成的逻辑，特殊儿童受身心缺陷及其社会环境的制约，导致他们社会适应具有以下两个方面的特征。

1. 特殊儿童社会适应的社会预成特性

社会预成特性，即后在的被规定性。特殊儿童社会适应是其依赖社会而存在所必有的显明需要。对特殊儿童而言，由于其身心缺陷而致的特殊需要及其对外在需要的严重依赖，使得他们的社会适应具有显明而独特的特点和意义。即社会适应总是体现了社会要求等本质属性的预成特性，很少或很难体现特殊儿童从自身主体意志出发改造社会的生成性社会适应。因为，社会的规则、价值、物品等总是由健全人主流人群主导创造的，且这个社会及其物品和规则总是先于视障人群而存在。

从社会分配角度看，沃尔泽的物品理论已揭示出，物品的社会意义决定物品的社会分配。现实中，许多社会物品及其规则具有拒绝和排除特殊儿童使用的先天含义，严重影响着他们的平等社会参与和社会适应。譬如，以视觉特征为主的汽车，在设计、构想等社会意义的赋予中先天剔除了视障者使用的可能。教育中，我们总是通过课程教学与管理先于视障学生存在，而预先设定其教育需要及其满足等可能与条件，使得视障学生的社会适应体现了一种后在的规定性，预先设定了视障学生的社会适应及其要求。视障学生社会适应的逻辑就是被预设了的一种先验的逻辑。这决定了视障儿童的社会适应，就隐含在社会共同体的价值共享理解中，有什么样的社会共同体就会要求他们有什么样的社会适应。

2. 特殊儿童社会适应的悖论存在性

促进特殊儿童社会适应就意味着能为一定的社会共同体增添某种善和利益；且只有如此，个体的观念、行为方能为社会接受和理解并赋予其价值意义。从一定意义上，特殊儿童也许只有适应社会，方能为自己有限的、严重未完满的生命体成长获取更多的空间和机会，才能奠定社会存在的基础和条件。可以说，社会适应是特殊儿童社会存在的存在论概念。特殊儿童终其一生就是不断去向社会适应而存在的过程。这赋予特殊教育"社会适应能力培养"的终极价值使命。在"社会适应能力培养"中构造和提升特殊儿童价值意义是特殊教育应有的视野和纬度。

特殊儿童的社会适应尽管是一个后在的被规定的过程，面临着使他们自身被降低为社会存在的结构化客体的风险，以及淹没、否定他们个体自我意义的可能。可是他们不可能在社会体系之外存在，且只能依赖一定的社会规则、价值、秩序和观念、行为等而获得成长支持和理解。在当今文明的社会里，这种社会适应就是预设了能促进他们实现价值的一个价值承诺和期盼，同时也给他们一个不可违背的、坚实可靠的社会原则为依据。一方面,特殊儿童的一切活动、生存意义、创造价值,乃至人道尊严,只有在社会适应中才能展开、实现和反映。另一方面,也为特殊儿童的社会存在带来诸多艰难,甚至自我异化。有些特殊儿童在这种预成的社会适应中,体验到的是一个"自惭形秽"的"镜照"(即体认自己"差异""特殊""低能")。他们适应社会不是接受自我意志的"内心法则",而很多时候是不断接受社会的"命令"。从后现代哲学家福柯"权力学"[①]观点看,特殊儿童社会适应不过是一种"高雅的规训",它的高雅性就在于无需粗暴和强制的支配,而是以"社会需要"等高贵优雅温和的方式,引导学生自觉实现对自身价值、态度和行为等的改变,实质体现的是社会控制工具的权力本质,不可避免地具有"非我"、异己的特点。无论教育追求的知识能力,还是康复关注的身体机能,以及其他情感、态度、价值观等主观世界改造,大多是以健全人主流社会的某些规则秩序、价值观念和行为体系等为标准,而要求特殊儿童改善或提高身心机能水平,改变自身身心结构、行为方式等,体现了社会不可抗拒的权力特性。

第四节　特殊儿童社会适应与特殊教育:以视障学生为例

社会适应的逻辑告诉我们,社会适应是一个个体身心与其生活世界和社会交互作用的复杂过程,具有内在生成性、个体性。因此,特殊儿童身心差异特性不一样,也导致他们社会适应不同。下面以视障儿童为例,来阐述特殊儿童社会适应的困境,以及促进他们社会适应的教育路径。

一、视障学生社会适应的困境

视障学生社会适应的困境是"自我—社会"意义关联的断裂。特殊儿童社会适应的逻辑表明,视障学生自身生活意义愈是广阔、邃密、积极,其社会适应对摆脱社会建构、凸显个体意义的能力则可能愈强。然而,视障学生由于自身身心障碍带来的认识障碍和生存困境等问题,特别是在资本、技术、权力支配下,导致了物质、技术对自身生活世界的片面化和自我意义的贫瘠化。这成为他们社会适应中迷茫、困惑、痛苦的根源。

(一)视障学生生活意义匮乏导致社会适应困难

特殊儿童的社会存在实质上是社会环境本身的反映,具有环境的特性。社会环境是视障学生不可抗拒的公共存在。视障学生作为身心和社会等方面多重弱势群体,有着被他者和环境所支配的劣势地位。

一方面,从视障教育课程看,课程设置的主要依据之一就是社会需要,视障学生社会适应的内容和目标不可避免地要以适应特定社会需要及其规则为旨归,被动地

---

① 福柯.规训与惩罚[M].刘北成,杨远婴,译.北京:生活读书新知三联书店,2013:156.

预设在特定的价值与秩序体系中。社会适应的一切观念与行为、价值与规范、知识与理性、技术与方法态度等都被预成性地先验设置在社会需要这个"刚性装置"中。这对视障学生而言,课程及其教学与管理有时就可能隔离在自身生活世界之外,很难体验到知识与自身生活意义的关联,自我封闭、逃学厌学等现象就会发生。

另一方面,从视障教育教师看,教师是视障学生成长的重要影响人。当前,在注重教学规范化、技术现代化的时代背景中,操作性、技术性、方法性、程式化、模式化的知识特别是现代信息技术占据了教师教育方法和手段的大部分。教师懈于对视障学生生命成长和意义的价值性问题的思考,可能导致视障学生对社会适应的困难。

再者,上述揭示的视障学生社会适应的被规定性,其实也深刻揭露了健全人主导的社会规则、观念、态度、价值、物品、秩序、行为体系等,以不可抗拒的权力特性导致了对视障学生生活世界的占据,使他们可能产生对社会的怀疑、抵触、偏执或片面的认识。由于不能清醒地认识自己和世界的存在,从而无法确信自己对社会的意义或者缩减了自己的生活意义。这样,视障学生的社会适应便失去或萎缩了生活世界的根源,也就失去了自我与社会的意义关联,消减了进一步社会适应的基础。

(二)视障学生因难以准确领会自我生活世界与社会的意义关联而带来社会适应困难

生活世界是社会适应的基础,而生活世界的给予,不是赤裸裸地抛来的,必须以对社会的理解和领会才能感受到生活世界的存在,并获得生活世界的意义。根据胡塞尔意向性理论,"在生活世界中,作为具体事物呈现的一切东西……并不只是一种单纯的物体……(还)具有心理的或其他精神的特征。"这个世界是因为"我们的经验、我们的思考、我们的评价等赋予它存在的意义。"[1]生活世界也就是关于人存在意义的意向性构造,且正是这种意向性才把自我与社会统一在生活世界的地平线上,构成了自我与社会意义的关联。

社会价值的意义维度、视障学生生活世界的意义维度以及这两者不断重叠共识的行动本身,就构成了视障学生社会适应的重要内容。其中,视障学生对社会价值的意义理解,以及领会自身与社会的关系、筹划自身与社会意义关联是一个关键环节。因为这些意义总是先验的存在于视障学生认识视野的,视障学生必须首先理解社会价值意义,才能奠定自身与社会关联的意义构成。而对自我和社会的理解和领会依赖于视障学生完整准确的判断和认识。这对视障学生的学习和认知提出了挑战和要求。视障学生受视力等缺陷制约,他们的知识把握和能力形成总是不可避免地具有一定的不完善性、不完整性,特别是依赖视觉的知识和能力严重受限,带来他们对自身生活世界和社会感知的困境,使他们因无法把握社会和自我生活世界意义而丧失对社会适应的向往。

---

[1] 胡塞尔.欧洲科学危机与超越论的现象学[M].王炳文译.北京:商务印书馆,2001.155.

（三）隔离化、唯技术化倾向的教育导致视障学生社会适应困难

隔离教育下的社会适应实质就是一种技术取向的消极的预成性社会适应。它把特殊儿童的身心缺陷作为其社会适应障碍的客观事实依据，认为基于事实的教育技术、医疗康复技术等是促进特殊儿童社会适应的唯一凭借，体现了一种技术优先的理性关怀。但是，因为技术所内含的科学思维方式一定程度隐含着人与社会的分离。社会可能成为外在于特殊儿童的一个机械的、物化的世界，社会适应也仅仅是以改变特殊儿童认知和行为等为目的的消极的预成性社会适应。以这种思维来理解和促进视障学生社会适应，视障学生难免被社会设定了自身、异化了自身，带来了被物化的险境，使自己失去意志自由而成为任人打扮、任人涂鸦的"白板"。同时，任何技术都蕴含着一定的规范、逻辑和价值，技术主宰的社会适应就必然接受相应的价值和规范对自身的制约。无论康复技术的支持，还是教育技术的成就，视障学生的社会适应难以幸免技术对人本身意义的欺凌和规约。譬如，盲人通过盲人计算机系统的"有声"获取信息，带来自身对盲文读物的兴趣和识读能力的下降；盲人对智能化电子导航科技的依赖，可能导致自身感官定向行走能力的降低，等等。

可见，当教育被提纯为单一的技术化过程时，也就严重影响了视障学生对生活及其社会的意义关联，严重制约着视障学生对自身生活世界的意义理解和认同，不可避免地带来了视障学生社会适应中意义的失落。

二、促进视障学生社会适应的教育路径

社会适应作为一种"自我—社会"的意义存在关系，体现的是"自我—社会"的意义结构特点。对视障学生来说，世界首先作为"我"的世界对"我"才有意义，社会适应只有生发在"我"的生活世界才可能有效。促进视障学生社会适应的教育路径只有回归生活世界，没有视障学生生活世界的本我生成力量的教育是不可想象的。

（一）重视创建全纳环境促进视障学生社会适应

视障学生社会适应的后在被规定性说明，其生活意义往往存在于其所在的社会周遭共同体价值认同中，那么视障教育只有充分发挥共同体的价值和作用，特别是以"差异是正常的""残疾是人类多样属性的表现"等全纳理念平等对待和容纳视障学生，才能使他们的个体意义、观念与行为等与共同体发生意义关联，引领和建构视障学生的生活世界并促进他们的社会适应。

视障学生身心缺陷并没有丧失其自由能动的本质，要坚信视障学生是自由能动的主体，且他们自由能动本身就是社会的活力，对他们自由能动本身的捍卫就是社会文明的体现。改变那种单纯以社会共同体公共价值作为裁定社会适应的尺度，以公共幸福、公共利益作为判定个体生存意义标准的做法。

从人本主义思潮看，在当今重视合作、创新的大变革年代，多元、多样、差异已成为社会合作和价值创造的基础，重视个体价值意义正成为反抗被"多数者"有意无意地"集体规训"的武器。这也为视障学生社会适应提供了实现自我个体价值意义的现

实力量。

在视障教育中应当立足自我与共同体的意义关联,使社会的价值意义参与到视障学生自身生活世界的意义构成,也使视障学生生活世界的意义和态度直接敞开参与到社会的意义构成。一方面,通过"自我—社会"间的相互理解、交往和影响,让视障学生获得社会共同体化存在的意义、观念和行为;另一方面,让视障学生在其生活世界与社会的关联中,以自己生活世界的意义视角来认识社会,并不断修正完善自己的观点态度或改变社会,使自己的社会存在意义与社会紧密联系起来、协调起来。

这样,视障学生既感受自己是社会存在的客体,知道自己以"社会的存在就是我的存在及意义"而与社会发生着联系;同时,又感受到自己是社会的主体而自为存在,以不同的意义和方式,多样性地构成社会。以此帮助视障学生体认到:**那个与众不同的"我",原来就是自己;而自己与众不同的存在就是社会的价值、社会的文明。**

当今,全纳教育已经深刻阐明"残疾人的困难和问题被一种致残性的社会所加重。"全纳教育主张以尊重差异、民主平等、群体合作、全纳融合的全纳文化理念,营建全纳学校、全纳社区、全纳社会。这表达了社会的一切价值实现、物质条件、行为和观念体系,乃至社会意识和思维,都应是为所有残疾人群在内的特殊教育需要者而存在。社会只有适应和满足他们的需要并帮助其实现价值,才能体现社会自身的价值。从这个逻辑出发,视障学生社会适应的责任主体从他们和学校本身转移到社会的使命中来。这种社会适应观的逻辑转身,以后现代深刻的人本关怀为我们视障教育打开了新的视野。其中,重视推进以消除健残二分体制为核心的全纳教育管理体制转型,充分发挥社会公共参与特殊教育治理的作用,建立全社会广泛参与的、多主体的、多元结构的、富有活力的视障学生社会适应教育支持体系,是一个迫切任务。

(二)重视以文化视角促进视障学生社会适应

视障学生社会适应的程式化、唯技术化倾向表明,促进视障学生社会适应要有"文化视野"新的转向。其实,生活世界的意义从根本上看蕴含在文化的价值共享中。伽达默尔的语言存在论认为,"能领会的存在就是语言",[1]"整个理解的过程乃是一种语言过程。"[2]"语言就是理解本身得以进行的普遍媒介。"[3]伽达默尔揭示出人类共存性的基础是一种总体性的文化。至此,生活世界可以还原为语言为基础的文化世界。这使我们深刻认识到,视障学生的社会适应可以奠基在语言为主的文化世界的基础上,并通过文化打开和生成社会适应意识与能力。文化对社会适应的奠基揭示出,视障学生社会适应根本上不是遵循技术统摄的逻辑,而是文化的机理。任何纯粹技术路线的社会适应实质上都是对生活世界的破坏和侵蚀。以文化来促进视障学生社会适应,其根本性就在于以语言为深层次结构的基础,来打开和创造一个可供视

---

[1] 伽达默尔. 真理与方法[M]. 洪汉鼎译. 上海:上海译文出版社,2004:496.
[2] 伽达默尔. 真理与方法[M]. 洪汉鼎译. 上海:上海译文出版社,2004:496.
[3] 伽达默尔. 真理与方法[M]. 洪汉鼎译. 上海:上海译文出版社,2004:496.

障学生和社会彼此领会的"普遍媒介",以意义生成的方式帮助视障学生获得社会规则、秩序、观念和行为体系。

其一,在课程建设与教学改革中,把社会适应看作为一个基于生活世界的开放的生成性的结构,促进视障学生扩大与社会的交互融合,并以之作为理解和规定社会适应内容、方式的逻辑结构。其中,要重视体认在社会历史事件中促进视障学生社会适应的方式,自觉发挥和运用事件所蕴含的社会适应的价值,拓展和丰富课程与教学,激活视障学生的"自我—社会"意识,重建"自我—社会"意义结构关系。特别是重视节日、仪式、风俗习惯、艺术活动、社会性活动或社会故事等在促进视障学生社会适应中的作用。因为它们相对于既定课程知识,更贴近视障学生与社会、他人的关系,更蕴含着社会适应的内容和意义,是促进视障学生社会适应所必须研究的重要领域。例如,通过春节、中秋节培养感恩父母及其表达与沟通的能力,通过儿童节、助残日培养与社会的情感态度及其表达能力,通过欢迎仪式培养礼貌及其表达的能力,通过社区活动培养角色意识和使用社区资源的意识与能力,通过社会故事分析培养责任意识、法律意识、安全意识,通过艺术活动培养审美情趣,等等。

其二,在教育及其管理制度改革中,重视全纳文化营建和践行,减少隔离教育等带来的不良文化后果。视障学生的社会存在历程就是以语言符号为主的社会文化过程,隔离教育无论出于同情保护的人道主义立场,还是出于实施有针对性的专门教育的现实需要,都不可避免的以健残二分的视角划分了不同人群,诱导视障学生形成对自身"差异人"的身份认同,带来视障学生对自身价值的怀疑,从心理乃至文化上将自身隔离在社会共同体之外,不可避免地带来自身社会适应的羁绊。譬如,盲校校园设置和管理、盲校课程,乃至盲文、盲杖、盲文字板等视障学生专门使用的特殊物品,尽管可能满足他们的特殊需要;但这些不同于其他人群的校园、管理和特殊符号、特殊物品本身以不同的规则和蕴涵,表达了他们异于其他人的差异,在划定这些特殊性的同时,也规定、划分并扩大了他们与社会其他人群不可逾越的差异特点,人为的增大了他们社会适应的障碍。2006年联合国大会通过的《残疾人权利公约》早已明确指出"残疾是伤残者和阻碍他们在与其他人平等的基础上充分和切实地参与社会的各种态度和环境障碍相互作用所产生的结果",并特别要求"货物、服务、设备和设施的提供和使用,并在拟订标准和导则方面",提倡"通用设计","尽最大可能让所有人可以使用,无需做出调整或特别设计的产品、环境、方案和服务设计",尽最大可能减少由于人为设计带来的不同人群差异及歧视,体现了减少对残疾人歧视和增进残疾人社会适应的价值和精神。

另外,要防止技术主导的社会适应中,技术倾向的程式化、规范化技术过程带来的人文关怀淡失和价值意义没落,避免视障学生的社会适应被沦为单纯的技术过程。因此,改变唯技术化倾向教育主导的现状,减少隔离教育等带来的不良文化后果,是教育及其管理制度改革应有的一个重要考量。

本讲小结

  缺陷补偿和社会适应是特殊教育对特殊儿童身心健康成长的具体实践价值。本讲主要阐述特殊儿童缺陷补偿、社会适应及其与特殊教育的关系等知识。主要是：(1) 本讲提出，广义上看，缺陷是人作为大自然的存在物，而始源于人的有限性所具有的始源性、必然性、普遍性的共同结果和特性，同时也是生成人的本质力量、提升人的主体自由能力的基础，与人的本质力量是统一的。狭义上看，特殊儿童的缺陷可以视为人的缺陷绝对性和普遍性存在的一种相对形式或独特风格。从现象学分析认识到，缺陷具有内在生成性、意向性构造的特征，而不完全等同于外显的残疾本身。缺陷既有肌体的外在性（外显性缺陷），也有意识的内在性（内隐性缺陷）。特殊儿童内在性缺陷的生成与残疾本身是复杂的相关性关系，而不是必然性的因果关系；缺陷可能源于残疾本身，但并不必然正相关；其根本上是自身残疾与内在意识以及环境相互联系相互作用的构造物。(2) 本讲阐述了，特殊儿童缺陷补偿是通过自身能动作用及外在力量支持，自觉或不自觉的改变自身缺陷制约，而实现自身生命体和意识世界更加完满、协调发展的活动过程。缺陷补偿可以分为技术补偿和精神补偿。精神补偿，是哲学视野关注的重点，即以激发特殊儿童精神意志为主要手段，通过精神和自由意志对缺陷的超越作用，来减少缺陷给他们身心成长带来的制约。缺陷补偿来自人的生命自觉的能动性。也有着特殊儿童超越意识的自觉能动性。当前存在着特殊儿童对技术补偿的过度依赖性、技术补偿对特殊儿童精神意识的蒙蔽性等困境。从哲学视野，特殊教育对特殊儿童的缺陷补偿，主要是通过教育方式，以精神补偿为主，促进特殊儿童改变或超越缺陷。一是丰富与提升特殊教育的精神性超越功能；二是以超越缺陷的理想引导特殊儿童自我反思；三是以责任承担的方式增强特殊儿童超越意识和能力。(3) 本讲提出，特殊儿童的社会适应是指他们在社会实践中人与社会的一种互动关系与过程，最终使特殊儿童与社会达致和谐的状态。从胡塞尔生活世界理论出发分析，特殊儿童社会适应有着生活世界的逻辑机理。特殊儿童社会适应深层的内在根源，既不是仅仅由于身心缺陷而导致的后置性社会生存需要，也不是仅仅是社会需求对特殊儿童提出的前置性预先规定，而是按照生活世界的意义逻辑，在身心和社会既定事实基础上，并经由特殊儿童意义认同的一种"自我—社会"的关系产物，一种关于特殊儿童社会存在的意义构成。它只能在自我生活世界中按照意义的逻辑并由自我意义来确认和生成。特殊儿童社会适应具有社会预成特性、悖论存在性。(4) 本讲以视障学生为例阐述了社会适应的困境和路径。指出视障学生社会适应具有"自我—社会"意义关联的断裂的困境，导致视障学生生活意义匮乏导致社会适应困难，视障学生因难以准确领会自我生活世界与社会的意义关联而带来社会适应困难，隔离化、唯技术化倾向的教育导致视障学生社会适应困难。促进视障学生社会适应，要回归生活世界，一是重视创建全纳环境促进视障学生社会适应，二是要重视以文化视角促进视障学生社会适应。

推荐阅读书目

石中英著《教育哲学导论》(北京师范大学出版社)

福柯著《规训与惩罚》(三联书店)

朴永馨著《特殊教育》(吉林教育出版社)

思考与练习

1. 概念理解：缺陷；障碍；缺陷补偿；超越缺陷；社会适应。
2. 简述现象学视阈的缺陷实质及其形成机制。
3. 简述缺陷与障碍的关系。
4. 简述具身性缺陷和离身性缺陷。
5. 教育促进特殊儿童精神补偿的路径。
6. 简述特殊儿童社会适应的逻辑与特征。
7. 简述特殊儿童社会适应的困境。
8. 论述教育促进特殊儿童社会适应的路径。

>>>>>>> 第三部分

特殊教育过程论

　　特殊教育过程论（方法论），是人们探索改造特殊教育，使之与特殊教育价值相一致的方法与原则。它主要揭示特殊教育自身形成的活动过程，解决的是特殊教育"怎么办"的方法论问题。本篇主要立足特殊教育自身形成的活动过程，从特殊教育知识建构，以及特殊教育政策制度、全纳教育理想实现等几个维度，阐述特殊教育过程论。前者是特殊教育自身形成过程最为核心的根本性要素，中者是特殊教育活动过程最为核心的支撑性要素，后者是特殊教育发展的终极理想归宿。

第八讲　特殊教育知识建构的科学哲学阐释

【学习要点与目标】

1. 了解特殊教育知识建构的不同认识论视野。
2. 理解当代特殊教育知识建构逻辑。
3. 理解当代特殊教育知识特征。
4. 理解当代特殊教育知识建构实现路径。

特殊教育知识关涉到特殊教育活动及其学科存在的核心特征。特殊教育知识的形成建构，是特殊教育自身形成过程最为核心的根本性要素。从科学哲学视角探讨特殊教育知识的建构，是特殊教育过程论的首要内容。科学哲学以科学活动和科学理论为研究对象，主要探讨科学的本质、科学知识的获得等有关认识论和方法论方面的基本问题。

本讲首先运用西方哲学认识论中经验论和唯理论，对特殊教育知识进行审视；然后立足当代特殊教育知识，以建构主义的经验主义认识论新视角，揭示特殊教育知识特征、建构逻辑以及实现路径。在这里，根据第五讲里的界定，特殊教育知识是指对特殊儿童身心成长产生影响的一切认识成果，包括特殊教育中的课程形态知识和教育形态知识。

第一节　特殊教育知识的认识论及其逻辑

在西方哲学里，探索知识的形成是哲学的传统。其中经验论和唯理论是揭示知识形成何以可能的两大认识论理路。其后，康德的先验哲学认识论则以"哥白尼式的革命"，形成了浩浩荡荡的建构主义认识理路。下面分别运用这些认识理论对特殊教育知识形成作以揭示。

一、特殊教育知识的经验论逻辑

特殊教育作为事实经验活动的知识领域，其知识首先是建立在经验论基础之上的。经验论是审视特殊教育知识形成的重要认识论。

(一)经验论的基本观点

经验论认为,一切知识来自感性经验,并以感性经验为基础,通过对经验的归纳能得出自然法则。 经验论的重大原则是"凡是真的,必定在现实世界中为感官所能感知的",[①]代表性的观点和人物如下:

培根把知识来源全然置于外在经验世界。[②] 他在其名著《新工具》中提出"实验的归纳法",认为归纳法是推进科学发明的正确方法,是人们获取科学知识的真正道路。"我们唯一希望乃在于一个真正的归纳法",[③]"我们的理解必须经由经验才能成为普遍原理"。[④] 据此,他认为"人类理解力最大的障碍和扰乱却还是来自感官的迟钝性、不称职以及欺骗性。"[⑤]也就是说,感官的缺陷会影响知识获得,影响人的智力。这也成为早期特殊教育重视感官训练和康复的重要依据。

洛克的经验论反对人的"天赋观念"和"上帝命定",反对人与生俱来的不可变性,把人当作最真实存在的人,提出"白板说",认为人的心灵如同白板,观念和知识都来自后天,这为特殊教育知识发展奠定了极富活力的认识论基础。洛克指出,人的所有知识都是后天的,经验就是普遍性的知识。他把经验分为感官获取的外部经验和内省的内部经验,认为"一切知识都建立在经验之上,而最后导源于经验。"[⑥]他还专门在《教育漫话》中,强调指出"人类之所以千差万别,便是由于教育之故。"[⑦]他把教育也完全建立在经验基础之上。

卢梭在《爱弥儿》中提出的自然教育理论同样强调感官经验。他将感觉作为人内在的本质活动,"我感觉故我在"。他认为"感觉使我感知到'我'的存在"。[⑧] "感性的理性(孩子的理性):就是把几种感觉组合成简单的观念","理性的理性(成人的理性):就是把几个简单观念组合成复杂的观念。"[⑨]他指出,应当"首先锻炼的部位是感官……要学会用感官去感受……每一种感官都物尽其用。"[⑩]他主张用多感官去获取直接知识。例如他提出"用触觉感官的稳重去克制视觉器官的孟浪"。[⑪] 为此,他认为"必须像农民那样劳动,像哲学家那样思考,"而教育的最大秘诀是:"使身体锻炼和思想锻炼有机融合。"[⑫]

其他,如大教育家夸美纽斯的教学理论就建立在感觉和经验的基础上。杜威的

[①] 黑格尔.小逻辑[M].贺麟译.上海:上海人民出版社2018:111.
[②] 刘铁芳.从自然人到社会人:教育人性基础的现代转向[J].华东师范大学学报(教科版),2010(4):20.
[③] 培根.新工具[M].北京:商务印书馆,2005:11.
[④] 培根.新工具[M].北京:商务印书馆,2005:88.
[⑤] 培根.新工具[M].北京:商务印书馆,2005:27.
[⑥] 洛克.人类理解论(第2卷)[M].北京:商务印书馆,1997:68.
[⑦] 张焕庭.西方资产阶级教育论著选[M].北京:人民教育出版社,1979:213.
[⑧] 卢梭.爱弥儿[M].北京:北京出版社,2008:97.
[⑨] 卢梭.爱弥儿[M].北京:北京出版社,2008:58.
[⑩] 卢梭.爱弥儿[M].北京:北京出版社,2008:50.
[⑪] 卢梭.爱弥儿[M].北京:北京出版社,2008:53.
[⑫] 卢梭.爱弥儿[M].北京:北京出版社,2008:76.

"做中学"则把知识建立在行动的基础上,把经验和生活联系起来。① 他认为"方法先于形而上学",只有处理真实的生活问题,创造性才智才能得到发展。②

(二)特殊教育知识的经验论建构逻辑

特殊教育从产生来看,特殊教育首先是作为事实经验活动存在的。经验论奠定了特殊教育知识的合法性基础。

首先,经验论奠定了特殊儿童教育可能性的前提。根据经验知识的后天性,特殊儿童身心机能不足和其他人的心灵"白板"一样,同样具有通过感官获取经验、学习知识的可能。其次,通过训练感官机能并归纳感官经验,形成了特殊教育知识方法体系。早期传教士和医生的个别实践经验不但直接实证了特殊教育发生的可能,而且直接建立了特殊教育知识。如,西班牙修道士庞塞教授聋儿说话,海尼克的口语训练,荷兰人阿曼在医生工作的基础上进行的聋人语言训练,伊塔尔对"维克多男孩"的感觉训练等成功实践经验,这些基于医学经验主义的概念和范畴,特别是重视感知觉训练和补偿等经验知识(如盲人的视觉补偿、智力落后儿童的感觉统合训练等)一直影响至今。

可以说,经验论奠定了特殊教育最基础、最根本、最原初的知识结构。但是单纯经验论的特殊教育,是无法完成特殊教育知识发展与建构的。因为仅仅把知识限定在知觉范围内的有限经验中,把知觉经验作为知识的基础,忽视了通过逻辑建构知识的可能,不能反映特殊教育的本质和规律,也无法揭示特殊教育知识体系的普遍逻辑机理和价值目的。特殊儿童成长也需要人类积淀传承的其他既有知识及逻辑的知识建构。

二、特殊教育知识的唯理论逻辑

特殊教育作为一种理性的学科知识,其知识的普遍性、必然性是建立在唯理论的逻辑结构上的。特殊教育知识从经验开始,"但并不因之即以为一切知识皆自经验发生"。③ 唯理论是在经验论之外审视特殊教育知识形成的重要认识论。

(一)唯理论的基本观点

唯理论是西方自亚里士多德以来的经院主义哲学传统。与经验论不同,它有着不同于经验知识的认识理路。唯理论认为经验知识是个别的、有限的,只有或然性,没有必然性,而普遍性必然性的知识才是真正的知识。**唯理论相信人与生俱来的理性能力,认为人能超越感官的直接性,进行逻辑推理认识事物。知识乃是由一些理性固有的天赋观念推演出来的,非如此不能说明知识的普遍性。**

如,亚里士多德的《工具论》首创了形式逻辑。他认为逻辑是整理知识和思想的

---

① 刘铁芳. 从自然人到社会人:教育人性基础的现代转向[J]. 华东师范大学学报(教科版),2010(4):20.
② 奥兹门. 教育的哲学基础[M]. 石忠英译. 北京:中国轻工业出版社,2006:132.
③ 康德. 纯粹理性批判[M]. 北京:商务印书馆,2010:29.

框架,他主张用演绎法的严格推理来求知,严谨的逻辑推理是知识的唯一源泉。笛卡尔的哲学命题"我思故我在",就反映了对感官经验的不信任。他在《方法论》中提出了"自明律、分析律、综合律、枚举律",为唯理论提供了知识发展的方法体系。

(二)特殊教育知识的唯理论建构逻辑

特殊教育发展历程表明,唯理论在其知识体系建构中有着合法的地位。特殊教育从医学训练的原初形态向教育学形态、再向社会学形态的转向,都是按照一个普遍的必然性的先验逻辑实现的,并构成了先验性的特殊教育知识。

第一次特殊教育知识建构,是以普通教育的方法体系为普遍认识论,以增强特殊儿童的主体理性能力为目的,形成了隔离制和班级授课制的普遍形式,以及特殊教育学校中各类课程,为特殊儿童成长提供普遍的逻辑预设,同时也媾和了教育的功能特点和属性要求。

第二次特殊教育知识建构,是以社会学原则为普遍认识论,以反隔离和歧视,增强人文关怀,促进平等社会参与和建构全纳社会为目的,形成了全纳教育,且以个别化教育表达了特殊教育知识的另一种普遍性。

在这两次特殊教育知识演变的过程中,显然排除了特殊教育经验知识的制约。如,在第一次转向中,借鉴普通教育的相关知识和原理,以隔离制和班级授课制的普遍形式,以强调特殊儿童及其教育的近似的、稳定的、普遍性教育知识,替代了对特殊儿童个体身心特点及其个体教育的经验知识的重视。第二次转向中,运用后现代人本主义思想为认识逻辑,以全纳理念的普遍形式,以强调个体本位价值优先的个别化教育知识,替代了对特殊儿童及其教育的近似的、稳定的、普遍性教育知识的重视。

当前,我国特殊教育各类课程就首先以大量的人类传承的普遍知识,为特殊教育课程教学和特殊儿童成长提供普遍的先验逻辑预设。但是,唯理论的特殊教育知识逻辑演绎,固然赋予特殊教育知识的普遍性、必然性,却失去了经验知识的鲜活内容,拒绝了判断、顿悟和体验的直接知识,特殊教育知识则可能成为僵化的机械规则体系,特殊教育的时代发展与创新也变得毫无意义。

【问题与思考】

举例说明,特殊教育知识中唯理论的知识形成逻辑。

要点提示:

唯理论的知识形成主要是根据既有的理论和逻辑,通过推理演绎形成的知识。

特殊学校和班级授课的教育管理知识,盲校和聋校中的文化课程知识,德育中知情意行的原理,等等,都是借鉴普通教育相关知识,通过推理演绎运用在特殊教育中形成的知识,具有鲜明的唯理论的认识论特征。

你有什么新认识呢?

三、当代特殊教育知识的"建构主义的经验主义"认识论逻辑

上述可见,经验论和唯理论都很难揭示特殊教育知识形成。特别是当今,随着重

度、多重障碍儿童及其他新类型特殊儿童教育实践的推进，特殊教育知识日益呈现出后现代特征（本书称为"当代特殊教育知识"），特殊教育知识建构面临挑战，当代特殊教育知识形成需要新的认识论提供指导和解释。

康德的先验哲学认识论试图调和经验论和唯理论的分歧。他认为知识既不是纯粹的经验来源，也不是纯粹的逻辑推演，而是在于人的知性对经验的建构。康德在《纯粹理性批判》中提出，在主体的认识活动中有一个加工整理经验的先验认识形式即知性范畴。它在经验之先存在于人的头脑，这是一切经验所以可能的先天依据，它使知识具有了普遍必然性。根据康德的知识论，认识的可能性在于主体的建构作用。正是主体认识的建构，导致认识与对象的不一致性。沿着从主体认识结构探讨认识与对象一致性的路径，西方认知建构主义发展蔚然大观，深刻影响认识活动。下面以建构主义的经验主义视野，来认识特殊教育知识的形成机理。

（一）建构主义的经验主义基本认识

经验主义被视为一切科学哲学的基础。在经验主义的建构中，形成了卡尔纳普、波普尔等为代表的逻辑主义流派，库恩等为代表的历史主义流派。近四十年来又形成了建构主义的经验主义新认识论。

建构主义的经验主义是20世纪80年代以来兴起的科学哲学思潮。它以伊恩·哈金（Ian Hacking）为代表的新实验主义、瑟夫·劳斯（Joseph Rouse）为代表的科学实践解释主义、鲁诺·拉图尔（Bruno Latour）和安德鲁·皮克林（Andrew Pickering）为代表的科学知识社会学派为主流。**建构主义的经验主义不同于传统经验主义的重大区别是反对普遍主义、基础主义（或本质主义），反对理论优位，具有鲜明的后现代特征。它凸显了实践优位对科学知识的事前建构，改变了逻辑主义和历史主义的经验主义理论优位认识论的科学知识事后重构。建构主义的经验主义强调科学活动的实践性，突出科学实践活动的建构主义本质**。基于建构主义的经验主义科学哲学视角审视，能为当今流动不居、多元多态的特殊教育知识建构，提供了合理性辩护和有力指导。

【问题与思考】

从建构主义思考，为什么我们的认识会跟实际对象不一致，甚至同一对象不同的人来认识，会有不同的结果。

要点提示：

根据康德知识论，人们不是空着脑袋认识事物的。知识之所以形成，在于人内在的知性范畴这一认识形式，对外在世界经验的建构。也就是说，外在世界没有矛盾，有矛盾的是人的认识。每个人思维习惯、生活背景等不同，决定了人们加工知识的内在的知性范畴不同，这是认识事物的先验性前提，由此导致人们在头脑中加工对象而形成的认识结果不一样。

你有什么新认识呢？

(二) 当代特殊教育知识的"建构主义的经验主义"建构逻辑

特殊教育不是自然存在的事实，其产生发展一直是人类美好价值的反映。特殊教育知识也一直是人们之于特殊儿童教育关怀意识的意向性构造。长期以来，特殊教育知识既依赖于心理学、医学等经验学科知识，又受到社会特别是特殊教育实践者、研究者、政策设计者及其他相关利益参与者（以下简称"特殊教育者"）这些群体所遵循的不同范式的规约和建构。就我国特殊教育知识建构而言，一方面来自西方国家特殊教育知识借鉴和移植的逻辑建构；另一方面，来自特殊教育实践的经验建构。它们总体上是一种"逻辑主义-历史主义"的经验主义建构方式，主张"经验是知识的来源和基础，逻辑是知识的基本架构"①（我们暂称为"传统经验主义"）。但是传统经验主义并没有穷尽特殊教育知识建构的全部。建构主义的经验主义建构方式，开始逐渐为重度、多重障碍儿童及其他新类型特殊儿童教育的多元多态的特殊教育知识建构，提供了合理性辩护和有力指导，引导着特殊教育发展转变。

1. 当代特殊教育知识的实验建构逻辑

用实验的方法，特别是特殊儿童心理学实验、医学实验和教育实验，是特殊教育知识建构的重要路径之一。特殊儿童康复、特殊儿童早期干预，乃至特殊教育学理论等知识，都是基于特殊儿童心理实验、干预治疗实验等检验而证实的产物。20世纪80年代以来的新实验主义，与传统实验过分依赖理论不同，它更加强调实验在科学活动中的独立地位，甚至认为实验不依赖于理论而独立存在，"有其自己的生命"。②

当代特殊教育知识建构鲜明体现了实验建构的知识来源。例如，许多特殊儿童教育诊断与评估方法、技术，就来自特殊儿童心理/生理实验的精准测量和计算，或者特殊教育者的精确观察测定。再如，重度多重障碍儿童、自闭症儿童的教育知识，就是在传统三类残疾儿童教育理论之外，通过相关实验，在仪器使用基础上的变量控制、数据分析、模型建构，不断生成了重度多重障碍儿童、自闭症儿童的教育知识。这些实验非但没有必然受到既有特殊教育理论支配（传统三类残疾儿童教育知识理论中没有重度多重障碍儿童、自闭症儿童的教育知识），反而促进了特殊教育知识创新，成为当代特殊教育知识创新的重要方式和途径。

在这里，实验及其数据分析本身就是新的特殊教育理论基础或先导。抑或说，特殊教育相关实验并不总是特殊教育理论的镜像式反映，其本身就是特殊教育知识生成的活动和过程。

2. 当代特殊教育知识的实践建构逻辑

特殊教育具有鲜明的循证实践特性。特别是基于特殊儿童身心、环境差异事实的实践，是特殊教育知识建构的另一个重要方式和路径。

---

① 刘大椿，赵俊海.科学哲学的经验主义新建构[J].中国社会科学,2016(8):64.
② 伊恩·哈金.表征与干预:自然科学哲学主题导论[M].王巍,孟强译.北京:科学出版社,2011.121.

科学实践解释学认为"实践具有独立于理论的生命力"。① 相比理论优位的传统认识，它强调实践优位的认识论，且把实践作为知识本身，消解实践与理论的对立。当代特殊教育知识建构深刻蕴含着这种实践优位的知识建构逻辑。主要体现为知识的情境性建构。即，特殊教育情境性知识。情境性知识本身是特殊教育普遍理论之外的特定情境生成。如，重度多重障碍儿童的个别教育计划等就体现出一种实践优位的知识建构观。它以一种特定学生身心差异、特定环境条件、特定资源支持等特定情境性的活动方式，将有关特殊教育理论与实践统一起来，生成一种个体性的、具体性的、人本化的、精准化的教育知识，即情境性知识。再如，培智教育领域鲜明体现了一种实践优位的情境性知识特性。培智学校课程教材设计与实施，尽管部分服从于《培智学校义务教育课程设置实验方案》及相关理论等规范性知识的指导，但更多的要接受培智学校学生、教师、资源条件等差异实际的实践本身的调整，且正是这种调整变通，所谓的特殊教育理论、课程标准等才得以具象化。

在这里，**特殊教育情境性知识，是指基于特殊儿童身心、环境差异的事实和价值需要的基础上，特殊教育者在特定情境中实践优位构造和生成的情境化、个体化知识。它受特殊儿童身心与环境差异、特定时空资源条件、特定文化背景、特定价值取向、特定利益追求等情境制约。情境性知识难以标准化、普遍化。基于特定情境才能获得理解和意义是其一个显著特点。一旦脱离这个特定情境也就失去了效用。** 当然，这种实践优位的情境性知识不是特殊教育理论等普遍知识在具体环境中的应用，其高度情境化、个体化的特点，使其很难被纳入现在既有的、理论优位的特殊教育知识体系和图谱中，往往被边缘化。这种情境性的特殊教育知识是当今特殊教育知识建构的一个显著特征。我们应充分理解和接受这种知识多元存在的合理性，特别是应为特殊教育基层实践的知识创新主体地位正名正身。

知识拓展

生态课程凸显了个别教育思想指导下因人因地而异的情境性特点

　　生态课程是近些年来随着融合教育发展起来的，主要用于培智教育领域，特别是中、重度智障儿童教育。生态课程旨在动员全社会力量来帮助智障儿童适应正常化的社会环境和提高独立生活能力。它主张教师、儿童和家长共同参与，一起制定个别教育计划。生态课程注重社会效度，要求尽可能在真实自然的环境中完成教育，并通过社会现实生活发挥作用和反映教育效果。生态课程分为家庭生活、学校生活、社会生活和职业生活四个部分。（方俊明《特殊教育的哲学基础》）

---

① 瑟夫·劳斯. 涉入科学：如何从哲学上理解科学实践[M]. 戴建平译. 苏州：苏州大学出版社，2010. 123-124.

3. 当代特殊教育知识的权力建构逻辑

特殊教育是一个"以教育理性为逻辑图式统整其他相关方式手段而多维综合的教育合作存在",①是一个融医学、心理学等多学科知识多元勾连合作的知识系统。这既表达了特殊儿童身心发展的艰难,也隐含着我们单一视角认识与实践特殊儿童教育的局限性。因此,不同特殊教育者特别是特殊教育研究者精英群体、特殊教育政策制定者群体、特殊儿童利益群体(含残疾人联合会组织)等,基于特殊儿童身心和环境差异事实和价值基础上,在一定文化中的知识建构,成为特殊知识的又一个重要来源。南希·卡特赖特(Nancy Cartwright)认为,科学本身是一个斑杂破碎的世界。科学实践解释学和科学知识社会学认为,"权力和利益等因素在科学知识建构中起着决定性作用"。②

当今,特殊教育知识正被这种"权力和利益"的"共谋"去客观性、普遍性。一方面,传统特殊教育理论已被重度、多重障碍儿童及其他新类型特殊儿童的教育实践所解构,失去了垄断性的解释力、指导力,面临普遍性、客观性的合法性危机。另一方面,特殊教育者特别是特殊教育研究者精英群体、特殊教育政策制定者群体、特殊儿童利益群体等,基于一定的解释立场或利益,形成了一定的价值理念、信仰、技术等知识范式,并借此建立自己的知识话语体系,即福柯的知识权力。特殊教育知识日益体现出以权力逻辑为主导的"权力—利益共谋"特征。譬如,聋人教育中国家通用标准手语对聋人自然手语排斥的设定,特殊教育政策中对特定残疾人群利益的设计安排(如,《残疾人保障法》中对适用对象的设定),口语教学与手语教学的争执,等等,就表征着不同群体的权力内涵,反映了特殊教育精英群体及其行动的社会建构,规约和引导着人们对特殊教育知识的认同和接受。根据安德鲁·皮克林(Andrew Pickering)"实践冲撞"理论,特殊教育其实并不存在什么客观规律,特殊教育实践也不被规律所支配,存在的只是不同社会群体在特殊儿童身心事实与价值基础上,基于不同认识立场、不同专业领域、不同利益、不同价值取向而冲突碰撞形成的教育认识框架。特殊教育知识就是基于这些不同认识框架而在实践中交互作用和拓展的话语体系。特殊教育知识变迁,与其说特殊教育环境条件事实的客观变化,倒不如说特殊教育者群体通过"实践冲撞"而对权力和利益的人为建构。譬如,隔离教育到全纳教育的变革历程,已经清楚地表达了以隔离制的"标签""歧视"效应与全纳教育的"平等参与""全纳融合"为核心的"实践冲撞"机理。

---

① 王培峰. 特殊教育哲学:价值论与本体论的研究[M]. 山东人民出版社,2012. 42.
② 刘大椿,赵俊海. 科学哲学的经验主义新建构[J]. 中国社会科学,2016(8):51.

第二节 当代特殊教育知识特征与建构路径

建构主义的经验主义为我们认识当代特殊教育知识,指导和解释为重度、多重障碍儿童及其他新类型特殊儿童教育的多元多态的特殊教育知识建构,提供了有力支撑。从建构主义的经验主义的建构逻辑出发,当代特殊教育知识具有鲜明的特征;同时,也为当代特殊教育知识建构路径提出若干启示。

一、当代特殊教育知识特征

从建构主义的经验主义来看,当代特殊教育知识具有实践优位性、情境性、建构性经验知识特征。

(一)特殊教育知识的实践优位性知识特征

特殊教育知识的上述建构逻辑表明,特殊教育知识并不是一个与"我"无关的客观世界,而是特殊教育者基于特殊儿童身心与环境事实和价值的实验建构、实践建构、权力建构。所谓特殊教育知识类型、功用等特性,是特殊教育者自信地赋予的意向性构造。

在这里,实践就是知识的过程、知识的居所,是连接"我"与特殊教育世界的桥梁和纽带。只有在实践中,特殊教育世界才属于我们,我们也借此走进特殊教育世界,生成、把握和理解特殊教育知识。这就赋予实践在特殊教育知识中的优先主体地位。现实中,特殊儿童心理实验,以及美国把特殊教育作为"以教育为目的的干预体系"(预防性干预、治疗性干预、补偿性干预),已经表明这种实践优位的特殊教育知识认识论。由此可见,撇开实践的纯粹理论逻辑建构不适合也不可能担当起当代特殊教育知识建构的重任。亦可以说,特殊教育知识建构是一个被消解了实践与理论对立的统一行动过程。譬如,特殊儿童个别教育计划作为连接全纳教育理论与特殊儿童平等参与社会的媒介和途径,就试图打破理论与实践的分离,而成为一种课程与教学整合的知识再建构工具,实践着全纳教育理想,也引领着特殊教育发展。在我国融合教育中,个别教育计划还作为一个标准或尺度,发挥着规范、引领、批判的方法论工具和价值论工具作用,检验着融合教育的成效。

(二)特殊教育知识的情境性知识特征

正是基于上述实践优位的逻辑建构,特殊教育知识依赖于特定具体的情境条件,不可能置身于特定情境之外。无论实验逻辑建构,还是实践和权力逻辑建构,都反映出特殊教育知识要置于具体情境来生成、把握和理解的可能性和必要性。也就是说,特殊教育知识的本体存在并不是某种表征体系,也不是对特殊教育世界的镜像反映和精确描述。

特殊教育者基于特定情境的知识生成路径,决定了特殊教育知识存在是一个"生成本体论"存在结构。它不但始终是一个未完成的自为过程,一个变化性优先于确定性的存在结构;而且它没有普遍本质,也没有普遍效力,既不可能还原为某个普遍规律,也不可能具有普适价值,而是一种特定人群、特定情境、人本化、具体化的情境知识。这种情境性知识特征是当代特殊教育知识本体存在的显著标志。这也表明,特殊教育知识一旦离开了特定情境,特殊教育知识也就是不再为真,难以被理解,难以具有价值和意义。也就是说,有多少个特殊儿童身心事实和价值需要,也就有多少不同的特殊教育知识存在内容和逻辑。特殊教育知识呈现出一种碎片化、个体化、情境化的存在特性。譬如,个别教育计划就蕴含着特殊教育知识是情境性知识的本体论承诺,表达了特殊教育的本真存在状态。自然,基于这种情境性知识的本体存在,特殊教育知识也没有森严的等级体系,即使传统的特殊教育理论也不再具有高贵尊严和权力地位。特殊教育知识体系呈现出一个多元交互的、非线性的扁平结构。无论何种特殊教育知识都是平等的,这不但消弭特殊教育理论与实践的分野,也消弭特殊教育理论研究者与实践者的对立。

（三）特殊教育知识的建构性经验知识特征

特殊教育知识的上述建构逻辑揭示表明,当代特殊教育知识总体上是建构性的、经验性的。它不服从逻辑主义、历史主义的垄断性设定,也不可能是某个经验的简单移植,而是特殊教育者在特定情境的"实践冲撞"、交互作用的生动建构。这样,特殊教育知识不再是"铁板一块"、不可分割的既定结构,也不再是客观的普遍本质。实践和实验本身就是知识的存在和活动,特殊教育者的社会建构就是特殊教育知识的生成过程。这鲜明体现了特殊教育知识的建构性经验知识特征。现实中,重度多重障碍儿童教育的独特建构表明,当代特殊教育知识往往难以被普遍化,特殊教育实践也难以被复制和移植。

另外,从价值论看,特殊教育知识的实践优位与情境性存在特性,决定了它并不在于建立某种宏大叙事的"丰功伟业",而是把特殊儿童个体化、人本化的关怀作为目的本身。因此,这种知识的科学性或真理性也没有普遍意义的标准,或者说,适切特殊儿童自身人本化的成功成长就是标准,一切证实或证伪的检验活动也只能在实践中展开。

二、当代特殊教育知识建构的路径

建构主义的经验主义认识论启示我们,特殊教育研究要转向实践优位,特殊教育实践要转向"实践即研究""实践即实验";同时,特殊教育知识创新本身要转向对情境性知识的关注。

（一）特殊教育研究:转向实践优位

长期以来,理论优位的特殊教育研究一直占据着特殊教育研究的支配地位。为特殊教育发现普遍规律,为特殊教育实践提供理论指导,一直是研究者的学术使命。即使特殊教育基层实践者也坚信特殊儿童成长与特殊教育有着普遍共享的永恒本质,力图还原或验证这个本质,并寻回这个本质精确制导下的方法、技术或模型,给多样复杂的特殊儿童及其教育一个可靠的、一劳永逸的秩序和程序。

然而,当今建构主义的经验主义特殊教育知识建构方式以及实践优位的特殊教育知识特征,彻底击碎了这一幻想,为特殊教育研究敞开了回归实践的新视野。在实践中、在实验中、在特殊教育者的群体建构中思量特殊教育研究旨趣,成为纠偏传统理论优位研究的迷恋,并在实践中呈现特殊教育知识图景的重要方式。重度多重障碍儿童及其他新类型特殊儿童的教育,就首先彰显了特殊教育知识实践优位的转向,同时也带来传统经验主义建构方式的特殊教育知识的断裂。当然,根据德里达"延异"概念,这种断裂恰恰表明了特殊教育知识的不完备性,而这正是知识创新的机制,是特殊教育知识生成的内在活力。特殊教育研究应当坚持实践优位的知识创新理念,把特殊教育研究本身作为一种实践旨趣的活动,重视多学科知识参与、多元方式的特殊教育知识生产过程,重视特殊教育与其他科学技术方法的综合运用及其与特殊儿童的密切联系,即使特殊教育研究的抽象理论也应当是为了捕获问题,解决问题,逼近实践。

(二)特殊教育实践:转向"实践即研究""实践即实验"

当前,许多特殊教育基层实践者把研究、实验与教育实践分离开来,把教育教学降低为检验理论的证实或证伪活动过程。他们或者自我轻薄实践而无为懈怠,或者认为基层实践者无需研究,也不可能创新知识。这导致许多基层教师的教育教学一方面面临着无思想的浅薄实践尴尬,另一方面面临着无法满足特殊儿童教育需要的困境。究其内因,这实质上是一种理论与实践二分的理论优位知识认识论。

特殊教育知识的建构主义经验主义建构方式强调知识存在于特殊教育者及其与特殊儿童身心事实"实践冲撞"的主体建构中,实践和实验就是特殊教育知识的居所、活动及其本身。它不在于能准确描述和表征特殊教育,而在于发挥特殊教育者的主体能动作用。在这里,就蕴含着特殊教育基层实践者应当是特殊教育知识创新主体的肯定,基层特殊教育实践应当是内含着主动研究和实验等深度理性的活动,而不仅仅是检验既有理论。特殊教育基层实践者有着丰富的实践经验、丰富的研究机会,处于最佳的研究位置。特殊教育基层实践者应当坚持"实践即研究""实践即实验"的方式和态度,以更加理性、更加科学的实践推进知识生成创新,纠偏过分依赖理论而轻视自身实践的偏执。现实中,重度多重障碍儿童和新类型特殊儿童由于身心障碍的新特性、巨大差异性、不可复制性,也决定了满足他们公平的、有质量的教育,必须以研究和实验的理性态度和方式开展探索。这本身就是独立于既有理论之外的知识创新活动。

> **知识拓展**
>
> **特殊教育实践的知识创新列举：校本课程及其家长参与**
>
> 深圳元平特殊教育学校在2001年始，开发校本课程。强调以生活适应为核心，将生活理念渗透到所有课程中，形成了较为完整的课程体系。同时，邀请家长参与校本课程设置、实施和评价，保证适合学生需要。另外，还针对学生的残疾程度加重的实际，要求残疾程度重的学生必须有一名家庭辅导成员进入课堂与教师合作，一起实施课堂教学。（黄建行、雷江华《特殊教育学校校本课程开发》）

（三）特殊教育知识创新：转向情境性知识的关注

特殊教育知识创新注重情境性知识建构是转向实践优位的逻辑必然。特殊教育知识的情境性知识特性决定了它特定情境生成的存在路径，以及在特定情境中才有意义的价值观。这不但导致对普适情怀的本质主义知识观的颠覆，也彻底改变了特殊教育实践依附理论，且只有在理论的谱系中才有意义的"现代性暴力"，改变了轻视特殊教育基层实践的独立价值、甚至轻视特殊教育基层教师的认识观。同时，也无情批判了移植西方特殊教育知识的惯习倾向，彻底破灭了仅靠移植手段创新特殊教育知识的美梦。特殊教育知识创新应当转向对情境性知识的关注。

一是要树立特殊教育知识本身就是依赖于特定情境的、具体的、个别化的、人本化的知识观。特别是在智力障碍儿童教育、多重重度障碍儿童及其他新类型特殊儿童教育中，把他们多元多样、显著差异的身心事实与价值作为特殊教育知识生成的具体情境和路径，把适切他们人本的教育需要和成功成长作为判定知识真理与谬误的价值标准，用实践优位的知识旨趣和理性的研究态度建构特殊教育知识。

二是要树立特殊儿童特殊性优先于普遍性、差异性先于同一性、多样性先于单一性、变化性先于确定性、个体性先于群体性的特殊教育价值秩序观，防止特殊儿童人本化的特殊需要满足在宏大叙事的实践中被有意无意地遗忘和伤害。这是特殊教育情境性知识特性的必然要求，是特殊教育知识情境性生成的本质和意义所在。

三是要树立特殊儿童是决定特殊教育发展的内部要素观，在教育政策设计、教育活动安排中充分体现对特殊儿童多元多样的身心差异的尊重，并由此引发特殊教育的相应变革。现实中，医教结合、送教上门、个别化教育等实践已经体现了这一特点。

四是要关注教育事件，重视个案研究。教育事件是特殊教育基层实践者的实践事实的真实表达，具有师生真实的生命意义。同时，每个特殊儿童都是独特的生命存在，是特殊教育教学的价值主体和实践依据。充分理解特殊儿童独特地生存于鲜活的教育事件中，并关注教育事件，重视个案研究，是特殊教育知识创新的重要途径，也是引起特殊教育教师实践转变和实现专业成长的重要方式。

知识拓展

情境性知识创新：当前我国普通学校开展融合教育的课程调整四个策略

(1) 课程变通：是以变通的形式对普通课程内容呈现的形式和学生学习的方式进行适应性的调整。这种变通性的调整并不改变课程目标、内容的基础，而是要适应学生能感知、理解和能参与的方式开展教学。一是对学生学习信息呈现与接受方法的调整；二是对学生学习方式的变更。

(2) 课程扩展：因学生的残疾，必须增补一些普通课程所没有的内容，以便能够帮助学生更好地参与普通课程学习，促进其全面发展。（如：定向行走、生活自理）

(3) 课程简化：是指由于残疾导致学生学习水平的限制，在保持普通课程基本内容不变的情况下，对学习的难度、复杂性或数量上进行适当地降低或减少。

(4) 课程替代：一般适合于一些残疾学生特别是重度障碍的学生，采取变通、扩展、简化的方法，仍然不足以支持他们有效地参与课程的学习活动，而他们又有其他特殊的教育需要必须优先解决，诸如社会交往等。课程替代的方法有三种：一是将课程的目标、内容替换为与学生感知方式相适应的内容，二是把认知性强的学科内容替换为实用性学习内容，三是把难于参与的课程替换为与学生实际特殊需要相联系的课程。（盛永进《特殊儿童教育导论》）

本讲小结

特殊教育知识关涉到特殊教育活动及其学科存在的核心特征。特殊教育知识的形成建构，是特殊教育自身形成过程最为核心的根本性要素。从科学哲学视角探讨特殊教育知识的建构，是特殊教育过程论的首要内容。(1)本讲首先运用西方哲学认识论中经验论和唯理论，审视特殊教育知识建构逻辑，指出，特殊教育知识首先是建立在经验论基础之上的，许多特殊儿童教育的成功实践经验，奠定了特殊教育知识基础，影响至今。但是单纯经验论的特殊教育，是无法完成特殊教育知识发展与建构的。唯理论是在经验论之外审视特殊教育知识形成的重要认识论。唯理论在其知识体系建构中有着合法的地位。特殊教育从医学训练的原初形态向教育学形态、再向社会学形态的转向，都是按照一个普遍的必然性的先验逻辑实现的，并构成了先验性的特殊教育知识。但是，唯理论的特殊教育知识逻辑演绎，固然赋予特殊教育知识的普遍性、必然性，却失去了经验知识的鲜活内容。当今，随着重度、多重障碍儿童及其他新类型特殊儿童教育实践的推进，特殊教育知识日益呈现出后现代特征，当代特殊教育知识形成需要新的认识论提供指导和解释。康德开启的先验哲学认识论认为，知识既不是纯粹的经验来源，也不是纯粹的逻辑推演，而是在于人的知性对经验的建构。沿着康德知识论，形成了建构主义的经验主义新认识论。建构主义的经验主义反对理论优位,具有鲜明的后现代特征。它凸显了实践优位对科学知识的事前建构,改变了逻辑主义和历史主义的经验主义理论优位认识论的科学知识事后重构。建构主义的经验主义强调科学活动的实践性,突出科学实践活动的建构主义本质。基于建构主义的经验主义科学哲学视角审视,当代特殊教育知识具有实验建构逻辑、实践建构逻辑、权力建构逻辑。(2)本讲立足当代特殊教育知识阐述了当代特殊教育知识特征与建构路径。从建构主义的经验主义来看,当代特殊教育知识具有实践优位性、情境性、建构性经验知识特征。建构主义的经验主义认识论启示我们,特殊教育研究要转向实践优位,特殊教育实践要转向"实践即研究""实践即实验";同时,特殊教育知识创新本身要转向对情境性知识的关注。

推荐阅读书目

培根著《新工具》(商务印书馆)

恩·哈金著《表征与干预:自然科学哲学主题导论》(科学出版社)

瑟夫·劳斯著《涉入科学:如何从哲学上理解科学实践》(苏州大学出版社)

思考与练习

1. 概念理解:特殊教育情境性知识
2. 简述经验论与唯理论的主要观点。
3. 简述建构主义的经验主义的主要观点。
4. 简述当代特殊教育知识的建构逻辑。
5. 简述当代特殊教育知识特征与实现路径。

第九讲　特殊教育政策建构的政治哲学阐释

【学习要点与目标】

1. 形成对正义的基本认识。
2. 理解特殊教育政策正义的道义论正义基础。
3. 理解特殊教育政策正义的局限性。
4. 理解特殊教育政策正义的实现路径。

特殊教育政策制度关涉到特殊教育活动的组织结构和秩序。特殊教育政策制度的形成建构,是特殊教育活动过程最为核心的支撑性要素。从政治哲学视角探讨特殊教育政策制度的建构,是特殊教育过程论的又一个重要内容。

政治哲学是对政治价值、政治制度和政治理想等理论的方法、原则、体系的哲学认识,它关心的主要问题是政治价值及其活动中的正义、民主、自由、平等等关系。其中政治价值是政治哲学的核心。特殊教育政策作为对特殊儿童教育的一种政治权力的制度安排和行动过程,反映着特定的政治价值。政治具有专断本性,且政治的合法性并不等于政治的正当性。[①] 以政治哲学的视角审视特殊教育政策,保持对特殊教育政策正义的高度敏感和警惕,坚守对残疾人目的价值的辩护和捍卫,具有重要意义。道德是任何法律政策的基础和最早来源。政治哲学立场对特殊教育政策的认识,注重为特殊教育政策提供道德上的辩护,通过诉诸道德理由来证明其价值合理性。

罗尔斯是当代道义论政治哲学的杰出代表,其《正义论》是当代政治哲学的巅峰之作,也构成当代政治哲学的基本分析框架。本讲主要在阐明正义和道义论正义认识的基础上,运用罗尔斯道义论政治哲学理论,提出建构特殊教育政策正义的逻辑,并揭示特殊教育政策正义的局限,阐发特殊教育政策正义的实现路径。

---

① 周穗明.当代西方政治哲学:定义、概况与意义[J].国外社会科学,2015(2):37.

第一节　关于正义的基本认识

"人是生而自由平等的,但却无往不在枷锁之中。"①追求特殊儿童教育公平一直是特殊教育政策的核心价值和目标理想。研究表明,在特殊儿童身心弱势之外,社会制度与结构的变迁是导致对他们教育不公平的重要外在原因。② 至今对待特殊儿童教育,总体说来有两种主张:一是认为"私人恶德即公众利益"③,注重在自由竞争、自由至上和社会总体福利之外,把特殊教育作为慈善事业,依靠"博爱""仁慈"的基督教情怀和同情救济的道德力量来获得特殊教育的存在。譬如,诺齐克就是典型的代表。二是主张在自由优先和注重社会福祉的同时,又重视诉诸道德"道义"和"义务"的必要性来认识和对待特殊教育,把特殊教育作为体现道德正当和制度正义的一种美德,主张国家以再分配政策干预的制度设计来差别对待特殊教育。如,罗尔斯公平的正义思想就是这种主张的代表。在这里,不同的特殊教育政策主张,体现着特殊教育的一定的政治价值立场,反映着对正义的不同理解。为此,有必要首先厘清正义与道义论正义。

一、什么是正义

正义是政治哲学的基本范畴。**正义主要依赖于人类社会的价值判断,是人基于一定政治立场和道德标准对人、社会及其社会事务的一种认识和评价的方式。它反映着社会的一定道德伦理和政治价值取向,也反映着人们的社会存在状态**。不同的政治立场、不同的道德标准、不同的认识理路都会产生不同的正义观。

(一)"理性即正义"的古典正义观

正义源自对政治生活的追问。正义的基础来自古典政治哲学中人的理性这一源泉。在苏格拉底和柏拉图生活的雅典城邦时代,人们开始思考政治生活中的正当性问题。最著名的是柏拉图《理想国》中的正义学说。他认为正义可分为个人正义和城邦正义。个人正义是指正确地管理头脑中的三个部分,即理性、情感和欲望。凭借协调得当的情感的帮助,理性应当控制住欲望,个人便得到了"灵魂中的正义"。"城邦中的正义"是指一个受理性支配的团体统治着大批受欲望驱使的公民。它旨在追求一种正义的秩序。④ 可见,在柏拉图看来,正义必须诉诸理性的手段来控制欲望,即正义来自理性。后来,又将理性转移到法律,体现出"守法即正义"观,主张用法律制约权力。

---

① 卢梭.社会契约论[M].何兆武译,北京:商务印书馆,1980:4.
② 齐延平.社会弱势群体的权利保护[M].济南:山东人民出版社,2006:4.
③ 刘莉萍.对曼德维尔"私恶即公利"观的思考[J].湘潭师范学院学报(社会科学版),2003(5):13.
④ 托马斯.政治哲学导论[M].顾肃译,北京:中国人民大学出版社,2006:145-146.

亚里士多德继承了前辈的思想，认为正义是人趋于完善、城邦趋于良好治理的秩序的准绳和基础。正义的核心就是守法和公平。为此，他把正义分为分配正义、规范正义、交换正义、契约正义。① 西方文艺复兴以来，格劳秀斯沿着人类理性的思路进一步向人的权利和行为规则转向。他从人的理性和社会性来认识人的权利和政治。认为人的理性洞察到公正是一种内在于自身并为了自身的美德。因此，他认为符合人的理性就是道义的，是有内在良知的。他认为自然法就生于人类理性和内在良知，"是正确思想所下的命令"。② 而自然法就是实现社会公平正义的条件，是人类社会普适的基本法则，是一切法律的根据。

在我国的儒家思想中，正义首先是一个道德伦理的范畴，同时也是实现政治王道的核心。孔子、孟子从道德修养出发，主张为政以德，天下归仁；王道仁政，天下无敌。③ 仁既是个人的精神家园、人格追求和道德诉求，也是济世良方、治国之道。在此体现了以仁为核心、以个人修养为本体的正义观，仁即正义。

(二)"契约即正义"的近代正义观

欧洲近代以来，在自然法的基础上，人们开始从人的权利与国家的规则来思考正义，将正义建立在社会契约这一平台上。霍布斯从人性恶假设出发，提出"一切人反对一切人的战争"的人类自然状态。他认为自然法中人的理性不是传统的社会性、政治性，而是私利的算计。因此，为了和平的需要，人们要制定契约，把人们的全部权利转让给主权者。那么契约就产生了正义，正义的性质就在于有效遵守契约。④

洛克不认同霍布斯对自然状态血腥恐怖的假设，他认为自然状态是一个平等的、自由的生活状态，人们享有自然状态下的自然自由和平等。为了维护这种自然权利，必须通过社会契约把个人权利集中起来形成公共权力，并把部分权利（即保卫天赋的权利而不是天赋的自然权利）让渡给他人或组织（即有限政府）。契约就是人们获得正义和国家获得正义的基础。

卢梭继承了洛克的自然权利学说，但是批判了洛克"生而自由平等"的自然状态，认为自然状态其实是奴役的枷锁。由此，他提出的契约论不是为国家的合法性辩护，相反，而是要形成"公意"，抵制国家，即"找出一种结合的形式，使它能以全部共同的力量来卫护和保障每个结合者的人身和财富，并且由于这一结合而使得每一个与全体相联合的个人又只不过是服从其本人，并且仍然像以往一样地自由。"⑤在卢梭看来，人民是有主权的、公共意志的，正当的国家就是主权的人民的结合体，是人民的公共人格。人民主权和民主国家就直接体现了卢梭的正义观。基于契约论精神的正义观深远地影响到当代美国著名学者罗尔斯的正义论，他的正义两原则就是在原初状

---

① 陈开先.政治哲学史教程[M].北京:科学出版社,2010:33.
② 陈开先.政治哲学史教程[M].北京:科学出版社,2010:132.
③ 陈开先.政治哲学史教程[M].北京:科学出版社,2010:73-99.
④ 陈开先.政治哲学史教程[M].北京:科学出版社,2010:138-141.
⑤ 卢梭.社会契约论[M].北京:商务印书馆,2008:19.

态中达成的契约的结果。

（三）目的论的正义观

正义体现在人与人之间及其与群体之间的关系之中，是安顿人的目的一种价值判断。从这个角度看，正义又可以分为目的论（功利主义）的和道义论（义务论）的正义观。目的论认为只要在社会所有人中间产生最大的效益就是公正的。它只考虑整体效益的增加，不重视效益在个人之间的分配，只注重结果，不注重程序，只重视集体，不重视个体的独立，把个体作为满足社会总体利益的工具。目的论突出表现在边沁、密尔的学说中。边沁作为功利主义理论的杰出代表，他认同休谟的"无赖假设"，把人作为自私的、贪婪的、趋乐避苦的，人与人的关系是博弈的紧张关系。他认为痛苦和快乐是支配人类两个至高无上的功利主义目的。个人或政府行为正确与否，取决于是否对个人幸福或最多数人的最大幸福有增进。国家的目的在于保障最多数人的最大幸福。

在边沁看来，功利就是衡量个体与国家正当的标准，凡是利于增进个体或国家最大值幸福的就是正确的。密尔继承了边沁功利主义思想，把功利界定为人的本性，把增进幸福与快乐的多少当成判断人们行为是与非的根本标准。但是，密尔认为功利不仅有量的差别，还有质的不同，而追求精神享受比感官享受更有价值。用他的话说，"快乐的猪与痛苦的苏格拉底相比，苏格拉底的痛苦更有价值。"[①] 密尔还进一步修订了边沁的功利主义道德标准，他认为个人幸福不能损害他人的利益，为他人的利益做出牺牲的行为也是善的。这使得他的功利主义原理丰富了正义因素。

另外，至善主义同样是一种目的论式的理论。它从人类社会精英中选择设定某种卓越目标和方案，作为规定社会基本制度的标准，重视少数人的价值观和理想的实现，忽视每个人的人生目标。[②] 英国牛津大学教授拉兹就是至善主义的代表。他反对自由主义要求政府在各种各样的善观念之间保持中立性，认为政府有追求价值目标的权利，政府是自由的一个可能的来源，政府可以创造条件使国民享有更多的自由。为此，应鼓励政府采取更积极的行动，在善观念和道德领域发挥更大的作用，为人们的幸福和自主创造有利的条件。[③]

（四）自由至上的正义观

自由主义是西方政治哲学的主流。美国诺齐克是当代自由至上主义（放任自由主义或激进自由主义）的代表。诺齐克认为，自由能够产生正义的结果，当行为是自愿的或没有被强迫的时候，它们是正义的。诺齐克虽然也承认人是目的，神圣不可侵犯，但是与罗尔斯道义论保障"人是目的"不同，他对人是目的的保证是消极的、形式的、程序的，他以最弱意义国家来保障人的独立和不可侵犯。他在《无政府、国家与乌

---

① 陈开先. 政治哲学史教程[M]. 北京：科学出版社，2010：161-163.
② 周保松. 罗尔斯《正义论》(1971)[A]. 应奇. 当代政治哲学名著导读[C]. 南京：江苏人民出版社，2010：13-14.
③ 姚大志. 论拉兹的至善主义及其得失[J]. 求是学刊，2007(2)：39-44.

托邦》提出"最弱意义的国家"理论,认为"最弱意义的国家"就是一种最少管事的国家,最低限度的国家,除了保护性功能之外再无其他功能的国家,即古典自由主义所谓的"守夜人"式的国家。同时,诺齐克把是否侵犯个人权利作为"最弱意义的国家"的道德根据,把个人权利作为国家的道德标准和约束,限制着国家功能扩张对个人权利的侵犯。

因此,诺齐克主张权利优先。虽然诺齐克的权利原则和罗尔斯自由平等正义原则都强调自由、权利、正当及其优先性,但是对权利的理解和认识是不同的。诺齐克是把权利作为个人的自我所有权,其核心内容是自由,[①]一种对任何行为都始终有效的道德边际约束。他放任地把权利抬升至衡量任何个人和国家行为的根本道德标准。也就是说,在诺齐克看来,权利和自由本身就是目的。正是由于权利,构成了使用权利的外部环境、行动的边界。

根据"最弱意义的国家"逻辑,诺齐克反对以某预成标准的模式化分配。他认为按照一定标准的模式化分配原则,其最大的问题是干涉个人的自由和权利,违背了道德边际约束。他认为"物都是有主的",对物的所有权决定了基于"我的权利"的分配是正义的。因此,他主张不要确定任何分配尺度,或者说以人们自愿或自主选择为尺度,可以按照任何方式转让和交换、分配。凡是自愿的意志和方式都是合法的。[②] 基于此,诺齐克提出"持有正义"观,认为判断一个人拥有和处置财产是否符合正义原则的途径只有一个,就是看拥有者的财产来源是否正当,而不是财富的分配情况。[③] 相对罗尔斯的差别原则,他拒绝对权利原则的任何修正,因为这不但侵犯人们的自由权利,而且影响到社会活力。

(五)平等主义正义观

自由与平等的关系是当代政治哲学中的核心问题。德沃金不同于诺齐克的"自由至上",也不同于罗尔斯在自由和平等之间调和的两个正义原则。他作为平等主义的追求者,主张平等优先于自由。德沃金认为,"自由与平等之间任何真正的竞争,都是自由必败的竞争。"[④]德沃金的平等强调的是给予每个人平等的尊重和关切,自由必须为平等让路,平等必须用资源和机会来衡量。自由不是随心所欲地做任何事情的自由,而是尊重别人权利的自由。他的两个伦理原则认为,人生取得成功而不被虚度是重要的,每个人的人生同等重要(即重要性平等的原则);个人对这种成功负有具体的和最终的责任。[⑤] 在分配正义方面,他反对福利平等观,主张资源平等,让所有人在起点上都拥有平等的资源,让每个人的人生价值实现上得到平等。德沃金认为

[①] 陈开先.政治哲学史教程[M].北京:科学出版社,2010:263.
[②] 何怀宏.诺齐克《无政府、国家与乌托邦》(1974)[A].应奇.当代政治哲学名著导读[C].南京:江苏人民出版社,2010:46-47.
[③] 陈开先.政治哲学史教程[M].北京:科学出版社,2010:264-265.
[④] 葛四友.德沃金《至高的德性》(2000)[A].应奇.当代政治哲学名著导读[C].南京:江苏人民出版社,2010:82.
[⑤] 德沃金.至上的德性[M].冯克利译.南京:江苏人民出版社,2008:126.

资源平等要通过对影响起点平等的未来因素的预防来实现。德沃金强调政府致力于资源分配的平等,通过法律或政策保证公民的命运不受他们的经济背景、性别、种族和特殊技能或不利条件的影响;同时,要求政府在它能做的范围内,努力使其公民的命运同他们自己做出的选择密切相关。为反映资源平等分配,德沃金用正义赤字、资源赤字、自由赤字来描述社会不平等。正义赤字指一个人在自己社会中的所得低于他在理想的平等主义分配中应得的程度或水平,或他处境比他应得到的更差的那种程度。资源赤字,即个人拥有的资源与他在采用公平底线的拍卖中可以得到的资源之差。自由赤字,即与个人在理想的平等分配所规定的处境下可以做到或取得成就相比,他有能力做到或取得的成就所受到的限制的程度。①

(六)复合平等的多元正义观

当代政治哲学学者沃尔泽是符合平等的多元正义观主张者。他表达了与诺齐克一样的自由主义理论关切。他站在社群主义自由主义的立场认为"正义是一种人为建构和解释的东西。"②他反对罗尔斯从唯一途径达成正义的简单平等,从社会物品理论出发阐发一种以复合平等为核心的多元主义正义理论。所谓"复合平等"就意味着反对专制,削弱简单平等分配垄断支配社会善品。在他看来,分配是社会冲突的根源。在当今,甚至连权力、金钱、声誉、人格、良心等这些风马牛不相及的东西都可以互换,不可能指望单一的分配来解决分配问题。沃尔泽的多元分配正义认为,"平等是人与人之间的一种复杂关系,由我们在我们自己中间制造、分配和分割的物品来调节。"③沃尔泽的社会物品理论认为,分配正义所关注的所有物品都是社会物品。他认为社会物善品具有社会价值,是社会构想和创造的,社会物品的含义决定社会物品运动,即分配标准与分配制度不是物品本身固有的,而是社会物品内在需要的。公正分配与社会物品的社会意义、构想、创造有关。社会意义决定了分配原则,社会善品有各自的分配领域,有相应的特定准则。为此,沃尔泽认为,分配正义必须坚持三个原则:自由交换原则、应得原则、需要原则,力图使得不同物品基于不同理由、依据不同程序分配给不同的人们。

二、道义论正义

政治价值理论是政治哲学的基础。总体说来,政治哲学的价值理论大体上可以分为道义论(或称义务论)和目的论两个理路。自古希腊城邦政治开始,道义论和目的论就是思考人生和社会规则、揭示政治与道德生活、安排自我与社会政策的两种基本学理运思方式。

---

① 葛四友.德沃金《至高的德性》(2000)[A].应奇.当代政治哲学名著导读[C].南京:江苏人民出版社,2010:96-97.
② 沃尔泽.正义诸领域:为多元主义与平等一辩[M].褚松燕译,南京:译林出版社,2002:4.
③ 沃尔泽.正义诸领域:为多元主义与平等一辩[M].褚松燕译,南京:译林出版社,2002:21.

知识拓展

目的论政治哲学与道义论政治哲学

目的论的政治哲学强调目的和结果,认为目的和结果是评价善恶的标准,而其善体现为个人利益、集体利益和公共福利,等等。目的论不太关心政治过程和动机的正当与否。它认为善优先于正当,善是终极价值,甚至把正当、正义等都作为达到善的工具和手段。因此,目的论的政治哲学主张从善出发规定何为正当和正义。历史上,无论个人主义还是共同体主义的目的论,都是以个人或共同体的财富增长、福利增加、效率提高等作为根本目的,其他都是服务的工具,哪怕牺牲公平、人权等也在所不惜。如卢梭学说就是将个人价值融进公共意志中,以合乎公共善作为目的和标准。

道义论的政治哲学强调过程和行为的正当性和正义,如自由、平等和权利,等等。道义论关心的不是结果而是动机和程序的正当性,认为正当优先于善。它把正当作为评价的依据,把正义作为共同的原则和终极目的。根据康德的经典表达就是:"人是目的"即正义,即终极目的。只要行为是出于善良意志、来自普遍必然的道德法则的"绝对命令"就是正义的。因此,道义论政治哲学主张从正当去规定何为善,关注人们的行为规则。康德、罗尔斯就是道义论的典型代表,他们主张任何幸福、善都要建立在正义的原则上,注重诉诸"道德法则"或"正义原则"来考量政治制度的正当性。(王培峰《特殊教育政策正义及其局限》)

特殊教育政策首先是以道义论政治哲学奠定正当性基础的,这是特殊教育政策内涵的显著价值特征。亦可以说,其本身就是道义论政治价值和政治制度安排的结果。因为,特殊教育之所以成为国家政治价值的一个追求和一种制度安排,其本身就以有别于一般教育的差别政策对待,表明了特殊教育政策存在本身就是道义论思想的体现。当然,目的论也具有为特殊教育政策提供合法性的基础。在此,不再赘述。下面,着重阐述康德和罗尔斯的道义论政治哲学思想。

(一)康德先验认识论的道义论正义观

一般说来,道义论思想体系是借助自然法则理论诞生的,即把自然法作为人们绝对权威和绝对服从的道德义务。近代以来,对规则的需求使得正当性问题和制度正义问题凸显出来,依据于自然法的道德义务演变为自然权利,并构成了国家行为的边界和"绝对命令"。其中,康德的先验道义论成为西方道义论政治哲学的主要理论依据。康德关于"人是目的,而不是手段"的原则成为道义论正义的鲜亮旗帜。

1. "人是目的"的正义绝对性与至上性

首先,康德按照他的先验认识论设置了道义论中的人性假设,以此作为道义论思想的前提。即,把主体看作意志的"我"、超越于经验性条件而卓然独立的"我"。康德在其三大理性批判中,特别是《实践理性批判》中用理性为自由立法,确立义务的先天依据——道德法则,揭示出意志自由。他把道德法则(道德律)视为善恶的最高标准,独立于经验性条件之外,并由此界定了责任和义务,认为凡是符合道德法则的就是善,反之就是恶。也就说,善是道德法则派生的,受道德法则的约束和强制。

在这里,按照康德的观点,符合道德法则的绝对命令就是正当的,它不以任何特殊的善观念为前提条件,不依赖于经验性条件而独立推导出来,且相对于善具有优先特权。因为,道德法则的基础是实践理性主体自身,而非任何经验的目的。这样,主体及其意志摆脱了经验存在的限制,使"我"的每一种意志实践都真正成为"第一原因",而不是某种目的或善的支配意志;同时,也使得"我"真正成为目的,而不是某种目的或善的手段或工具,这时给道德法则提供的基础才是独立于自由王国,完成"人是目的"绝对至上这一道义论的证明。

2. 正义的独立性与先验性

康德道义论主张正义是一种独立的价值,正义不但不受善的支配,而且它还规定着善。善恶概念是在道德法则之后并通过道德法则来得到规定。① 这与目的论(功利论)自由主义相反。目的论认为功利是目的,而正义是实现功利的工具;正义和其他道德原则都是从幸福的目的中取得的。康德认为功利主义的幸福原则是纯粹的经验基础,不但不可靠,而且也不能保证个体权利和正义不被僭越;即使幸福能为人们普遍分享,也会因为规导而成为强制价值观,影响个体的幸福观念的自由。② 因为任何社会善的安排分配,如果优先于人的权利,就不可避免地把人作为客体,一个实现目的的工具来对待,自然就有违"人是目的"的价值正当性预设。

当然,康德的政治哲学是以其先验哲学为前提的,康德的主体概念是先验的,康德的道义论正义强调的是形式主义的,注重对道德原则和规范的承诺,要求人们行动遵从一个不从经验中或外在意志中借来的先天观念——一个"使你的意志的准则任何时候都能同时被看作一个普遍立法的原则"。③ 由此,也表明了康德道义论的正义仅仅是一种道德诉求。正如桑德尔在《自由主义与正义的局限》中的批判那样,道义论的人性假设基石存有缺陷,康德道义论中的"人"只是一种"自由主义的幻觉"④,道义论所依赖的主体优先性、独立性、纯粹性可能只是一个虚假的承诺,"我"不可能超越"我"的目的及其偏见,不可能分离于"我"本身,也就不可能通达道义论的终点。但是,康德道义论正义符合康德实践理性高于纯粹理性的观念。它遵循"内心法则"的自由逻辑。它不依赖于经验基础,独立于客体而自成目的,具有主体意志先于主体理性、主体地位高于客体地位的价值正当性。

(二) 罗尔斯经验认识论的道义论正义观

康德道义论搭建了一个思考正义的先验论框架,深刻影响了政治哲学的发展。

---

① 康德. 实践理性批判[M]. 邓晓芒译, 北京: 人民出版社, 2003: 86.
② 桑德尔. 自由主义与正义的局限[M]. 万俊人等译, 南京: 译林出版社, 2001: 6.
③ 康德. 实践理性批判[M]. 邓晓芒译, 北京: 人民出版社, 2003: 39.
④ 桑德尔. 自由主义与正义的局限[M]. 万俊人等译, 南京: 译林出版社, 2001: 14.

同时，也正是围绕他的先验论缺陷，后来学者们不断对康德道义论进行完善。其中，美国当代著名学者罗尔斯秉承了康德道义论的学术理路，运用美国一贯的经验论方法把康德先验的道义论空降到地平线上，进行了一次成功的经验论修正，提出了"公平的正义"观。罗尔斯道义论的正义，主要体现在："人是目的"优先的主体价值正义、主体自由意志选择的程序正义以及对最少受惠者"差别原则"对待的补偿正义。

1. 人是有目的的存在者

罗尔斯坚持"人是目的"优先的道义论基石，但他没有采用康德先验论道义论的方式，而是在康德的先验论基础上，提出经验论的解释。罗尔斯运用经验论修改为，每个人是"有目的的存在者"。罗尔斯认为利益必定是某一主体的利益，每个人也必定是有某种利益、某种目的的主体。

根据康德观点，人的力量，一是自由选择的意志力量，它属于实践理性的意志范畴（或自由范畴）；二是实现目的的能力，它属于纯粹理性的认识范畴（或知性范畴）。前者是意志主体，后者是认识主体。罗尔斯在经验论建构中，认为这两者及其力量彼此依存、相互修缮，以自我占有主体的形式把这两者联系起来。罗尔斯沿用康德实践理性统摄认识理性的观点，认为每个人的目的不是先验给定的，自由意志不是纯粹的内心法则，而是内心对目的的反思的结果。正是这个反思保存了自我的主体意志和能力，又通过反思联系了主体意志和主体目的，捍卫了"人是目的"的道义论，实现了每个人是"有目的的存在者"的经验论证明。

2. 主体自由意志选择的程序正义

每个人作为"有目的的存在者"如何以正义的形式而存在呢？罗尔斯设置了原初状态的立约和无知之幕下的选择。原初状态其实内含着西方一贯的契约论思考方式。众所周知，契约因为体现立约者的意志和互利特性，一向被视为调节社会人与人的关系、乃至国家关系的正当性手段，一直占据西方政治哲学的思想高地。罗尔斯坚持社会契约论传统，把正义定位在自由意志一致的社会契约中，正义原则就是参与社会合作的人们一起行动而自由选择达成的契约。罗尔斯的原初状态是一个"不受偶然因素或社会力量的相对平衡所决定的状态"。[①] 罗尔斯在原初状态中还假设了适度资源匮乏和适度私利，从而使得人们合作并缔结契约成为可能。同时，他假设了适度的信息无知（即无知之幕），为过滤偏见和偶然因素、达成公平的普遍意义的契约奠定基础。这样假设的目的在于，在原初状态中，为了每个人都能自由、公平地提出和达成一个自由公正的契约，以保证每个人自由的合作，也保证合作的每个人的自由。原初状态的目的在于建立一种公平的程序，[②]他认为"在原初状态中，自由和理性的人为了增进利益将会选择这些原则"[③]达成契约。这样，由于主体的选择是无知之幕

---

① 罗尔斯. 正义论[M]. 何怀宏译，北京：中国社会科学出版社，1998：120.
② 罗尔斯. 正义论[M]. 何怀宏译，北京：中国社会科学出版社，1998：136.
③ 罗尔斯. 正义论[M]. 何怀宏译，北京：中国社会科学出版社，1998：11.

下在平等、公正、真诚、一致和自愿的基础上产生的,是主体自由公平的选择结果,因此是正义的。罗尔斯认为这是正义的一种程序的正当性。按照康德道德律的解释,契约只要是自由意志达成的,无论结果怎样都是正当的。罗尔斯继承了康德的主张,把程序的正当性优先作为道义论的重要论点。

3. 对最少受惠者"差别原则"对待的补偿正义

人类社会是一个分配的社会①,分配是社会冲突的根源。② 罗尔斯从生产资料的占有与分配来思考正义问题,强调以分配为核心的积极平等,旨在建立基于自由平等之上的公平的社会制度,保障人每一个人有机会实现自己的人生理想。罗尔斯认为"正义是社会制度的第一美德"。③ 罗尔斯的正义观,以两个正义原则强调以分配为核心的积极平等,旨在建立基于自由平等之上的公平的社会制度。

罗尔斯提出"两个正义原则",分别以自由和公平为主要特征,回答人们按照什么样的正义规则行动的制度设计。"第一,每个人对与其他人所拥有的最广泛的基本自由体系相容的类似自由体系都应有一种平等的权利;第二,社会的和经济的不平等应这样安排,使它们在与正义的储存原则一致的情况下,适合于最少受惠者的最大利益;并且,依系于在机会公平平等的条件下职务和地位向所有人开放。"④这里,第一条原则是自由优先的原则,这是西方自由主义的一贯准则,体现了人是"自由选择的存在者"、"社会是自由选择和追求的社会"这一自由主义理念,它只能为了自由的缘故而被限制。第二条原则则是机会平等原则和差别原则。两个正义原则按照词典序列进行选择。即,第一个原则优先于第二个原则,"机会均等原则"优先于"差别原则"。第二个正义原则中的"机会平等原则",旨在消除人们社会出身差别的影响,使所有人都拥有平等的机会达到各种职务和地位。"差别原则"则鲜明地体现了"人是目的"的道义论追求。通过补偿最少受惠者的不平等,保证他们获得最大利益。这是罗尔斯正义理论的精髓和特色所在。

差别原则为什么是正义的呢？一是程序正义。因为差别原则是在无知之幕下自由、理性的人们主体自由意志的命令,是对原初状态中形成的契约的履诺,所以具有正当性。同时,差别原则也是增进人们相互尊重、道德关怀和社会合作的基础。差别原则是一种互惠关系,分享个人禀赋不同带来的利益。罗尔斯认为得不到弱势者的忠诚合作,其他人也不可能活得更好,优势者的优势是建立在弱势者弱势的基础上的。根据罗尔斯观点,个人天赋和出身等不是个人的应得,那就应该视为共同资产,要将个人天赋和出身等作为分配的条件和基础,对由天赋不足和出身差等导致的不幸予以补偿,保障起点的平等,增强"人是目的"的尊严。二是结果正义、积极平等。罗尔斯揭示出,当今的不平等已经隐蔽到意识和社会制度之中,虽然不平等不像奴隶

---

① 沃尔泽. 正义诸领域:为多元主义与平等一辩[M]. 褚松燕译,南京:译林出版社,2002:1.
② 沃尔泽. 正义诸领域:为多元主义与平等一辩[M]. 褚松燕译,南京:译林出版社,2002:12.
③ 罗尔斯. 正义论[M]. 何怀宏译,北京:中国社会科学出版社,1998:3.
④ 罗尔斯. 正义论[M]. 何怀宏译,北京:中国社会科学出版社,1998:60-61.

社会和封建社会那样,把赤裸裸的人身奴役和强制作为社会体制的外部特征;但是,不平等在功利主义、效益主义的社会意识和体制的相互保存中得到不断强化。① 差别原则以再分配补偿自然分配的不平等,让处境不利者从初始的生产资料占有的根源上实现权利和机会的平等,消除自然禀赋和出身等偶然性造成的不平等,实现每个人的人生理想和价值,蕴含着对积极平等的强烈追求。

【问题与思考】

根据罗尔斯差别原则分析下面案例,回答问题。

一个家庭育有两个孩子,老大高智商,有成为科学家的潜质;老二重度智障,没有任何自理能力。假如家庭仅有100元的教育资金,可能有三种分配方案:一是平均分配。二是给老大更多,支持80元,老二仅20元。三是给老二更多支持80元,老大仅20元。请问哪种分配才是正义的呢?

要点提示:

第三种分配方案是正义的。它具有程序正义和结果正义的积极平等思想。

罗尔斯认为天赋、出身既非个人的选择,也非个人努力的结果;它不是自己的资产,要将个人天赋和出身等作为分配的条件和基础,对由天赋不足和出身差等导致的不幸予以补偿,保障起点的平等,增强"人是目的"的尊严,保障处境不利者充分发展。这种差别对待,就是对不利者的补偿正义。这体现了实现人们实质的积极平等理想,这是一种公平的正义。第一种分配方案的平等是一种消极公平,不正义。

你有什么新认识呢?

第二节　特殊教育政策正义的道义论基础与实现路径

罗尔斯差别原则蕴含着对平等的强烈追求。以差别原则来审视特殊教育政策,对于奠定特殊教育政策正义的基础、思考和设计特殊教育政策具有重要意义。本节首先分析罗尔斯差别原则给予特殊教育政策的正义基础,然后审视其存在的正义局限性,最后提出实现的基本路径。

一、特殊教育政策正义的道义论政治哲学奠基

差别原则,蕴含着对特殊儿童等弱势群体的深刻道德关怀,体现着追求积极平等、捍卫"人是目的"的道义论思想。特殊教育政策作为别于一般教育政策的差别性安排,其存在本身就是道义论的政治哲学观点的体现,以差别原则来审视特殊教育政策,具有以下几个方面的奠基作用。

---

① 卞绍斌.马克思与正义:从罗尔斯的观点看[J].哲学研究,2014(8):71-76.

(一) 为特殊教育政策尊重特殊儿童及其需要夯实了道义论根基

罗尔斯认为个体的多样性由不同的欲望、目标、属性、目的、价值、利益以及和主体存在的环境偶然性因素(包括天赋的不同)等构成，正是这些特质把多样差异的人镶嵌在社会共同体内，且无论社会处境多么相近，共同利益怎么坚守，每个人都以这些经验的东西把彼此区分开来。也正是人的差异多样性带来了冲突和分歧，也带来了合作和需要。

对特殊儿童而言，残疾缺陷本身是一种偶然性获得的存在，它的始源既不服从于特殊儿童自我意志，也不听命于他人的安排，而是特殊儿童生长发育中的一种变异或不完善，就如同人的出身、门第、家庭、父母等是不可选择的。按照罗尔斯的话，就是"自然分配"决定的。残疾缺陷尽管存在于特殊儿童身心，却不构成特殊儿童的本质属性，而仅仅是群体或个体差别的一个特质，"一种相对形式或风格"，是"我"不可避开的一个偶然存在。特殊儿童有着与其他人群同样的"人是目的"的道义论尊严和价值。从抽象的道德层面来看，天赋无论优劣，都是神圣不可侵犯的；且天赋的差异是不依赖于社会和文化条件存在的事实。① 由此，对特殊儿童作为人的多样性的认识，由道德理性得以转化为科学理性。社会对特殊儿童的尊重、包容和接纳就不只是出于道德良知、善政意志或实践理性，而是遵循自然规律的科学理性。通过罗尔斯差别原则审视，特殊儿童的多样性应当被接纳、认同和尊重，且同样是构成社会合作所必不可少的基础。这样，特殊儿童不必因为社会尊重接纳而感恩，也不必因为社会歧视而卑琐。特殊儿童基于自身残疾而获得尊重和接纳，是其本身与生俱来应得的东西，是社会基于事实的理性反映和人道诉求。

特殊儿童是人的多样性的重要体现者，对特殊儿童及其教育的制度安排是检验对人的多样性尊重的尺度。当今，承认和尊重人的多样性，是国际社会最起码的人权原则。《特殊儿童权利国际公约》以及我国的《特殊儿童保障法》等已经鲜明地体现了这一点。特殊儿童教育的不公平问题本源于天赋的不平等，并被镶嵌在社会体制、社会意识中，同时经个体选择和社会竞争等境遇而加重了自身的弱势和不平等。也就说，社会制度是造成他们弱势的"放大器"，是他们教育不公平的主要机制。特殊教育政策作为一种社会制度的安排，其正义性无疑应以差别原则为基础，并以之为基本原则来审视和筹划政策设计。**尊重特殊儿童的多样性和差异性，并以特殊儿童的多样差异性优先于统一性来思考和建构特殊教育政策，这是关涉特殊教育政策正义的核心问题。**反观功利主义，视人的统一性优先于多样差异性，把整体的价值选择僭越为所有人的选择，以此来进行社会安排，追求所谓的整体社会善，就不可避免地抹杀了特殊儿童及其价值和需要的多样差异性。

---

① 王培峰.特殊教育哲学：本体论与价值论的研究[M].山东人民出版社，2012：98-100.

知识拓展

什么是特殊教育政策

特殊教育政策是国家立法机构、相关行政机构官方主体和残疾人等利益群体等非官方主体,在一定政策环境下对特殊教育问题处理和利益调整而相互联系、相互作用构成的一个社会行动的系统。

狭义上的特殊教育政策:(1)从伦理学看,特殊教育政策是一种正义和美德的伦理塑造。它以制度正义而对人们关怀残疾人美德不足的一种补偿,或者说是对人类恶德的一种限制,而从行动上建立的一种支架,用于限制强势者的私欲,抬升残疾人教育权益在竞争中的平等地位,而建立的稳定的、有序的、可预见的利益协调保障机制。譬如,"人性恶",休谟的"无赖原则"假设,就指出政策是出于抑制人们的机会主义才形成的合作产物。(2)从政治学看,特殊教育政策主要是依靠政治权威构建特殊教育行动的过程。它按照政治逻辑和规则协调残疾人及其与健全人群体间的教育利益,是党和国家以政治意志对残疾人教育的期望、承诺和规划,表达了一种政权的统治过程和权力本质。它以政治权威规范执行机构的权力,也规范、引导人们在特殊教育活动中的观念、行为,以及他们之间的关系,衡量国家和执政党的政治价值。(3)从教育学看,特殊教育政策旨在协调、规范和引导人们的教育观念和行为,是特殊教育活动的核心"软件程序"。从特殊教育政策与一般教育政策的关系看,特殊教育政策是对特殊教育资源、残疾人教育利益做出的一种专门性的安排,来确保残疾人获得公平的相适宜的满足特殊教育需要的教育。同时,特殊教育政策是对一般教育政策面向残疾人群体调整一般教育资源和利益"无能"的一种补救或补偿性设计安排。(王培峰《特殊教育政策正义及其局限》)

(二)为特殊教育政策伸张特殊儿童平等权利敞明了视野

罗尔斯把社会视为互惠的合作系统,差异多样的人不仅有着私利的冲突,还有着共同的利益,以及正义的道德考量。社会共同体也就不只是个人私利动机支配下的利益合作,还有着"互相分担命运""共享性终极目的"的道德目的。在这里,一方面,差异多样的主体意味着冲突和分歧,为正义存在奠定了基础;另一方面,多样差异的主体也带来了价值分享和社会合作的可能与必要。这直接奠定了罗尔斯的人性观和社会观。根据罗尔斯社会合作理论,"社会是一群人为了各自的利益而聚集在一起,从事各种合作性的活动所构成的一种组织或机构。人们参加这种合作性活动是为了实现或完成自己的目标。"[1]"差别原则的核心是再分配",[2]而再分配的依据是社会

---

[1] 石元康.罗尔斯[M].南宁:广西师大出版社,2004:10.
[2] 齐延平.社会弱势群体的权利保护[M].济南:山东人民出版社,2006:134.

合作的道德原则,即把优势地位者的利益看作是来自社会合作的共同财产,他们有义务帮助处境不利者,以确保每个人都从合作中受益。

从残疾缺陷的存在特性看,残疾缺陷是一种生成性的存在,一种意向性的意识构造,它存在于自然和社会环境之中,有自然和社会环境的存在特性,特别是具有社会意识生成或改变的一面。在实践中,全纳教育已经表明,社会环境对改变特殊儿童障碍具有很大的作用,良好的支持的社会环境可能减少特殊儿童的障碍,反之,可能会增大障碍。这也就是说,障碍是自然和社会环境偶然性因素所致的一种存在,相当大地依赖于自然和社会环境。那么,特殊儿童的障碍尽管存在于特殊儿童身上,实质上却不是特殊儿童所有,而是自然和社会导致的公有之物。

可见,特殊儿童的差异实质上是以人的多样存在形式和意义为人类社会合作提供了可能;且社会合作的利益不是对特殊儿童的"博爱"和"同情",而是他们有理由的正义要求。在社会合作中,一方面,特殊儿童从初始的生产资料占有的根源上实现权利和机会的平等,消除自然禀赋和出身等偶然性造成的不幸,促进特殊儿童共享社会文明;另一方面,在社会合作中增进人与人之间的相互尊重、相互合作,不但有利于促进特殊儿童平等参与社会、融入社会,而且也是人们利益的分享,增加人们从中受益的可能和机会。由此,启示**特殊教育政策,应当把推进特殊教育社会合作和促进特殊儿童社会全纳融合作为正义的"应得";以社会融合与社会合作原则优先至上,作为特殊教育政策安排以及体现其正义特征的重要考量**。这样,"在合作的社会关系中,特殊儿童不再是文明的代价而是文明本身。"[①]当前,我国《关于进一步加快特殊教育事业发展的意见》提出"全社会共同推进特殊教育事业发展",以及《特殊教育提升计划(2014—2016年)》要求全面推进全纳教育,已经显示出这种政策价值考量。

(三)为特殊教育政策具体设计安排提供了方法论依据

罗尔斯自由平等的第一原则是一种面向多数人的自然分配总体善,然而,对少数处境不利者而言,这种善就是有限的,甚至是不公平的。为此,罗尔斯在第二原则中的差别原则主张以再分配的方法,以弥补第一原则平等自由下的处境不利者,为保证他们的自由平等提供补偿性公平的制度设计。也就说,差别原则的补偿公平其实是在自由主义空间里的逻辑修订和补救,即改变对总体善的专注而深刻关怀到少数处境不利的群体,使得在自由主义空间里而不平等不自由的人们,特别是深处自由主义"竞争陷阱"里的"价值落空"的人们,真正得到补偿公平。

罗尔斯对这一逻辑的证成,赋予了差别原则深厚道义关怀,也使得补偿公平成为分配正义。这对特殊儿童进行社会价值的再分配和补偿公平获得了坚实的理论基础。缺陷和其他人的优势天赋一样得以作为社会的共同财产,作为社会分配的一个基础,参与社会分配中。那么,特殊儿童基于自身缺陷的不足而获得其他优质天赋人的补偿就是公平的、正当的、应得的,这是对社会共同财产的公平分配。在这里,把残

---

① 王培峰. 特殊教育哲学:本体论与价值论的研究[M]. 山东人民出版社,2012:166.

疾缺陷作为共同财产而设计的差别原则不但不是对他人的侵犯,也不是把他人作为特殊儿童福利的手段,而是对保证特殊儿童"人是目的"的承诺和履诺。

特殊教育政策籍借罗尔斯差别原则,**以补偿公平的路径和方式追求积极平等的分配正义,经验性地实现对特殊儿童的道义关怀,构成了特殊教育政策的一个重要理论基础,对特殊教育公平的政策设计产生着深刻影响**。我国《特殊教育提升计划(2014—2016年)》要求组织开展送教上门、把残疾儿童学前教育列入国家学前教育重大项目,以及高标准的义务教育生均预算内公用经费(每年6 000元)、推进高中阶段残疾学生免费教育、试点建设孤独症儿童少年特殊教育学校(部)等鲜明体现了这种补偿公平的影响。当然,对特殊教育来说,补偿公平的正义观的深远意义远不止如此。它不仅影响到对教育善品分配制度安排和政策设计,而且还以精神意识形态改变着传统对特殊儿童价值的蔑视、资格和权利的怠慢,以及人的多样性的抹杀。

(四)为特殊教育政策程序与结果的双重正义实现指明了方向

差别原则的程序正义是罗尔斯强调的重要特性。在罗尔斯正义原则中,差别原则并不先于其他原则,是自由优先下字典式排序,符合自由主义道义论的正义观;同时,差别原则本身就是无知之幕下的契约结果,是正当程序的正当产物。它从逻辑上为其正义性提供了一个坚实的论证基础。他认为"没有任何用以判断结果正当与否的独立标准,相反只要程序恰当正确,且程序又得到恰当遵守,则其结果就同样是正确或公平的。"①只要契约越接近意志自律,程序就越正当(并得到遵守),那么正义的实现结果就越接近于正义。在这里,差别原则的程序正义主要来自无知之幕下契约的程序正义的设计。对特殊儿童来说,差别原则就是一个保护性的正义程序,体现了对特殊儿童公平的深沉眷顾。

按照罗尔斯原初状态的逻辑推理,差别原则的正义程序也最大限度地保证了结果的正义。差别原则的结果正义充分体现在对处境不利者补偿的积极平等,不仅关注分配本身,又关注每个人的人生理想和价值的充分实现。对特殊儿童而言,由于人们在原初状态的无知之幕下会审慎选择一种保守的结果,做出一种最稳定、最可靠的理性选择,这是有利于特殊儿童的。甚至这个契约环境及其结果本身是倾向于对特殊儿童等处境不利者的同情和保护的。因为,把所有人天赋作为共同资产的再分配,使得特殊儿童得以分享其他优势天赋或处境有利者的资产和利益,有利于补偿特殊儿童的公平获得。这体现了罗尔斯"公平的正义"的价值追求。可以说,对特殊儿童而言,差别原则既是规定正义的程序,也是达致正义的结果。作为结果正义,它主要体现在以经验的方式使每一个人特别是处境不利者从起点上获得充分自由发展、实现自己价值理想的补偿公平。对其他人来说,正是因为服从自己自由意志的选择,他们也不是特殊儿童福利的手段,这本身就是"人是目的"的经验性实现和诠释。

人类社会是健全人主导和分配的社会。在由健全人主流人群创造和主宰的世界

---

① 罗尔斯.正义论[M].何怀宏译,北京:中国社会科学出版社,1998:86.

中,绝大部分的物都已经被健全人所持有,同时由于特殊儿童身心在资源获得和使用中的弱势,使得特殊儿童资源占有面临着资源稀少和无法、无力占有资源的困境。特殊儿童在自然分配中可能面临的结果是,对任何资源的使用都要取得别人的同意或同情,取决于别人的意志或善心;然而依靠施舍的资源占有,其最大的问题是不能给予特殊儿童平等的人格、尊严和价值。根据差别原则的补偿公平,特殊儿童不必因这种应得而感恩,也不必因争取这种应得而尴尬。对这种应得的追求和获得,不同于慈善行为的救济,而是国家意志的制度正义。国家意志主导的差别原则的再分配调节,不但能够以国家意志的制度强力、以稳定可靠的制度理性实现特殊儿童的积极平等;而且能给国家和个人强有力的道德约束,以特殊儿童的应得确立起个人和国家行为的边界。

基于差别原则的特殊教育政策就是用正义的程序等造就正义的结果,它以一种补偿公平的形式,显示着一种积极平等的价值理想。特殊教育政策作为一种工具,一方面,要以补偿公平为基础的政策安排和设计,促进特殊儿童生命充分自由发展、成功成长和价值实现而奠定结果正当性。另一方面,又要以差别原则特殊对待的方式,保证对特殊儿童教育补偿公平而获得程序正当性。追求结果正义和程序正义是特殊教育政策活动的终极理想。**特殊教育政策结果正义和程序正义特性就主要体现在维护和促进特殊儿童充分自由发展、成功成长和价值实现的道义论终极关怀之中,这是特殊教育政策所持有的基本原则**。差别原则的补偿公平,尽管是外在的强制和干预,尽管有违自然分配的自由,但是它能避免特殊儿童生命成长遭遇成长条件的限制而带来再次伤害或制约,具有结果正当性和程序正当性的双重正义。同时,正是籍借差别原则补偿公平的这种积极平等的价值追求,也直接规定了特殊教育政策的属性,即特殊教育政策是一种充足的积极型、发展型的政策。

二、特殊教育政策正义的局限性

特殊教育是人类社会文明的标志,但是当特殊教育这种文明不得不以特殊教育政策和制度的形式来保障或支配时,特殊教育政策就真实地表达了我们人类社会文明的不足,一种物质匮乏和道德欠缺的不幸,所谓特殊教育政策正义也仅仅是对这种不幸的有限补救。正如休谟所言,"把人类仁慈或者自然的施予提高到足够的程度,正义将失去用武之地。"[①]这揭示出,特殊教育政策正义是一个历史性的概念,一个局限性的概念,而不是一个绝对的存在。差别原则尽管是特殊教育政策的重要分配原则和理论基础,但是也给特殊教育政策正义带来一定局限。

(一)差别原则可能导致观念上的偏见和歧视

特殊儿童教育的困境不仅仅是物质层面的资源分配、身体残疾层面的障碍制约,更在于社会歧视和排斥等精神和意识层面的伤害。譬如,特殊儿童尊严、价值和意义

---

① 桑德尔.自由主义与正义的局限[M].万俊人等译,南京:译林出版社,2001:204.

被贬斥等。根据玛格丽特的观点,这些伤害不是从属于身体残疾和资源分配不公的次生性伤害,而是一个独立的、以制度为主的社会羞辱问题。[①]

差别原则其实首先是一种资格的划分,它以国家意志的形式确定特殊儿童获得补偿公平的资格。正是这种资格的确定,使得补偿公平变成特殊儿童的一种制度正义的"应得";但是,仅仅以特殊儿童身心残疾缺陷作为特殊教育政策设计和享有特殊教育政策的一种资格依据,是有很大风险的。一是,差别原则可能从事实和价值上肯定了特殊儿童与他人教育目的及其价值的区别。即,因事实地强化和区分了特殊儿童与其他人群天赋的不同,而导致一类人群比另一类人群更有价值——健全人比特殊儿童更有价值,有以事实上的非正义淹没理论上道义论正义的可能。按照玛格丽特的说法,这种差别原则的特殊教育政策安排实质就是把特殊儿童与其他人群区别开来的政策设计,反映着一种"制度羞辱。"[②]二是,差别原则的制度安排形式,会以对特殊儿童身体的分类、隔离,诱导特殊儿童形成着对本身为"另类人"的身份认同,抹杀着特殊儿童的反抗与自觉意识,贬低特殊儿童的潜力,怀疑特殊儿童的价值,这从人的类存在根基上摧毁了特殊儿童的自信和尊严,造就着社会对特殊儿童疏离、冷漠的精神伤害。甚至说,由于对特殊儿童的价值蔑视,可能将特殊儿童排除在社会共同体成员享有的资格与权利之外。现实中,这种"制度性羞辱"突出体现在隔离制特殊学校的教育制度安排,对特殊儿童平等参与社会的隔离和对他们"残疾"、"低能"等标签性歧视。在此,全纳教育的政策价值取向就充分凸显出对特殊儿童道义论正义的捍卫,揭示出全纳教育政策更具正当性的正义根源。同时,也启示**特殊教育政策唯有以特殊儿童平等的公民身份来界定,方能最大地减少对他们的羞辱和歧视**。

另一方面,根据玛格丽特观点,慈善、怜悯本身就具有歧视性和羞辱性,它能减低人的尊严和价值。因为,慈善、怜悯的善意不只是一个道德概念,还是一个社会文化和心理层面的概念。不同社会处境和文化心理需求的人,对慈善救济的理解是不一样的。对施善者而言,特殊儿童就是同情的对象;甚至在一些特殊教育政策制定者的理解中也或多或少的存在着"特殊儿童是救济、恩惠、慈善对象,特殊教育政策是慈善政策"等这样一些先在的观念设定。差别原则作为补偿公平的制度化设计,可能使得特殊儿童在二次分配中面临因非劳所得、同情救济而缺少社会尊重,以至于形成接受社会羞辱、屈服社会羞辱的窘境。为此,**应当审慎的对待特殊儿童的同情、慈善、救济等善意**。只有在充分尊重和保障特殊儿童在社会共同体中权利"应得"这个基础上,且只有在特殊儿童同意前提下,同情、慈善、救济等善意才是合理的和正当的。特殊教育政策设计应当立足"残疾是社会的问题,改变残疾及其障碍是社会的共同责任"这一观点,把特殊儿童作为有理由要求的"权利人"而不是恩惠和施舍的"同情对象",

---

[①] 徐贲.玛格丽特《正派社会》(1996).应奇.当代政治哲学名著导读[M].南京:江苏人民出版社,2010:401.

[②] 徐贲.玛格丽特《正派社会》(1996).应奇.当代政治哲学名著导读[M].南京:江苏人民出版社,2010:403.

把特殊儿童接受差别原则的补偿公平看作是自身的"应得"而不是施舍,这是特殊教育政策必须设定的前提。特殊教育政策的价值之一在于给人以尊严。如何让特殊儿童以积极意义形式,以更有充足理由的价值实现方式获得补偿公平,是更好的贯彻差别原则,完善与改进特殊教育政策对特殊儿童的二次分配所应考虑的命题。

> **知识拓展**
>
> 我国特殊教育政策伦理的四个偏颇
>
> 自20世纪80年代改革开放以来,在效率、自由和技术追求的胁迫下,以及在有限公共教育资源的博弈中,特殊教育政策伦理倾向出现明显偏颇,同时也带来了特殊教育公平正义不足的问题。其突出表现在:(1)多数者"善"伦理主张。用"多数者善"政策伦理替代公共利益。这不但牺牲了少数者的教育利益,而且还假以"公共利益合法性"外衣长期蒙蔽了他们利益受损的真相。(2)效率"善"伦理至上。即以最低的政策成本谋取最大的政策目标作为好教育政策的伦理观念,带来对特殊儿童教育公平的伤害。(3)唯政府"善"伦理偏好。认为政府是唯一合法的公共利益代表者,这导致强调政府单一的自上而下的行政管理,以及政策执行的统一性、标准化,无法满足不同群体和地区的多样性的教育需求,社会组织及其民间力量的积极性没有得到充分释放。(4)技术理性"善"伦理倾向。技术理性抑制价值理性。出现政策设计与特殊儿童成长需要不相适应,对于难度大、涉及利益面广的问题不敢去碰等弊端。(王培峰《特殊儿童教育公平问题的审思:特殊教育政策伦理分析视角》)

(二)差别原则工具性可能僭越特殊儿童目的性

特殊教育政策的决策和制定必然首先依赖于政策制定者对特殊儿童教育的价值愿望和评估特殊儿童残疾类型和程度、特殊需要及其他工具性手段,正是这些区别对待的考量才确定了不同的政策设计与目标。也就是说,差别原则也是特殊教育政策所依赖的一种工具。在这里,能够拿来参与政策制定的价值观和评估特殊儿童残疾类型和程度、特殊需要及其他手段都不是价值无涉的,而是取决于一定社会制度下的社会理想以及其他政治、经济、文化等偏好的具体的、先在的设定。差别原则的正义是受到特定社会善观制约的。这样,这些社会善总是优先于特殊儿童存在,制约着特殊教育政策设计,使得特殊儿童可能成为社会或他人的工具而丧失了人的目的性存在。这就变异为功利主义的支配,有违道义论正义思想,特殊教育政策作为差别原则的正义性会大打折扣。

特殊教育政策制定一定程度地存在着把特殊儿童群体的残疾障碍的禀赋作为一个达成社会目的的工具,以"社会文明"等总体善支配政策目标及其设计,而忽视了特殊儿童具体的实质利益获得。譬如,1994年《残疾人教育条例》尽管规定了"残疾幼儿的学前教育机构"在学前教育中的作用,但是时至今日20多年间残疾幼儿学前教育机构及其教育的匮乏,就表明了《残疾人教育条例》存在着以总体性教育善(特别是特殊儿童义务教育效率的功利性追求)落空残疾幼儿学前教育的问题。根据罗尔斯和康德道义论思想,如果特殊教育政策违背特殊儿童权利优先、正当优先,不管它是多么有利于社会的总体福利,都不能证明其正当合理性。无论特殊教育政策目标高举"政治文明"还是解决其他社会问题等社会善观,都不能以减少或挤压特殊儿童的权利为代价。在罗尔斯自我理论中,任何人不比他人更有价值。无知之幕的用意就是通过剥离不应得的占有,来保证自我平等自由的主体界限。

为此,**特殊教育政策所坚持的差别原则,只有出于对特殊儿童"人是目的"的捍卫,而不是判断他们的价值优劣的工具;只有对身体残疾等机能的衡量和界定的价值观不是出自偏见,而是出自工具理性及其对有限资源有效合理利用的计算,那么,差别原则及其以此为基础的特殊教育政策就是正当的**。在这里,对特殊儿童某种特殊的目的和需要的先在设定,一方面要把它作为特殊儿童所应得之物;另一方面要界定并维护好特殊儿童差异多元的需要和目的,并且尽可能以多元差异的方式满足这些差异多元的需要和目的,为特殊儿童自由选择和成功成长提供支持,方能使得差别原则的道义论正义真正实现。否则,特殊教育政策的正义就可能仅仅是贫困的正义、粗糙的正义。特殊儿童差异多元的需要和目的及其差异多元的满足方式是特殊儿童权利的道义论伸张,防止无"我"差别的善和非"我"社会善对特殊儿童童"人是目的"的傲慢、怠厌,甚至僭越和抑制。教育政策对他们自由选择和成功成长的支持是特殊儿童自由意志的召唤,防止以"低能"、"无用"等任何借口对他们自由和成功的限制,借此,防止特殊教育政策的正义被削弱或裁减。

(三) 差别原则可能失去对特殊儿童个体关怀

总体来说,特殊教育政策相对于一般教育政策是差别原则的结果,但其存在本身相对于政府和不同特殊儿童而言,又是功利主义的目的论的存在物,表现出一种差别原则内的功利性。这种功利性表现为,把特殊教育利益和目的设想为适切所有不同类型、不同程度、不同条件的特殊儿童的普适的善,把所有特殊儿童的教育需要综合为一个目的系统,使得不同特殊儿童的不同权利和特殊需求处于被忽略的危机之中。同时,在分配方式上,特殊教育政策也仅仅是注重化繁为简的简单分配,注重的是有效管理和特殊儿童总体性的善,没有区别不同特殊儿童的差别。特殊儿童群体本身也是一个涵盖多类型残疾、多群体特性和多样生存条件、差异巨大的群体。特殊教育政策统一目标、统一对待的有效追求就是一个功利主义的设定。这种功利主义特殊教育政策的错误在于对特殊教育利益在不同特殊儿童中间不同分配的忽视。它所基于的目的需要及其理性是从所有特殊儿童抽象出来的无差别的一致性特征为基础的,仅关注于对作为整体的特殊儿童群体的利益算计,把所有多元多样的特殊儿童的利益作为无差别的单一结构。也就说,特殊教育政策对利益的分配和调整仅仅是把不同特殊儿童及其利益需要做了一项简单的"合并同类项"的工作。它通过这种合并了的共享价值来确立其之于所有特殊儿童集合体的合理正当性,并通过这种结构赋予其中每一个特殊儿童的一种特殊儿童共同体身份构成,力图让所有特殊儿童在这个简单的"归一"的特殊儿童共同体中实现自己的利益。这实质上是一种缩小了的功利主义设计,是一种贫困的正义。它尽管有别于其他教育政策,作了不同人群的差别对待,但仅仅体现了初步的简单的人群差别及其分配,是一种粗糙的正义。它仍然没有仔细区分特殊儿童群中不同需要及其不同需要的秩序安排,只不过是以所有特殊儿童的特殊教育善替代了所有人群的教育善。

在我国,1994年《特殊儿童教育条例》尽管强调了残疾儿童少年的义务教育,但是忽视了特殊儿童是一个多残疾类型和程度的群体,其对重度障碍儿童教育缺少政策设计就显明凸显了这样一种"被所有特殊儿童替代"的正义危机。实践中,以入学率等总体性功利目标衡量政策效果,也反映了功利主义对特殊儿童公平正义的忽视。由于失去了面向每个特殊儿童的特殊需要分配的充分满足,特殊教育政策正义就可能消逝在总体教育善之中,甚至以衡量这些总体教育善的数字掩盖了教育政策不正义的事实。**特殊教育政策尊重特殊儿童的特殊教育需要并个别化地满足特殊教育需要这种善观,是特殊教育政策对特殊儿童"人是目的"的必有的道义追求。**

(四)差别原则的可能具有一定专制特性

差别原则补偿公平带来特殊教育政策的正当性同时,也可能以政府意志的形式导致仁慈专制。一是,并不是所有的特殊儿童都需要特殊教育政策差别原则的补偿,特殊教育政策政府意志的再次分配可能抑制部分特殊儿童自由意志和选择。二是,仅仅以身心机能不足而差别对待的特殊教育政策,可能会带来对其他人群利益的排挤,特别是影响健全人群中一些处境不利者(如农村、贫困等非特殊儿童)教育利益的获得。三是,根据哈耶克观点,[①]特殊儿童对差别原则分配正义的笃信,使得他们的地位、身份、价值信念和能力等更依附于政府的行动。让特殊儿童在依赖中,失去了自由意识和能力,甚至形成不健康人格。

【案例与思考】

物品通用设计是《残疾人权利公约》提出的重要原则,但并不是所有的物品都能通用设计。譬如,盲文字板、轮椅等残疾人特殊性专属物品。这些物品分配,可能给残疾人带来的"正义性"与"非正义性"的两难处境。请结合本节学习予以分析。

要点提示:

正义性1:根据沃尔泽的社会物品理论,残疾人专属物品是为残疾人提供的具有他们特殊性需要的物品,能划定与其他人的分配领域边界,满足他们特殊需要,防止他人侵占。

非正义性1:残疾人专属物品在划定了分配边界的同时,也划分了人的差别。它因专属残疾人,而具有符号特性,能扩大人的差别,带来标签效应,减低人的尊严和价

---

① 周濂.哈耶克与罗尔斯论社会正义[J].哲学研究,2014(10):89.

值。同时根据玛格丽特观点，专属物品尽管有道德的同情和关怀，但是，同情、慈善、怜悯的善意不只是一个道德概念，还是一个社会文化和心理的概念。专属物品本身内含的同情、慈善、怜悯，还可能具有歧视性和羞辱性。

正义性2：根据罗尔斯的差别原则，残疾人专属物品的再次分配作为补偿公平的差别对待，可能以再次分配的补偿公平，为残疾人带来公平的正义。

非正义性2：残疾人专属物品的再次分配本身就是一种符号区分机制，残疾人在再次分配中面临非劳所得、同情救济，也可能给残疾人带来低能、低价值等标签，减少社会尊重，以至于形成接受社会羞辱、屈服社会羞辱的窘境。同时，依赖于同情救济，还会让特殊儿童在依赖中，失去了自由意识和能力，甚至形成不健康人格。

你有什么新认识呢？

三、特殊教育政策正义的实现路径

如何增进特殊教育政策正义是特殊教育政策安排必须思考的重要理论问题。根据前面对差别原则的审视，特殊教育政策安排和设计，既要防止差别原则的弊端，又要合理运用积极的一面。具体说来，应注重以下几个方面的价值考量：

（一）坚持积极平等的道义论原则

把教育公平作为特殊教育政策的一个独立的发展目标，作为缩小"天赋"差异而追求实质平等的正义之举。（1）重视全过程的教育公平。以教育权利、教育机会、教育规则、教育资源分配在教育起点、过程和结果上的差别对待与特殊需要满足为公平尺度，强调特殊儿童在特殊教育政策中的价值主地位，强调特殊儿童对教育获得的补偿公平，并以教育全过程的公平来衡量这种教育的获得。（2）**重视采取更加积极平等主义的特殊教育政策**。这主要体现在以支持和满足特殊儿童的自由选择和成功成长为目的，从程序正义的起点，到结果正义的终点，特别是把程序正义作为首要的最高价值，致力于根本上减少或消除制约他们成长的限制。我国很长历史时期内，特殊教育政策思维注重"特教特办"，把改善残疾人的生存生活状况，提高他们的福利作为政策目的，一定程度地存在着重视保基本、注重结果正义（特别是以总量性增长来衡量）、重视事后补偿（如，特殊儿童教育不公平发生之后再进行弥补，或普通教育先行发展之后再进行专门的特殊教育安排）等特点。根据积极平等主义观点，差别对待的特殊教育政策应当积极立足支持特殊儿童自由选择和成功成长的价值目的，把特殊儿童教育公平作为不依附于任何价值的独立的政策价值，通过正当的法律程序，"前置式"的、一体化的纳入经济社会政策整体设计中，即"正义程序前置"，而不仅仅是关注事后补偿的结果，以及仅仅重视额外救济或保障特殊儿童教育的基本需要；并通过政府、社会等多主体多方式参与，依法"前置式"的积极提供人本的、精准的教育政策引导和帮助。近几年来，我国特殊教育政策已被纳入到各级政府的经济社会发展事业全局中，并把公平作为优先价值目标，重视对特殊儿童早期发现、早期康复、早期教育，体现了积极平等主义的政策特征。

> **知识拓展**
>
> 积极平等主义与消极平等主义
>
> 积极平等主义和消极平等主义都主张平等本身具有内在的价值。两者的区别在于：积极的平等主义把追求平等本身视为最重要的目标，甚至视为最高的价值。消极的平等主义主张最重要的事情是帮助处境最差者，改善他们的状况，提高他们的福利，而平等本身则是改善他们处境所导致的一种后果。（姚大志《论消极的平等主义》）

（二）坚持程序正义与结果正义统一的原则

程序正义要求依法确立对特殊儿童教育的各项制度，前置式的进行正义程序设计。结果正义则重视特殊儿童教育实质利益获得，要求予以差别对待的补偿。受到特定背景、资源等条件制约，程序正义的过程并不必然对应结果正义。然而仅关注结果的正义而忽视程序的正当性，也难以获得法律永恒稳定的保证和承诺。正如桑德尔所言，"契约近似于正义但不保证正义"，"过程是达到正义结果的手段但并不规定正义"。[①] 因此，特殊教育政策活动应坚持程序正义与结果正义统一的原则。

（1）坚持完善法律并依法设计安排特殊教育。法律是实现程序正义与结果正义的根本途径。要通过制定完善相关法律，按照正义的法律程序和手段保障特殊儿童与其他人一样应有的平等的教育，而不仅仅是"特教特办"的额外补偿或某个行政官员的善心意志。特别是在当今社会急剧变革时代，通过法律保障，实现所有特殊儿童学习机会和权利，基本健全的、合格的师资与设施设备，以及最起码的救助与社会支持体系，促进特殊儿童潜能充分发挥和价值实现，这应当是任何特殊教育政策设计最起码的教育公平尺度，防止他们在教育利益的博弈中被挤兑。（2）坚持社会责任伦理原则。特殊教育政策活动是公共空间的活动。每个社会成员都是特殊教育"价值关涉"的主体，关心支持特殊教育是为社会增添正义和文明，为自己搭建人性栖息的正义土壤。为此要坚守责任的伦理原则，把对特殊儿童教育的关怀作为一种义务，一种正义的社会行动，一种形成社会良知的公共精神，一种增强和推进公民权利、人性尊严的过程，以此防止和抵制利益分化、利益博弈给特殊儿童带来的公平紧张，特别是在资源有限的情况下，纠偏特殊教育政策活动可能在教育目标、水平等方面的不公平。在这里，需强调的是，由于特殊教育政策对特殊儿童的利益补偿往往是事后补偿，特殊教育政策伦理也往往是事后责任伦理。即，针对某特定问题或跟随某些政策的补偿性或补救性的责任伦理。这种责任伦理是被动的，具有责任伦理动机不足、积极性不高、责任意识不强等先天缺陷，难以从根本上和整体上为特殊教育政策提供伦理依据。为此，树立前置责任伦理原则更具有奠基特殊教育政策合理性的作用。

---

① 桑德尔. 自由主义与正义的局限[M]. 万俊人等，译. 南京：译林出版社，2001：131.

【问题与思考】

分析程序正义和结果正义及其对特殊教育政策制定实施的启示。

要点提示：

这两个是相互依存的关系。

程序正义：多指法律过程遵循了公平、合理的程序。它不仅是保证更好地实现结果正义的工具，其本身就具有独立性价值。在西方国家，多认为程序是结果之母，程序正义保证结果正义，程序正义优先于结果正义。譬如，罗尔斯认为按照纯粹的程序正义观念来设计，无论是什么结果都是正义的。尽管这种认识存有误区，但是程序本位主义理论仍然是极为重要的理论，关于程序正义的观念仍是人类法律文化中的宝贵财富。

结果正义也称为实体正义：即社会利益或价值分配的正义终极状态。它是衡量程序是否正义的重要标准。通过最大限度发挥程序正义，能最大限度得到实体正义。纯粹追求分配的结果正义，往往导致超越程序正义之上的利益集团，而形成集权专权。当前，我国重视法治建设，就有以程序正义纠偏纯粹结果正义的意蕴。

我国特殊教育政策制定实施，一定程度的具有注重结果正义而忽视程序正义的弊端。很多特殊教育政策多是在普通教育政策制定之后，"后置"式的进行相应的专门措施弥补。如，三类特殊学校的课程标准、《残疾人教育条例》等就是对普通教育政策"补缺"的弥补政策。正是由于程序正义的不足，各地特殊教育发展现实中，往往存在凭靠地方行政官员价值偏好决定特殊教育支持力度的现象。因此，重视依法推进特殊儿童教育的程序正义，并作为独立价值，使之与结果正义相结合，来反映和衡量特殊教育政策正义，是很有必要的。

你有什么新认识呢？

（三）坚持尊重差异最大值满足特殊需要的原则

这是特殊教育政策设计安排的核心问题。特殊教育政策尊重特殊儿童的特殊教育需要并个别化的满足特殊教育需要这种善观，是特殊教育政策对特殊儿童"人是目的"的必有的道义追求。强调特殊教育政策注重满足特殊儿童独特存在的身心及其教育需要的差异性、多样性、复杂性，防止个体不同的特殊教育需要被普遍化、标准化、统一化的教育政策所淹没。特殊儿童差异多元的需要和目的及其差异多元的满足方式是特殊儿童权利的道义论伸张。教育政策对他们自由选择和成功成长的支持，能防止以"低能"、"无用"等任何借口对他们自由和成功的限制，防止特殊教育政策的正义被削弱或裁减。

（1）坚持尽可能满足特殊需要。强调满足特殊儿童的特殊教育需要在保证他们获得实质教育公平中的价值和作用，特殊教育政策应当侧重"个别化"、"专门化"、"合作化"的教育政策设计（如，实施个别教育计划、安排个别化干预和训练等），满足特殊儿童个别化的特殊教育需要。（2）坚持特殊教育政策分层分类设计。根据不同地区、不同障碍类型和不同障碍程度的特殊儿童人群以及不同背景和条件等的差异性多样性,进行分层分类的政策设计,能避免教育政策刚性的"统一要求"或"统一设计"等宏大安排对不同情况的特殊儿童接受适宜教育的利益架空和剥夺。特殊教育政策越是多层分类设计,越是具体翔实,越是丰富多样多元,就越具有人本价值,就愈可能是具有充分正当性价值的正义制度。

(四) 坚持特殊儿童是有理由要求的权利人而不是同情对象

这是特殊教育政策设计的基本要求。特殊教育政策的价值之一在于给残疾人以尊严。如何让特殊儿童以积极意义形式,以更有充足理由的价值实现方式获得补偿公平,是更好的贯彻差别原则,完善与改进特殊教育政策对特殊儿童的二次分配所应考虑的命题。

特殊教育政策设计,(1)应当把特殊儿童作为有理由要求的"权利人",而不是恩惠和施舍的"同情对象",把特殊儿童接受差别原则的补偿公平看作是自身的"应得"而不是施舍,这是特殊教育政策必须设定的前提。(2)应当审慎的对待特殊儿童的同情、慈善、救济等善意。只有在充分尊重和保障特殊儿童在社会共同体中权利"应得"这个基础上,且只有在特殊儿童同意前提下,同情、慈善、救济等善意才是合理的和正当的。

(五) 坚持残疾是社会问题而最大化推进社会融合与社会合作的原则

对残疾的认识决定着决策者的价值取向。从环境角度思考特殊儿童,设计特殊儿童教育政策,是体现政策正义特征的重要考量。特殊教育政策设计应当立足"残疾是社会的问题,改变残疾及其障碍是社会的共同责任"这一观点,把推进特殊教育社会合作和促进特殊儿童社会全纳融合作为正义的"应得"而不是施舍。全纳教育的政策价值取向就充分凸显出对特殊儿童道义论正义的捍卫,揭示出全纳教育政策更具正当性的正义根源。《萨拉曼卡宣言》《特殊需要教育行动纲领》等国际文件本身就是一种政策性的表达和规定。全纳教育思想、价值与伦理应当进入到特殊教育政策价值伦理谱系中。

(1)坚持多元合作。根据特殊教育深刻涉及社会多领域、多部门、多专业人员的特点,充分重视各个层面的教育合作,通过康复医疗、行为治疗以及其他社会合作等干预,确保有质量的结果。(2)坚持全纳性环境设计。特殊儿童身心缺陷的障碍,与其说是自身障碍,不如说是环境危机。环境特别是社会环境与特殊儿童成长关系极为密切。通过创造全纳性环境,进行最少受限制的教育安置,促进社会关怀和全纳融合,能最大限度地保障特殊儿童平等社会参与,最大限度地促进他们获得有意义、有质量、有尊严的生活。其中,特别要注意坚持通用设计的正义观,在物品或环境的设计中,尽可能考虑到特殊儿童的需求,减少因强调物品或环境对特殊儿童适切的特殊性设计,而导致的"符号区别效应",给他们带来歧视和尊严的减低。

【问题与思考】

结合本节学习,思考十九大提出"办好特殊教育"政策内含的正义特性。

要点提示:

"办好特殊教育"以"好"深刻体现了追求积极平等的道义论正义特性。

(1)"办好特殊教育"共享价值理念之好。重视满足残疾人对社会公平正义的获得感,要"格外关心、格外关注",共享改革发展成果,一个都不能少,体现了促进残疾人全面共享价值理念,引领特殊教育发展。

(2)"办好特殊教育"发展方式之好。以"公平而有质量"为主要特征的内涵式发展方式,积极面对特殊教育发展不平衡不充分的矛盾,解决残疾人享有公平而有质量的教育问题,促进实现残疾人共建共享全面小康的美好愿望。

(3)"办好特殊教育"实践方式之好。以合适的教育为具体实践形态,要求"使每一个残疾孩子都能接受合适的教育",进一步强调了特殊教育要有更合乎残疾人身心特征等个体差异的针对性,要能更精准的、人本化的个别化地满足残疾人的特殊教育需要,要更有效地有促进残疾人更充分自由发展和成功成长。

你有什么新认识呢?

本讲小结

特殊教育政策制度关涉到特殊教育活动的组织结构和秩序。特殊教育政策制度的形成建构,是特殊教育活动过程最为核心的支撑性要素。从政治哲学视角探讨特殊教育政策制度的建构,是特殊教育过程论的又一个重要内容。(1)本讲主要在阐明正义和道义论正义认识,指出正义主要依赖于人类社会的价值判断,是人基于一定政治立场和道德标准对人、社会及其社会事务的一种认识和评价的方式。并分别阐释了"理性即正义"的古典正义观、"契约即正义"的近代正义观、目的论的正义观、自由至上的正义观、平等主义正义观、复合平等的多元正义观。重点阐释了康德先验认识论的道义论正义观、罗尔斯经验认识论的道义论正义观。(2)本讲以差别原则为主,阐释了特殊教育政策正义的道义论政治哲学基础,指出差别原则为特殊教育政策尊重特殊儿童为夯实了道义论根基,为特殊教育政策伸张特殊儿童平等权利敞明了视野,为特殊教育政策具。同时,也指出其存在的正义局限性,认为:差别原则可能导致观念上的偏见和歧视,差别原则工具性可能僭越特殊儿童目的性,差别原则可能失去对特殊儿童个体关怀,差别原则的可能具有一定专制特性。为此,特殊教育政策安排和设计应注重以下几个方面的价值考量:尊重特殊儿童的多样性和差异性,以"满足特殊需要原则"尽可能增进他们的教育利益;特殊教育政策设计应当立足"特殊儿童是有理由要求的权利人";特殊教育政策设计应当立足"残疾是社会的问题"这一观点,以社会融合与社会合作原则优先至上安排和设计特殊教育政策;特殊教育政策坚持补偿公平的道义论原则,强化差别原则的积极正义特性;坚持程序正义与结果正义统一原则,维护和促进特殊儿童充分自由发展、成功成长。

推荐阅读书目

陈开先著《政治哲学史教程》(科学出版社)

罗尔斯著,何怀宏译,《正义论》(中国社会科学出版社)

王培峰著《特殊教育政策正义及其局限》(南京大学出版社)

思考与练习

1. 概念理解:什么是正义
2. 简述道义论与目的论的主要观点。
3. 简述罗尔斯经验认识论的正义论主要观点。
4. 简述罗尔斯两个正义原则的基本内容。
5. 简述差别原则对特殊教育政策正义建构的基础作用。
6. 简述特殊教育政策正义的实现路径。

第十讲 全纳教育实现的文化哲学和生态哲学阐释

【学习要点与目标】

1. 了解什么是文化哲学。
2. 理解全纳教育的文化哲学内涵与实现路径。
3. 了解什么是生态哲学。
4. 理解全纳教育的生态哲学内涵与实现路径。

全纳教育是特殊教育发展的潮流,关涉到人们对特殊教育探索前行的思想和动力。对全纳教育的追求,是特殊教育自身发展过程中最能打动人心的价值理想。

20世纪90年代后,全纳教育狂飙全球。全纳教育体现了无限深沉的人本关怀,引领特殊教育发展方向。在价值取向上,全纳教育反对隔离和排斥,尊重和维护人的差异和尊严、价值和权利,关注个体价值实现和充分发展。在教育对象上,拓展为所有有特殊教育需要的学生。在过程和方法上,强调用民主、平等、合作的社会学方法解决特殊儿童的发展问题,唤起人们对特殊儿童的理解关注,伸张特殊教育的视野;强调全纳融合、平等参与的社会环境对个体的影响;强调以学生为中心,实施个别教育、社会合作支持等新方式,满足个体价值的特殊需要。在终极教育目标上,提出最终创建全纳社会的宏大理想。其实,全纳教育已超越于教育,面向全社会,促进着以全纳社会、全纳文化为主要形态的社会制度重建,提升着人类社会共同体的文明高度。

促进全纳教育的构建和实现是一个重要的理论与实践命题。然而,全纳教育是在彻底反思与批判隔离教育基础上发展起来的社会批判性思想,是一个抗衡隔离教育现代理性的考量,具有激扬高涨的后现代主义思想特征。全纳教育实现极易被其理想性所否定。因此,实现全纳教育还需开辟新的思想资源。文化哲学和生态哲学是极具建构关怀特性的思想理论,以文化哲学和生态哲学的视野审视全纳教育,具有重要意义。本讲在阐述文化哲学和生态哲学的基础上,探讨全纳教育的文化哲学内涵和生态哲学内涵,阐发以文化哲学和生态哲学视角促进全纳教育实现的路径。

第一节　全纳教育的文化哲学理念与实现路径

文化哲学对人类精神、情感和意志的特别关注及对科学哲学的批判,已成为满足人类需要新发展的意识形态。整个世界的现代化运动体现了一种文化总体性的诉求。文化哲学既具有后现代批判,又具有现代性建构的关怀,是我们审视全纳教育及其建构的一个重要视野。

一、关于文化哲学的基本认识

文化是人的创造物,文化是人类文明进步的标志。人通过对文化创造,使自身、使世界具有了无限丰富的意义。人类从宗教活动开始,在征服自然的同时,也期待文化的理解奠定自身价值意义。特别是近代以来,随着科学技术的发展,人们征服自然的能力极大提高以后,人与自然的矛盾逐渐转变为人与自身文化的矛盾。[①] 文化哲学成为慰藉人的心灵,消解人与文化紧张的重要学说。特别是进入20世纪以来,"文化世界"越来越取代自然世界成为人类生活的基本环境,文化问题成为现代哲学研究的中心问题之一。

广义看,文化哲学是关于人类文化现象的哲学思考,是对人类文化的总体性把握,它回答的问题包括:什么是文化、文化与自然的关系、文化与人的关系、文化与社会进步的关系、传统文化与现代文化的关系、文化的民族性与时代性等等。[②] 狭义看,文化哲学重在对蕴含在文化符号背后的理念的不断反思和追问,揭示文化的可能性及其对人的影响。它致力于消解人与文化的紧张,切实使文化成为人的力量,成为人灵魂的底色和守护灵魂的卫士。失去特定文化哲学的捍卫,人的难以成为文化的人、有意义的人。文化哲学核心价值诉求就在于从人类日新月异的文化世界中,确立人的价值的应有位置,使人的行为真正拥有价值,并整合规范到普遍文化形式之中,从而改善人的存在方式和能力,达于人性的优化。

20世纪80年代以来,文化哲学愈发勃兴,突破了近代以来理性主义哲学思维的狭隘视界,打通了理性与经验、"形上"与"形下"思维运思屏障,使人对世界的把握获得了人文学意义上的拓展。[③] 文化哲学作为一种以人为本的世界观、方法论和思维方式,把文化看成是人类的特有行为方式,揭示了文化与人的生命存在及其活动的本质联系。文化哲学以文化批判的视野,审视现代化进程中人的现实生活,以文化的视界,把关于人和世界的形而上的理性思考同实证的文化批判结合起来,把理论理性层

[①] 邹广文.什么是文化哲学[N].光明日报,2017-06-19.
[②] 邹广文.什么是文化哲学[N].光明日报,2017-06-19.
[③] 邹广文."上下求索"的文化哲学[N].光明日报,2007-11-10.

面的文化哲学思考同实践理性层面的文化批判结合起来,①解救人们在本质主义、理性主义、科学主义支配下主体精神的迷失,探求人们的生存本性、行为依据、存在价值、生活意义,展示个体生命的多样化特征。

> **知识拓展**
>
> ### 文化的二重性
>
> 　　文化的二重性说到底是根源于人是灵与肉的二重性,根源于人类自我意识的内在矛盾。具体说来,人作为一种能动的存在,是通过自我意识的对象化来确证自身的,文化就是人类自我意识对象化的结果。通过文化,人确证了自己的本质存在。然而某种文化模式、文化规范一经形成,人类本质的各种丰富性潜能就有可能被规定于一种既定的文化形式中,从而形成了对人的丰富本质的否定,在更深的意义层次上说,这也是对人的自由创造性的剥夺。(邹广文《什么是文化哲学》)

二、全纳教育的文化哲学理念

在文化哲学关照下,全纳教育的思想理念有着对人差异尊重基础上的深刻人本关怀,具体来说,体现在以下几个方面。

1. 尊重人类差异,是全纳教育的内在价值追求

文化哲学作为立足于人的存在和发展对文化进行反思、批判的哲学理论形态,为理解人类差异提供了新的视角。人类社会是一个差异普遍存在的社会,随着人类社会文明的发展进步,"多元文明"以及"文明滞差"所带来的差异越来越成为一种不容回避的客观存在。人类的差异,不仅体现在个体生理等人的自然性存在的差异方面,还体现在人的社会性存在(文化性存在)、自为性存在方式的多样性,其中主要体现为思维模式、思想行为及精神、意识、价值、态度、情感、能力等方面的差异。"文化是人类历史进化的主要方式……人类进化就是人文进化"。② 据科学研究发现,现代人类和三万年前的山顶洞人的遗传基因相比并没有多大的进化,但文化进化的作用却使之天壤之别;如果一个现代人类的婴儿成长在三万年前则与山顶洞人没有什么不同,而一个远古的山顶洞人的婴儿生长在现代社会,在现代文化进化的影响下也可能和现代人类一样。可见,文化进化或人文进化决定着人类生态的不协和性、差异性。这种差异性会潜植于人的思想观念、积淀于人的心理——生理结构,并时时影响人的思想行为,而成为人主体内在的个性的东西。人,不仅是生物的人、社会的人,而且是文

---

① 衣俊卿:. 文化哲学[M]. 昆明:云南人民出版社,2002:42.
② 牛龙菲. 人文进化学——一个元文化学的研究札记[M]. 兰州:甘肃科学技术出版社,1989:17.

化的人。① 既然人的本质是文化的存在，那么人的存在及其发展的差异本质上就是文化的差异，人的发展就是对文化差异的超越。也就是说，文差异的多样性是人类存在的根本特点。与动物相比，人的尊严和价值就来自于这些文化差异的多样存在。同时，文化差异的多样性也成为人个性创造力的重要源泉，沃杰霍夫斯基教授强调指出："个性是人所特有的创造行为无穷变化的可能性的根源"。② 可见，差异非但不应被歧视，反而应予以尊重、保护和发挥运用。

对人类差异的观点态度的变革是全纳教育重在表达的一个主题思想。全纳教育将人类的差异视为是正常的，提出尊重人的差异和尊严，维护所有人的人权。例如，全纳教育提出的"特殊教育需要"的概念，超越了传统盲、聋、智残等生理残疾的狭隘理解，这正体现了对人类差异的正确理解和尊重。全纳教育在批判传统教育的基础上提出"太长时间以来，残疾人的困难和问题被一种致残性的社会所加重，这种社会着眼于残疾人的缺陷，而不是其潜力"。可以说，**全纳教育很重要的价值就是充分尊重人类差异，且以充分开发人的潜力超越差异，而促进人的发展**。联合国教科文组织发表的《萨拉曼卡宣言》首先重申了对所有人，无论其个体差异都拥有"人人受教育"的权力的支持，并指出"全纳与参与是体现人类尊严和享受与实施人权的基础"。可见，全纳教育的内在价值就是追求真正实现存有差异的每一个人都平等地受教育，以体现人类的尊严与人权。

2. 全纳、融合、参与，是全纳教育的内在旨趣

"文化的人"，是人类本质中更为重要的一个方面。文化传统是人类历史进化得以连绵不断延续进行的命脉。从文化史的角度而言，所谓教育，便是社会向个体传授文化，发出人类历史进化信息指令。③ 教育应既重视社会价值又重视人的价值的整合的教育。既强调人的本身的身体、情绪、社会性、认知能力、创造能力的发展，同时又强调社会的作用，使学生能在社会生活中认知、创造，保持心理健康和身体健康，促进学生的全面发展。教育的基本功能之一就是促进人的社会化。由此反思和观照我们传统特殊教育的隔离制模式，将人的社会化活动窄化、简化、畸化为单一地、单层面地、单向度的特殊学校教育，并且以极度的封闭管理强化这一做法。长此以往，脱离于大众的、时代的、前卫的广阔的社会文化，远离于非特殊需要的"正常"人群的主流文化。在这种畸形的小天地里的人类文化传统就不可避免的弱化或变形为病态的、致残性的文化。况且更可悲的是在学校教育教学中以"强制灌输"的生硬模式，将本应丰富多彩、生动活泼的文化传统的传承活动，庸俗化为无需智慧和生命参与的言语相传活动和机械重复活动。同时由于隔离也促生和加重了世俗歧视性的、致残性的社会观念态度。这极大地影响了学生的社会化进程，削弱或扭曲了生活乃至人性的

---

① 牛龙菲. 人文进化学——一个元文化学的研究札记[M]. 兰州：甘肃科学技术出版社，1989：13-14.
② 牛龙菲. 人文进化学——一个元文化学的研究札记[M]. 兰州：甘肃科学技术出版社，1989：9-11.
③ 牛龙菲. 人文进化学——一个元文化学的研究札记[M]. 兰州：甘肃科学技术出版社，1989：13-14.

发展。至于成为一个文化的人、社会的人、完整的人、真正的人或实现全面发展,只能是一种理想,甚至只能是一个美丽的口号。

全纳教育立足于人的存在和发展,反对隔离,提倡全纳、融合、参与,解答了人们关于特殊需要者和主流社会的矛盾困惑。其提倡的全纳、融合、参与,一方面表达了课程、教学等学校教育层面的全纳融合;另一方面,旨在强调特殊教育需要者对主流社会的主动融合、主流社会对特殊教育需要者的全面接纳、包容,以及包括特殊教育需要者在内的全社会系统成员的多纬度的、立体的、广泛参与。也就是说,全纳教育不是单向度、单层面的线性教育,而是一个网状的、多层面、多纬度、互适、互动、互补的、立体的社会大教育。联合国教科文组织发表的《特殊需要教育行动纲领》指出"实现对有特殊教育需要的儿童进行成功教育这一目标不仅仅是教育部门和学校系统的任务。它要求有家庭合作、社区与志愿者组织的发动以及广大公众的支持"。在社区、社会、政府、媒体以及其他支持条件系统都实现全纳融合,以从学校教育到整个社会大教育系统的每一个方面都促进学生的全面社会化发展。

知识拓展

文化与教育的关系

1. 文化与教育是相互依存、相互制约的关系。文化对教育发展的制约作用,主要表现在:① 文化影响教育目的的确立;② 文化影响教育内容的选择;③ 文化影响教育教学方法的使用。

2. 教育对文化发展的促进作用,主要表现在:① 教育具有筛选、整理、传递和保存文化的作用;② 教育具有传播和交流文化的作用;③ 教育具有更新和创造文化的作用。

3. 教育与文化关系的特殊性,主要表现在:① 文化本身是一种教育力量。一是特定时空中的文化构成了文化环境、文化氛围,对生存于其中的人产生着潜移默化的作用,发挥着强大的教育作用;二是一定社会的文化以不同的方式影响着学校文化、班级文化和课堂文化,对教育活动起着无形又强大的影响作用。② 教育本身是一种特殊的文化现象。一方面它是传递和深化文化的手段,这是它与文化构成内容与形式的关系;另一方面它的实践者及实践本身又体现着文化的特质,如思想观念、价值倾向和行为方式。

3. 民主、平等、群体、合作是全纳教育运行机制的核心

一方面,人类是由个体以及从小至家庭到大至国家的各种不同等级的社会团体组成。每个人都因先天、后天条件的不同而具有其独特的个人价值观念、情感态度及行为方式。团体的存在需要一定程度的个人与群体之间的多向的协调与合作。合作是人类群体存在的基础。另一方面,正是由于人类差异的客观存在,才构成了人类合作以及追求民主平等的基础。可以说没有差异也就失去了需要合作以及追求民主平

等的一个前提条件。人类差异的问题构成了全纳教育最为核心的问题。

全纳教育无论在全纳学校建构还是在全纳社区、全纳社会的建设方面,都鲜明地提出民主平等、群体合作的理念。全纳教育将民主平等、群体合作视为一个能够促进沟通与发展的、共同的价值尺度和工具。民主是自由个体与秩序的社会之间的一种和谐,其最终价值就是保证每一个人都有机会使人性的内在力量生长起来。[①] 民主意味着教育活动中师生关系等各种人与人的关系的平等,以及学生享有符合其需要的教育获得最大值充分发展的平等。群体则意味着个体的共同发展就是集体的发展、集体的发展就是个体的共同发展的理念。每个学生尤其是特殊需要学生的学习与发展不仅是他个人的问题,也是所有的同学、教师、家庭、社区等有关者的共同责任。合作意味着教育活动中的每个人应该合理分工,协调配合,与兴趣、能力、性格等不同的人共同学习工作,共同解决问题,相互从合作中受益,共同获得发展。[②] 总之,民主平等、群体合作将是全纳社会里人的一种主要生存与生活方式,也是全纳教育尊重人类差异,促进差异的人共同发展的方法论和价值观。其意义不仅是一种工具性存在,而且更重要的在于以全纳文化的文化哲学价值关怀,使人们和特殊需要儿童在民主平等、群体合作中,增进与社会的密切联系,直观自身的存在意义,促进社会对特殊需要儿童的理解、包容、尊重,以及对社会活动的平等参与,伸展特殊需要儿童的意义、价值和尊严。在这里,民主平等、群体合作是一个双重肯定的过程,每一个人都从合作中受益。一方面,参与其中的每一个人都以他人为合作的前提,每个人为他人而存在;另一方面,每一个人自己就是他人合作所需要的基础,他人为自己而存在。这样,每个人既是合作的客体又是主体,或者说是交互主体的存在,分别不断离开自身拒绝自己,通过他者发现和确立自身的存在。在意义上,**全纳教育真正还原了残疾人之为人的本质联系——社会联系**。可以说,全纳教育最伟大意义之一就在这里。现实中,对重度残疾儿童的教育,特别是我国送教上门教育服务,首先就在于通过社会联系维护和确认重度残疾儿童的尊严和价值。

4. 培育全纳社会是全纳教育的外在价值诉求

进入 21 世纪,人类主要不再面对生存的需要,而是高质量发展的需要。由于基于理性主义的科学哲学的意识形态,对解决情感与意志等精神性因素是无能为力的。因此文化哲学对人类精神、情感和意志的特别关注及对科学哲学的批判自然就成为满足人类需要新发展的意识形态。

毋庸置疑,全纳教育的提出与实践,对增加社会的文化含量,营造一个良好的全纳性的人文社会环境,具有强有力的作用(尤其对尊重差异,反对歧视,维护人权和尊严的人道社会方面),这应是全纳教育外在的价值诉求。全纳教育是一项教育活动,也是一项社会活动,它应是全社会的一项系统工程,需要得到社会各方面的广泛支

---

① 扈中平.教育人学论纲[J].华东师范大学学报(教育科学版),2003(9):1.
② 王培峰.教育公平是全纳教育的核心内涵[J].中国特殊教育,2002(3):1.

持、参与,培养人类社会的全纳社会心理意识与行为方式。联合国教科文组织发表的《特殊需要教育行动纲领》指出全纳教育"不仅仅是一项技术性任务,社会全体成员的支持、参与和良好的愿望才是决定因素"。这就要求在建立和完善全纳学校及其全纳文化的基础上,促进与社会的交流、对话。为此《萨拉曼卡宣言》强调指出,以全纳为导向的普通学校是反对歧视态度,创建欢迎残疾人的社区,建立全纳社会和实现全民教育的最有效的途径。在我国主要表现为与主流意识形态文化、知识分子的精英文化、各部门以及各社团群体文化、市民社会的大众文化、传统文化间的交流和对话,并在批判、反思、继承的基础上,创生出以社会主义核心价值观为基础的社会全纳态度、精神和文化。

【问题与思考】

结合本节学习,思考我国随班就读和西方全纳教育的文化差异

要点提示:

随班就读是适应我国教育生态而不断形成的一种特殊教育安置形态。近几年来,为增进与西方融合教育的交流以及提升我国随班就读水平等需要,随班就读也称为融合教育。但是,我国的融合教育是建立在普及残疾儿童义务教育的随班就读实践基础上,先天蕴含着以解决普及问题为旨归、以提高普及率为标准的效率取向政策目标价值设定。1994年《关于开展残疾儿童少年随班就读工作的试行办法》明确指出"开展残疾儿童少年随班就读工作,是发展和普及我国残疾儿童少年义务教育的一个主要办学形式"。因此,我国基于随班就读的融合教育实践在帮助残疾人实现"减排去歧、增权赋能、提质量、促平等"等价值理性方面,存有先天基因不足。在我国许多不发达地区,融合教育实施还面临社会文化认同不高以及经济条件、师资力量和技术支持有限等各方面的制约。这带来两难选择的困境:选择融合教育面临经济社会环境不适应而难为,拒绝融合教育则是割舍特殊教育现代化国际化利益的逆流之举。

其次,从国际融合教育的价值理性看,随班就读和特殊学校所承担的价值使命并不一致,至少它们在维护尊严、平等权利、减少社会歧视和隔离方面相互矛盾、相互对立。特殊学校尽管对随班就读有技术支持作用,但不可能完全支撑和统帅随班就读;随班就读尽管能追求融合教育利益,但是不可能矫正特殊学校价值理性不足的弊端。这给特殊教育政策设计安排带来尴尬困境。第一、二期特殊教育提升计划尽管提出"全面推进融合(全纳)教育"的理想;但是,同时也提出"支持现有特殊教育学校扩大招生规模",反映了对融合教育的向往和对隔离教育的依赖的尴尬逻辑。

你有什么新认识呢?

三、全纳教育的文化建构与创新

全纳社会的根本内核和形成标志就是全纳文化的建构形成。在这里,根据文化哲学对全纳教育内涵的揭示,**全纳文化是指以尊重人类差异为文化精神,以民主、平

等、群体、合作为文化表征,以彻底改变人们在生产生活方式和思维方式上的健残二分意识为主要目的,而自觉实现对所有差异人的全纳融合和充分价值尊重这样一种高度人道主义的社会现象和意识形态。全纳文化与全纳教育相伴相生、相互促进。全纳文化的意义性、内在性、自觉性,对推进全纳教育实施,具有根本性的变革力量。在我国,全纳文化的熔铸,主要体现在对传统文化批判、反思、继承的基础上,主动创新,努力寻求我国传统文化向全纳文化价值观念转换的有效途径。

(一)尊重特殊需要儿童差异,提升其价值意义

尊重人类差异与尊严是全纳教育的最基本的理念,也是全纳文化精神内在价值的核心。全纳教育超越传统歧视差异的观念,提出人类的差异是正常的,"无论处于何种身体、智力、情感、语言及其他状况的差异,学校及社会系统必须适应并满足这些差异"(《特殊需要教育行动纲领》)。全纳教育正视人类差异的客观存在,尊重所有人的差异与尊严,而不是歧视或排斥。更为可贵的是全纳教育进一步拓深了人类差异存在的价值、意义,提出民主平等、群体合作的观念,将人类差异视为人类合作的基础,这为改变世俗歧视性的社会观念态度提供了有力支持,同时也升华了差异的价值与意义。(1)尊重差异就是对人的个性、人的主体性的弘扬和培植,这对传统学校文化忽视人的情感、意志、愿望等,是一大创新和超越。(2)尊重差异就是对社会民主、社会合作的正确理解。社会就是一个合作的体系。有人的差异才有社会存在的可能。正是人的差异奠定了社会合作,构成了不同的群体结构,扩大社会分工。让每一个人都成为不可取代的、尊严的主体。(3)尊重差异就是推动历史进步。人类的差异是社会文明进步的动力要素,人的差异使每个人为社会共同体贡献不同力量,发挥了每个人不同的潜力和价值。(4)尊重差异就是促进多元文明。人类的差异是人类多样文明的存在的基础。正是由于不同国家、不同文化、不同民族的差异性,才共同构建着人类文明的多样形态,世界才变得如此丰富多彩。

【问题与思考】

结合上述学习,思考健残二分文化与全纳文化分别给特殊儿童及其教育带来的不同影响。

要点提示:

文化是每个人不可逃离的总体性环境。特殊儿童社会存在及其教育是一个以文化为核心的符号化过程。隔离教育向全纳教育发展的转变,深刻表达了特殊儿童社会存在及其教育理解的文化视角转变。

健残二分的社会文化:认为特殊儿童被是"异质人",应当予以专门性的教育,而实施隔离教育安置,以及不同的教育目标、内容、方式方法等。久之扩大到整个社会领域,即形成健残二分社会体制。其结果,特殊儿童的差异被人为扩大,受到歧视,生活的问题和困难被加重。根本上,这是健残二分的社会文化给他们的"被存在""被预成"的结果。

全纳文化：认为特殊儿童是正常差异的"同质人"，实施全纳教育，尽管教育目标等要求要做相宜的调整，但经过额外的支持，特殊儿童同样会获得充分发展，实现价值。久之会从全纳学校影响并扩大为全纳社会，形成民主平等合作的全纳文化。特殊儿童的尊严权利价值和平等社会参与得到极大尊重。这根本上，就是全纳文化给他们带来的深刻影响。

你有什么新认识呢？

（二）深化人本关怀，建构全纳社会

文化哲学以其彻底的人文主义精神，表达了对人的深切关注。以人为本是全纳文化精神的一个重要特征。如，"使学习过程适合每个儿童的需要"、"全纳学校必须认识并照顾到学生之间的不同需要"等充分表达了对所有人的人本关怀。全纳文化精神意在以人类差异为基础，尊重差异并通过民主合作的力量和手段，开发人的潜能，实现人自身价值和充分发展，最终超越差异给人带来的障碍，营造融合的、全纳性的社会。

全纳社会是高度的人道主义社会、以人为本的社会。它在政治价值认识上，认为社会应当是为每个差异的人而存在的。注重个人价值和权利优先，认为社会是由多元差异的人组成的，有多元差异的人才有社会。社会应当关注和满足每个人的多元差异和需求，社会价值即体现为关怀每一个人，每个个体的存在及其价值决定社会及其价值，每个人的存在及其价值的总和构成社会及其价值（而不是强调集体权利优先，强调每个人都应为社会而存在）。在价值取向上，高度弘扬人本主义的深刻关怀精神，深入到每一个不同的个体，具体的而不是抽象的关注人的社会生存，主张全面包容接纳每一个差异的个体，无论他们有什么差异，都视为人类命运共同体的平等成员，都具有平等全面参与社会生活的权利和能力，都应实现充分发展和自我价值理想。在方法论上，高度弘扬民主、平等、合作的方法论，主张通过全社会无条件的制度变革、物理环境和心理文化环境等全面变革，以及其他公共物品的通用设计变革，适应与接纳所有有差异的人，实现每个人无障碍的社会生存，而不是特殊需要者改变自身及其特性来适应社会（甚至"社会适应能力培养"等也将成为多余，而无需存在）；强调通过全社会共同合作、因人而异的满足每一个不同个体的特殊性需要，促进人的价值实现和潜能发挥。这直接改变了健残二分体制下，要求差异的人改变自身特性和结构，来适应一个僵化的、大一统的社会的弊端。在具体措施上，注重循序渐进的安排，重视通过建设全纳性为导向的普通学校，创建受全纳社区，营造全纳文化，最终实现建立全纳社会的目标。

【问题与思考】

结合上述对全纳社会的描述，从自由主义和社群主义政治哲学观点比较视角，分析全纳社会的政治价值。

要点提示：

社群主义取向的传统社会：注重社会价值优先，认为社会是每个差异的人的存在基础，每个人都依赖社会而存在，社会价值决定着每个人的价值，每个人利益需求最终都要服从于社会。因此，社群主义强调集体权利优先，每个人都应为社会而存在。

自由主义取向的全纳社会：注重个人价值优先，认为社会是由多元差异的人组成的，有多元差异的人才有社会。社会应当关注和满足每个人的多元差异和需求，社会价值即体现为关怀每一个人，每个个体的存在及其价值决定社会及其价值，每个人的存在及其价值的总和构成社会及其价值。因此，社会应当是为每个人而存在的。

可见，全纳社会与社群主义取向的传统社会不同，它是自由主义取向的社会理想，是高度人本主义社会的最美花朵。

你有什么新认识呢？

（三）转变与创新传统文化

这主要体现为：(1) 在精神文化层面，由传统工业经济社会重视书本知识、临床技能的传承和习得的职前教育，转向新时代对人的创造能力等人的本质力量的培育生成；对人类差异，由歧视转向尊重；由过度强调和强化差异（尤其是缺陷）转向淡化、缩小，并转向人的发展潜力；由对肉体生命的过于关注转向更加注重对精神生命的养育；由强调特殊需要者改变自身被动适应社会，转向全社会主动改变社会环境无条件地容纳所有特殊需要者。即，由"我去适应社会"转向"社会来适应我"。(2) 在制度文化层面，突出表现为由健残二分隔离制的特殊学校转向全纳性学校，并建立了与之相应的一系列全纳教育原则和教育制度。教育的视野也大大拓展、延伸，使特殊教育走出教育而面向社会，与学生生活、社会生活紧密联系，走向社会化的大教育。同时，由强调精英教育走向包括特殊教育需要者在内的所有人的教育民主化、大众化、全民化。最终，以全纳教育打破特殊教育与普通教育体制化壁垒，真正实现特殊教育和普通教育统一。即，让特殊教育与普通教育消融分离而统一在全纳教育中。这也回答了人们关于特殊教育是消失还是转型的疑问。

【问题与思考】

结合全纳文化和全纳社会以及人与环境的关系，思考：在真正实现的全纳社会里还有特殊儿童社会适应障碍、沟通障碍及其他行为障碍吗？

要点提示：

特殊儿童身心客观的残疾仍然会存在，但是这些残疾导致的障碍没有了。

因为，这些障碍的存在本身是人与环境的支持性关系问题。未来全纳社会是高度的人道主义社会、以人为本的社会。它注重个人价值和权利优先，会通过全社会无条件的主动制度变革、物理环境和文化心理环境变革，以及其他公共物品的通用设计，适应与接纳所有有差异的人，实现每个人无障碍的社会生存。另一方面，全纳文化的建设，会使人们自觉认同和接受特殊儿童的上述行为，接受这些行为的合理性。

因此,他们身心客观的残疾仍然会存在,但是通过社会环境的主动变革,以及全纳文化的建设,会使得这些残疾导致的障碍没有了。

你有什么新认识呢?

第二节 全纳教育的生态哲学内涵与实现路径

生态哲学在对人类中心主义批判中,以批判性建构的视野关怀人的生存,深邃思考人与世界的关系。对我们审视全纳教育及其建构具有重要启发意义。

一、关于生态哲学的基本认识

生态哲学来自人与自然的关系紧张的自觉意识。狭义上,生态哲学主要研究人与自然的关系。广义上,生态哲学既研究人与自然的关系,又研究与环境保护有关的各种哲学问题。[①]

20世纪60至90年代生态哲学主要围绕生态危机的深层根源,揭示人类中心主义传统的罪魁祸首。生态哲学与现代文明相适应,其生态自然观与生态自我观,打破近代以来以人与自然二分为基础的二元论,重新寻找和建构用于理解和定位人与自然关系的哲学架构。

进入新世纪,生态哲学已变成一种新的哲学范式,成为一种研究可持续发展的一种哲学,已涉及人类文化、人文价值等深层问题。它以人与自然的关系为哲学基本问题,关注的核心问题是如何理解、定位和调整人与自然的关系,追求人与自然和谐发展、可持续发展。同时,生态哲学也是生态学的一种世界观。它用生态系统的观点和方法研究人类社会与自然环境之间的相互关系及其普遍规律,是对人类社会和自然界的相互作用进行的社会哲学研究的综合。

汉斯·萨克塞生态哲学具有很强的方法论特征。他认为人与社会与自然与技术就是整体性的,是普遍联系的。这种系统性的有序性关联,其主要表现为整体关联性、动态平衡性、自组织性等功能特征。全纳教育以实现存有差异的人类平等的共同生存、共同发展为中心,在物质、精神、文化、制度层面的关联互动,及其在学校、家庭、社区、志愿者、课程等方面的有序关联都构成着一个全纳教育的生态系统。以汉斯·萨克塞生态哲学观点来揭示全纳教育内涵及其实现路径,具有重要意义。

---

① 杨通进.研究借鉴西方生态哲学[N].人民日报,2017-11-27.

知识拓展

汉斯·萨克塞生态哲学

汉斯·萨克塞是著名的德国生态哲学家。其著作《生态哲学》阐述了多种生态哲学观念，如人与自然、社会、技术的关系等。汉斯·萨克塞，认为生态学是研究普遍联系的学说，他不仅阐述了慎用技术的技术中立观，环境保护伦理的自然本身价值论，而且还考察了人际生态。萨克塞生态哲学的本质特征是一种方法论，核心是强调整体联系，包括人与物的联系和人与人的联系。他论证了自然本身有其价值，现代技术一方面形成和塑造了社会，另一方面逐渐导致人与人理解的崩溃，萨克塞提出要采用普遍教育和正确地运用信任以建立人际相互理解的新基础。（郭明哲、董晓洁《自然、技术、社会：萨克塞生态哲学思想探究》）

二、全纳教育的生态哲学内涵

从生态哲学视角审视全纳教育，全纳教育具有在全社会中伸展视野、建构自身的内涵。具体如下：

（一）全纳教育具有面向全社会整体关联的视野与情怀

全纳教育是面向全社会整体关联的。全纳教育作为一个以人为中心的生态系统，其内在价值追求就在于促进社会成员之间，人的生命与环境（主要是社会环境）之间，交互感应，并在互动中焕发生命生机，在多向多维的关联中伸展生命的张力，涵养生命的性灵。全纳教育提倡的全纳、融合、参与，社会、政府、媒体以及其他支持条件系统都要实现全纳融合与整体关联，促进学生的全面发展。一方面表达了课程、教学等学校教育层面的全纳融合与整体关联；另一方面，旨在强调特殊教育需要者与主流社会的融合与整体关联，以及包括特殊教育需要者在内的全社会成员、物质条件与文化心理的多纬度的、立体的、广泛的融合与整体关联。也就是说，全纳教育不是单向度、单层面的线性关联教育组织结构，而是一个网状的、多层面、多纬度、互适、互动、互补的、立体的社会大教育体系。其系统与社会环境之间是一种相互交换、相互依存、相互适应关系。全纳教育生态系统内任何一个要素都不能随便脱离其他要素而无限制地发展。可以说，面向全社会整体关联是全纳教育生态系统的基本特征。

这种网状的、平等性的、整体关联，折射全纳教育的价值意义和属性特征。（1）从本体论看，以人为中心，人的自我调整与环境物性变化的关联是"联结点"和"联结面"的核心。人与环境之间的相互作用不是行为主义所理解的"刺激——反应"的简单对应关系，也不是系统论的系统关系，而是一种以人为本、以精神纬度为核心的关联。传统的系统论并不专门论及人的因素，把人放在系统之外作为一个旁观者而存在，完全摒弃人的主观能动性对客观系统的影响。在这里，人既作为生物性存在而要适应客观规律，又以自身特有意志和智慧改进人与社会的关系，形成系统的和谐、良性发展。按照生活世界理论,这种关联是与人的生活世界紧密联系的,并与生活世界不断交流、不断生成意义。(2)从价值论和方法论看,民主、平等、群体、合作是全纳教育生态系统整体关联的价值核心。**全纳教育将民主、平等、群体、合作视为一个能够促进沟通与发展的价值尺度和工具**。民主的价值不再仅仅作为一种政治形式,而更是一种联结与容纳各生态因子(主要是人)的一种方式方法,抑或称为一种生活方式和生存状态。对特殊教育需要者而言,民主重要的价值不仅在于选择与接受教育的自由,更在于对超越差异、超越自我、平等参与社会的追求与保证。平等,其价值也不仅仅是人权、受教育权的保障和补偿,**平等更重要的价值在于保障特殊教育需要者能最大程度的发挥潜能,充分伸展生命活力,实现自我价值。潜能的最大化发挥是全纳教育实现特殊教育需要者真正平等的核心要义**。[①] 群体意味着全社会整体关联的每一个人都是有责任的命运共同体成员,其价值在于为特殊教育需要者提供更多"关联的境遇",形成一种强有力的彼此关涉的"教育场",即社会大教育。让每个人都尽可能多地、现实的生活在多种关系交织的相互影响的"教育场"中,接受教育影响。合作,其价值不仅体现为共同学习工作,共同解决问题,而更重要的价值在于人与人之间、人与环境(主要是社会环境)之间,交互联结,交互感应,并在联结互动中相互受益、共同发展,共同焕发生命生机。

(二)全纳教育具有动态建构平衡发展的品质与性格

全纳教育不仅面向全社会整体关联,而且其本身就生存于全社会整体生态的境脉之中。脱离了社会现实,或仅立根于社会局部环境,全纳教育就会像花盆里的花,越是生长就越是失去生存能力,或仅成为弱不禁风的病苗,永远生长不出"全纳社会"的参天大树。全纳教育是作为一个生态系统存在于社会之中,具有动态平衡性的内在品质。动态平衡是生态学的一个重要法则。这投射到全纳教育生态系统上就是教与学系统、学校与环境(主要是社会环境),以及其他各生态因子之间多维多向的联结运行方式,即动态建构平衡发展。

(1)宏观层面。全纳教育根据社会环境现状、条件等及时调节完善自身内部结构,使全纳教育与社会之间形成一种和谐共生关系。其实,当前,我国"随班就读"迈向融合教育的发展历程,就是基于我国当前经济社会和文化背景及其他资源条件,全纳教育思想与我国社会之间形成的一种和谐共生的产物。(2)微观层面,全纳教育生态系统内部结构的各因子之间,尤其课程、教学、支持系统及个体的发展等方面都极具动态建构平衡发展的特点。其以"群体""合作""共享"等方式,实现差异的每一个人或组织,尽可能地同他人或其他组织联结起来,促进存有差异的个体或组织人人进步、共同提高、共同发展的共生境界与状态。这样,全纳教育的"爱人"(关心人)、"尊重人"、"理解人"的特性,在动态平衡的建构与发展过程中,便具有了另一种新的哲学含义,即"爱人就是爱自己"、"理解别人就是理解自己"、"尊重人就是尊重自己"。

---

① 王培峰.教育公平是全纳教育的核心内涵[J],中国特殊教育,2002(3):1.

同时。也让我们认识和发现了一种新的、内在的力量源泉——差异及其特殊需要。人类的差异,不仅体现在个体生理等人的自然性存在的差异方面,还体现在人的社会性存在的多样性。全纳教育对人类差异的理解和尊重不仅体现在"认为是正常的"、"不能被歧视"等意识形态的观念态度,而更重要的价值在于**将差异作为一种方法论:以差异构成人类个体或团体间合作、互动、共生,构成全纳教育动态发展的生态系统**。差异及其特殊需要的不均衡性、多样性、发展性、开放性赋予全纳教育无限的发展潜力,成为全纳教育发展的内驱力。由此,差异及其特殊需要也就成了全纳教育动态建构平衡发展的核心问题。

(三)全纳教育具有自组织的生长机制与活力

每一个个体的生存是与社会整体相互关联的、动态平衡、和谐共生的产物,每一个个体都是凝结了自己与他人(或社会)智慧,承载着自己与他人(或社会)共同合作、共同发展期望的责任主体。全纳教育与社会交流对话的过程,就是建构自己的意义世界,是实现全纳教育中每一个个体协调自己与社会的关系、和谐生存发展的过程。按照生态学观点,这是一种的自组织过程。自组织原指生物在演变过程中,通过与环境的互动,自发的实现生命结构的重组和进化。对生物自组织功能的认识和发现,突破了牛顿经典物理学对自然科学和社会科学的主宰和支配,强调人的主导作用尤其是人的主观精神意识作用。

全纳教育面向整个社会关联的动态平衡性,使其也具有鲜明的自组织性。在这里,全纳教育所指的自组织特性,宏观看,是指全纳教育的实施生成着全纳文化,优化和重构着全纳教育所在的社会生态环境及其结构要素,促进着社会认同和支持参与;同时,这些环境的优化又反过来促进全纳教育不断自我反思,不断改造自己、完善自身,使之更好地在社会中存在和发展。微观看,是指特殊需要者,在全纳环境中,通过与他人与社会及其彼此间的深度交往,而自发地发生自我改变缺陷或超越缺陷,使其向适应他人、适应社会而自主发展的特性。这既是生物性的环境适应特性,也是主体主动发展的能动性。其中,全纳环境及其向全纳环境空间开放自我是全纳教育生态系统自组织功能发挥的核心问题。全纳环境是特殊需要者自组织性实现的外在因素和保障,向全纳环境空间开放自我是内在的个体因素。现实实践已经表明,特殊需要儿童在开展融合教育的普通学校接受教育,对其身心能自发产生积极的正向改变。

三、全纳教育的生态哲学建构

全纳教育在价值、方法和对象上都具有一定的虚妄性。实现全纳教育需要生态哲学的思想资源开辟新空间。全纳教育生态内涵对目前社会现实的穿透和超越,为我们建构全纳教育带来了许多有益的启示。

知识拓展

全纳教育的虚妄性

一是价值的虚妄。全纳教育在价值层面具有高度的理想性质,它以人的尊严和权利为理由否定残疾儿童等客观存在的"差异",简单地认为"差异是正常的",且反对隔离教育对儿童的分级分类和隔离,遗忘了基于客观事实的实证就是反对科学理性,从而也就失去其本身存在的基础。二是超越科学实证理性的方法论虚妄。它强调将民主、平等、群体合作这些价值性质的应然之物作为实然的方法论,如通过民主、平等、合作建构全纳学校、全纳社区、全纳文化等,以民主、合作等价值论代替方法论或超越实证经验方法论,来解决残疾儿童客观存在的"差异",存有方法论不足的致命缺陷,对解决残疾儿童教育问题毫无益处。三是教育对象的虚妄。它追求实质平等和关注每一个特殊需要个体生存的境遇和命运,提出"满足所有儿童特殊教育需要"、"每个儿童获得成功"等,忽视了儿童生理、心理及认知等差异对成长的制约,以及儿童社会生存的现实,难以保证满足所有特殊需要儿童特殊需要及其成功。四是全纳教育实践本身就是对其自身存在的否定过程。因为全纳教育一旦实施必然要运用实证的方法对残疾儿童等特殊教育需要儿童的身心发展与存在情况(如残疾儿童的残疾缺陷等)进行鉴定、分类,而这些分类、鉴别本身就是全纳教育所反对的歧视和隔离。(王培峰《特殊教育哲学:本体论与价值论的研究》)

(一)适应本土社会生态,植根本土生长

全纳教育存在于社会大生态系统之中。其最初发祥于20世纪中后期西方国家对特殊教育尤其是隔离制特殊学校教育的重新认识,它是一个由隔离到融合的自然过程,尤其是在西方发达国家成熟的一体化教育理论与实践的基础上和高度发达的物质、技术、文化的基础上水到渠成地发展过程。其理论与实践体系是与西方社会整体生态共存共生的。然而在其他一些国家和地区,全纳教育并不完全是一个自然过程,而是带有很重色彩的理论故意。全纳教育的合理性、先进性是无可置疑的。可正是因为其合理性、先进性才使一些国家和地区的人们陷入了两难的选择:不选择全纳教育可能会被排斥在现代教育利益共享之外,选择全纳教育又面临对本土社会生态重组的困难,甚至是被文化殖民的危险。在全球化生存境遇下的今天,全纳教育是不可逆转的历史潮流。**我们建构全纳教育,一方面要锄理本土生态,另一方面要加强交流对话,不以移植为志向,而以本土关怀为目标,寻求本土生成生长**。本土生态时空尤其是本土文化与社会境脉是考察、分析和建构全纳教育的重要视角。**全纳教育的本土化应是一种再赋义、在再创生的过程**。一者因为全纳教育本土化实质上是企图解决本土特殊教育问题的建构,再者也是对国际全纳教育的支持和贡献。

(二) 正确把握全纳教育生态因子，激发其自我生长的活力

全纳教育与社会整体关联，全纳教育建构需立足社会整体生态，主要体现在以下几个因子的把握。

(1) 注意调配全纳教育生态系统的限制性因子。所谓的"限制因子"就是达到或超过生物耐度的因子。在教育生态学上将自然限制因子扩展到社会因子、精神因子。对全纳教育生态系统，最主要的因子是政府、学校、家庭、社区等方面作用在物质、制度、文化、技术、观念意识等。比如，政府的政策导向、学校的办学理念、教师教学行为、社会支持系统的合作支持，以及特殊需要者与非特殊需要者的关系等。限制因子是多种多样的，全纳教育的生态发展历程就是在限制性因子的"条件"与"自由"之中展开的。条件意味着理性、限制和规律，自由意味着理想、意志和无限性。对限制因子调配的基本原则是，通过各限制因子的协调配合，使得全纳教育对赖以存在的社会系统时刻保持关联的动态感、平衡感，对内部结构的个体时刻保持自我组织、自我发展的超越感。因子之间，譬如政府、学校、家庭、社区等，应不断对话，相互补充，摒弃传统隔离制特殊学校教育任凭某一因子对生态系统或个体的垄断的做法和现象，在不同的视界、不同的层面、不同的角度，共生、共在、共识、共容，熔铸一个立体辐射的生态系统。

(2) 注意把握全纳教育生态系统各种生态因子的适应耐度。一个生物能够出现并且能生存下来，必须要依赖于一种复杂条件的全盘存在。如果要使一种生物消灭或灭绝，只要对其中的一因子使其超过它的耐度，就可达到上述的结果。在全纳教育生态系统中，各生态因子的发展必须在社会文化、教育水平、国民经济等资源条件承受的范围内，否则就会因失去关联互动的基础而寸步难行。因此，不仅要注意全纳教育生态系统各生态因子间流量的调配，还应注意把握每个因子本身流量的上限和下限的调控。

宏观看，全纳教育及其各因子的发展应与社会文化、教育水平、经济基础相适应，达不到其适应的耐度，悬离于社会基础之上，只会带来难以为继的生存窒息。例如，极端贫困地区，由于物质、技术、观念意识等方面的因子未能具备其生长存活的条件，因此使得全纳教育的存活十分艰难。目前，据有关研究表明，社会观念方面的障碍（不理解甚至歧视和排斥）仍是影响全纳教育发展的首要因素。另外，教育者工作量大、压力重、制度不完善、技术欠缺，以及与家庭、社区配合不够，其他支持系统不完善等，都阻碍着全纳教育良性发展。①

微观看，开展全纳教育的学校的发展应与全纳教育生态系统的基础相适应。如果学校的发展脱离了整个赖以生存的全纳教育生态环境，最终也会因缺乏适宜的生长土壤而衰退下来。尽管《萨拉曼卡宣言》指出，"以全纳为导向的普通学校是反对歧视态度，创建欢迎残疾人的社区，建立全纳社会和实现全民教育的最有效的途径。"但

---

① 杨希洁.一位成功的随班就读数学教师的个案研究[J].中国特殊教育,2005(1):43.

全纳学校的超前发展是需建立在社会生态允许的范围内。目前，我国融合教育呈扁平化发展，往往仅注重了某校、某班甚至某教师、某特殊教育需要学生，在课堂教学的合作教学、伙伴合作、课后辅导等教学策略方面的平面结构，忽视社会的支持、互动。比如社区与志愿者的支持、社会观念支持等，没有全方位建立起融合教育永久生存生长的、适宜的温床。正确把握全纳教育生态因子的适应耐度，量力而行，可以让全纳教育生态系统永保整体关联性和动态平衡性，使全纳教育的发展更具有理性。

（3）注意处理好全纳教育区域局部生效境应与全国整体的关系。局部生效境应即花盆效应。花盆是一个半自然、半人工的小生态环境，在空间上具有局限性，还要人为创造适宜的环境。因此在花盆内的个体、群体一旦离开此小生态环境就会失去生存能力。我国融合教育的区域实践就是要立足区域本土时空的现实，而采取分地区整体推进的策略，切不可以局部范围的成功，推行为放之四海皆准的模板。我国地域广阔，社会经济、文化基础、教育水平差异性大，各地区因地制宜的发展全纳教育，是符合国情的。

（三）正确把握民主、平等、群体、合作，促进全纳教育整体关联

全纳教育在价值论和方法论具有很强的虚妄性。特别是民主、平等、群体、合作是全纳教育的重要方法论和价值论，也是其建构的核心问题。目前，在我国融合教育实施中，亟待以民主、平等、群体、合作的共同的价值尺度和工具，促进各生态因子的沟通与发展。

宏观看，应重视社区以及家庭的全纳建设，并探索它们联结的有效途径和方式。如，充分发挥民主、平等、群体、合作的力量，促进社区单位（团体），伸展自己的全纳文化和精神，并使之成为品质与风格，一种单位（团体）生活方式，唤起他们共同参与特殊需要者的成长发展。微观看，开展全纳教育的学校面对差异多样性、多层次性的学生以及日新月异的社会发展，通过教育内容与实施途径的开放性，积极引导学生参与社会，尽可能为不同的学生内提供不同的相宜课程，使他们有更多教育机会和发展机会的满足。

（四）正确把握差异，促进全纳教育动态建构平衡发展

人的差异是全纳教育动态建构平衡发展的核心问题。目前，在我国全纳教育实施中，应充分重视和发挥全纳教育各因子的差异的价值，以实现全纳教育生态系统与社会及内部的良性互动和平衡。

对差异的尊重不仅为改变世俗歧视性的社会观念态度提供了有力支持，同时也升华了差异的价值与意义，将差异作为一种方法论。差异是构成人类个体或团体或物质间的合作、互动、共生，以及构成个体创造性动态发展的基础。人类差异的多样性已经成为个性创造力的重要源泉。人类的差异非但不能被歧视，反而应予以重视、保护和发挥运用。比如，家庭教育、社会教育、社区力量、志愿者作用等，都具有学校教育和教师所没有的独特价值。他们各自的差异是其独特价值存在的根本，也是他们得以互动的基础。全纳教育实施要充分重视各生态因子间差异的独特价值，以保

持全纳教育生态系统与社会大系统之间的动态平衡,使人与人、人与课程、教学、班级、学校、自然成为一个动态发展的统一体。如,学校对特殊需要学生的教育需要社会力量的支持,同时,社会也需要学校引领全纳文化,促进社会文明的发展。

另外,正确把握差异,还要注重以"主体间"交往的意义建构方式,促进扩大全纳教育的结构空间,为每一个因子(主要是人)提供更多的联结"点"和"面",增大其交往的机会,为特殊需要者创造更多的成长境遇,形成社会大教育的"教育场"。如,课程及实施,应最大值地与学生生活世界、社会生活关联,最大值地体现出对学生主观愿望、动机等非理性力量的激发,促进学生的自我超越、自我建构。

本讲小结

全纳教育是特殊教育发展的潮流,关涉到人们对特殊教育探索前行的思想和动力。全纳教育的实现,是特殊教育自身发展过程中最能打动人性的价值理想。但是,全纳教育实现极易被其理想性所否定。实现全纳教育还需开辟新的思想资源。文化哲学和生态哲学是极具建构关怀特性的思想理论,以文化哲学和生态哲学的视野审视全纳教育,具有重要意义。(1)本讲阐述了文化哲学的基本认识。指出,广义看,文化哲学是关于人类文化现象的哲学思考,是对人类文化的总体性把握,它应回答的问题。狭义看,文化哲学重在对蕴含在文化符号背后的理念的不断反思和追问,揭示文化的可能性及其对人的影响。在文化哲学关照下,全纳教育具有的文化哲学理念:一是尊重人类差异,是全纳教育的内在价值追求。二是全纳、融合、参与,是全纳教育的内在旨趣。三是民主、平等、群体、合作是全纳教育运行机制的核心。四是培育全纳社会是全纳教育的外在价值诉求。然而,实现全纳教育也并不完全是一个自然的过程,对我国而言,全纳文化的熔铸,除了在全纳教育的理论与实践中逐步生成、深化外,另外一个重要的方面,就是要在对我国传统文化批判、反思、继承的基础上,主动创新,努力寻求我国传统文化向全纳文化价值观念转换的有效途径。一是尊重特殊需要儿童差异,提升其价值意义。二是深化人本关怀,建构全纳社会。三是促进传统文化模式的转变。(2)本讲阐述了生态哲学的基本认识。指出,广义上,生态哲学既研究人与自然的关系,又研究与环境保护有关的各种哲学问题。狭义上,生态哲学主要研究人与自然的关系。进入新世纪,生态哲学已变成一种新的哲学范式。成为一种研究可持续发展的一种哲学,已涉及人类文化、人文价值等深层问题。从生态哲学视角审视全纳教育,全纳教育具有面向全社会整体关联的视野与情怀,具有动态建构平衡发展的品质与性格,具有自组织的生长机制与活力。对全纳教育生态系统的认识和发现,开拓了建构全纳教育的新空间。一是要适应本土社会生态,植根本土生长;二是正确把握全纳教育生态因子,激发其自我生长的活力;三是正确把握民主、平等、群体、合作,促进全纳教育整体关联;四是正确把握差异,促进全纳教育动态建构平衡发展。

推荐阅读书目

萨克塞著《生态哲学》(东方出版社)

衣俊卿著《文化哲学》(云南人民出版社)

思考与练习

1. 概念理解：文化哲学；全纳文化；生态哲学。
2. 简述什么是全纳社会。
3. 简述全纳教育的自组织性。
4. 论述全纳教育的文化哲学理念及其建构路径。
5. 论述全纳教育的生态哲学内涵及其建构路径。
6. 论述我国随班就读和西方全纳教育的文化差异。

主要参考文献

[1] 中共中央马克思恩格斯列宁斯大林著作编译局. 马克思恩格斯文集(第1卷)[M]. 北京:人民出版社,2018年.

[2] 中共中央马克思恩格斯列宁斯大林著作编译局. 马克思恩格斯文集(第2卷)[M]. 北京:人民出版社,2018年.

[3] 中共中央马克思恩格斯列宁斯大林著作编译局. 马克思恩格斯文集(第9卷)[M]. 北京:人民出版社,2018年.

[4] 华东师范大学教育系编. 马克思恩格斯论教育(上卷)[M]. 北京:人民教育出版社,1986.

[5] 华东师范大学教育系编. 马克思恩格斯论教育(下卷)[M]. 北京:人民教育出版社,1986.

[6] 胡塞尔. 纯粹现象学通论[M]. 李幼蒸,译. 北京:中国人民大学出版社,2004.

[7] 胡塞尔. 内时间现意识象学[M]. 倪梁康,译. 北京:商务印书馆,2009.

[8] 海德格尔. 存在与时间[M]. 陈嘉映、王庆节,译. 北京:生活·读书·新知三联书店,2002年版。

[9] 萨特. 存在与虚无[M]. 陈宣良等,译. 北京:生活·读书·新知三联书店,2011.

[10] 萨特. 自我的超越性[M]. 杜小真,译. 北京:商务印书馆,2005.

[11] 卢梭. 社会契约论[M]. 何兆武,译. 北京:商务印书馆,2008.

[12] 卢梭. 爱弥儿[M]. 方卿,编译. 北京:北京出版社,2008.

[13] 福柯. 疯癫与文明[M]. 刘北成、杨远缨,译. 北京:三联书店,2003.

[14] 福柯. 规训与惩罚[M]. 刘北成、杨远缨,译. 北京:三联书店,2003.

[15] 康德. 实践理性批判[M]. 邓晓芒,译. 北京:人民出版社,2003.

[16] 康德. 纯粹理性批判[M]. 蓝公武,译. 北京:商务出版社,2010.

[17] 黑格尔. 小逻辑[M]. 贺麟,译. 上海:上海人民出版社,2018.

[18] 亚当·斯密:道德情操论[M]. 谢宗林,译. 北京:中央编译出版社,2008.

[19] 迈克尔·沃尔泽. 正义诸领域:为多元主义与平等一辩[M]. 褚松燕,译. 南京:译林出版社,2002.

[20] 基思·托马斯. 人类与自然世界[M]. 宋丽丽,译. 南京:译林出版社,2009.

[21] 马斯洛. 马斯洛人本哲学[M]. 成明,编译. 北京:九州出版社,2003.

[22] 桑德尔. 自由主义与正义的局限[M]. 万俊人等,译. 南京:译林出版社,2001.

[23] 罗尔斯.正义论[M].何怀宏,译.北京:中国社会科学出版社,1998.
[24] 伽达默尔.真理与方法[M].洪汉鼎,译.上海:上海译文出版社,2004.
[25] 贝尔纳·斯蒂格勒:技术与时间:2.迷失的方向[M].赵和平、印螺,译.南京:译林出版社,2010.
[26] 诺丁斯.始于家庭:关怀与社会政策[M].侯晶晶,译.北京:教育科学出版社,2006.
[27] 陈志尚.人学原理[M],北京:北京出版社,2005.
[28] 张汝伦.现代西方哲学十五讲[M].北京:北京大学出版社,2004.
[29] 赵汀阳.论可能生活——一种幸福和公正的理论[M].北京:中国人民大学出版社,2004.
[30] 陈开先编著.政治哲学史教程[M].北京:科学出版社,2010.
[31] 周浩波.教育哲学[M].北京:人民教育出版社,2005.
[32] 石中英.教育哲学导论[M].北京:北京师范大学出版社,2002.
[33] 涂成林.现象学运动的历史使命[M].北京:中央编译出版社,2007.
[34] 李文阁.生活价值论[M].昆明:云南人民出版社,2005.
[35] 朴永馨.特殊教育[M].长春:吉林教育出版社,2000.
[36] 朴永馨.特殊教育学[M].福州:福建教育出版社,2002.
[37] 方俊明.特殊教育学[M].北京:人民教育出版社,2005.
[38] 盛永进.特殊教育学基础[M].北京:教育科学出版社,2011.
[39] 顾定倩.特殊教育导论[M].沈阳:辽宁师范大学出版社,2005.
[40] 张福娟.特殊教育史[M].上海:华东师范大学出版社,2000.
[41] 衣俊卿.文化哲学[M].昆明:云南人民出版社,2002.
[42] 牛龙菲.人文进化学:一个元文化学的研究札记[M].兰州:甘肃科学技术出版社,1989.
[43] 齐延平.社会弱势群体的权利保护[M].济南:山东人民出版社,2006.
[44] 冯建军,等.教育哲学[M].武汉:武汉大学出版社,2014.
[45] 方俊明.特殊教育的哲学基础[M].北京:北京大学出版社,2011.
[46] 丁勇.当代特殊教育新论[M].南京:南京师范大学出版社,2012.
[47] 王培峰.特殊教育哲学:本体论与价值论的研究[M].济南:山东人民出版社,2012.
[48] 王培峰.特殊教育政策:正义及其局限[M].南京:南京大学出版社,2015.
[49] 邓猛,肖非.全纳教育的哲学基础:批判与反思[J].教育研究与实验,2008(9).
[50] 丁勇.后现代视野下的全纳教育及其对我国随班就读的启示[J].中国特殊教育,2016(12).
[51] 孙正聿.哲学的形而上学历险[J].新华文摘,2012(4).
[52] 王仕民.简论马克思的实践范畴[J].哲学研究,2008(7).

[53] 张桂芳,陈凡.技术与生活世界[J].哲学研究,2010(3).

[54] 杨国荣.论意义世界[J].新华文摘,2009(22).

[55] 韩震.本质范畴的重建即反思的现代性[J].新华文摘,2009(6).

[56] 王道俊.知识的教育价值及其实现方式问题初探[J].课程教材教法,2011(1).

[57] 金生鈜.教育哲学如何关怀生活[J].复旦教育论坛,2011(2).

[58] 刘铁芳.从自然人到社会人:教育人性基础的现代转向[J].华东师范大学学报(教科版),2010(4).

[59] 张登巧.价值论视野中的社会认识论研究[J].齐鲁学刊,2009(2).

[60] 杨魁森.生活世界转向现代哲学革命[J].吉林大学社会科学学报,2007(5).

后　记

孤独,孤独,还是孤独。

这是我在特殊教育哲学研究和教学过程中最直观、最深刻的现象学感受。长期以来,人们大多热情专注于"现时实用"的特殊教育研究与教学。特殊教育哲学研究和教学一直是特殊教育学界最孤独的工作。

十年前,我致力于特殊教育哲学研究时,就意识到自己走向了一条孤独的道路,但我还是坚信这不是绝路。我于2012年出版《特殊教育哲学:本体论与价值论的研究》后,总感到还有一种使命,浩浩荡荡冲撞着心坎,康德"道德律"般催促着我、鼓舞着我——必须面向学生教学。于是我开始尝试为学生开设《特殊教育哲学》选修课,义无反顾地一条路走到黑。经过七八年的思考和教学实践,我决定撰写《特殊教育哲学》教材。

"特殊教育哲学"教学至今稀奇罕见,没有研究和教学团队,堪称最孤独的工作。为了使教材更加完善,在学校教材申请立项时,我原打算向其他高校有关学者们寻求帮助合作;然而,却被告知一定要立足本校。这使我不止一次地真切体验到孤独,一种海德格尔式"被抛来的此在"的孤独。

在撰写过程中,恰逢"新冠"病毒疫情肆虐的艰难时刻。但居家禁足却给了我无限自由的思维时空。我时常一个人孤独地夜伏案头,关于特殊教育哲学的缕缕思绪,不知不觉中,春花烂漫般绽放开来,升腾起来,让人着迷,让人沉醉。这时,孤独沁入骨髓,却生出淡淡幽香,以至于心脏旧疾的疼痛感全然无知,常常在夫人强行关掉电脑后才离开。特殊教育哲学的逻辑思维却依然会清晰地活跃在我的夜空,常常深夜起身欢天喜地记下来,梦中尚有笑意和余思。

作为教材,逻辑严谨、概念清晰、结构科学、观点中肯、语言通俗、表达准确是必须要把握住的。我对自己已有的特殊教育哲学认识做了重大调整、补充和完善,特别是对一些尚未定论的新内容,我不敢懈怠,不敢独断,潜心向马克思等巨人求解,时常枕《马克思恩格斯文集》而眠,循先哲们思想入梦。同时,向丁勇、盛永进、何侃、谈秀菁、王辉、李泽慧等特殊教育专家们请教,也向李晓娟、赵晓驰、张伟锋等青年学者询问有关内容。孤独高冷之外,多了不少温暖和惬意。在此,向他们深表诚挚感谢。

当然,作为教材,《特殊教育哲学》重在对有关特殊教育哲学的知识陈述。这对于偏好思想追寻和理论求索的我,总有一些不适和挑战,诸多内容尚不完善,敬请师生们批评指正。愿求本书为我国特殊教育师范人才培养贡献微薄力量,愿求更多的学生喜欢并深入特殊教育哲学探索交流,让特殊教育哲学不再孤独。

王培峰

2020年8月